J. v. Staudingers Kommentar
zum
Bürgerlichen Gesetzbuch
und dem Einführungsgesetze

herausgegeben von

Dr. Theodor Loewenfeld,
weil. Geh. Justizrat, Univ.-Prof., Rechtsanwalt in München

Dr. Karl Kober,
Rat am Obersten Landesgericht in München

Dr. Felix Herzfelder,
Justizrat, Rechtsanwalt in München

Dr. Erwin Riezler,
Professor an der Universität Freiburg i. B.

Dr. Ludwig Kuhlenbeck,
Rechtsanwalt in Jena, vorm. ord. Professor an der Universität Lausanne

Dr. Theodor Engelmann,
Oberlandesgerichtsrat in München

7./8. neubearbeitete Auflage.

München und Berlin.
J. Schweitzer Verlag (Arthur Sellier).

J. v. Staudingers Kommentar zum
Bürgerlichen Gesetzbuch und dem Einführungsgesetze

Ergänzungsband zu Band III, Sachenrecht:

Die Verordnung über das Erbbaurecht

Erläutert

von

Dr. Karl Kober,
am Obersten Landesgericht in München.

1920.
München und Berlin.
J. Schweitzer Verlag (Arthur Sellier).

Inhaltsverzeichnis.

Seite

Literatur 1

Vorbemerkungen 2

A. Begriff, Sprachgebrauch und geschichtliche Entwicklung des Erbbaurechts . 2

B. Die wirtschaftliche und soziale Bedeutung des Erbbaurechts 6

C. Lücken und Mängel der bisherigen Gesetzgebung 7

D. Die hauptsächlichsten Neuerungen der Erbbaurechts-Verordnung vom 15. Januar 1919 8

E. Systematik der Verordnung 12

F. Ausblick 12

G. Emphyteusis 13

H. Bergwerkseigentum und Kohlenabbaugerechtigkeiten 13

I. Übergangsbestimmungen 14

K. Internationales Privatrecht 14

Die Verordnung über das Erbbaurecht

I. Begriff und Inhalt des Erbbaurechts.

1. Gesetzlicher Inhalt § 1 14

2. Vertragsmäßiger Inhalt §§ 2—8 27

3. Erbbauzins § 9 43

4. Rangstelle § 10 48

5. Anwendung des Grundstücksrechts § 11 50

6. Bauwerk. Bestandteile §§ 12, 13 56

II. Grundbuchvorschriften §§ 14—17 62

III. Beleihung

1. Mündelhypothek §§ 18—20 68

2. Sicherheitsgrenze für sonstige Beleihungen § 21 78

3. Landesrechtliche Vorschriften § 22 82

IV. Feuerversicherung. Zwangsversteigerung.

1. Feuerversicherung § 23 83

2. Zwangsversteigerung §§ 24—25 84

V. Beendigung, Erneuerung, Heimfall.

1. Beendigung §§ 26—30 85

2. Erneuerung § 31 97

3. Heimfall §§ 32—33 102

4. Bauwerk § 34 108

VI. Schlußbestimmungen §§ 35—39 109

Sachregister 120

Verordnung über das Erbbaurecht vom 15. Januar 1919*

(RGBl. 1919 Nr. 14 S. 72 ff.)

(an Stelle der §§ 1012—1017 BGB.).

*** Literatur:**

1. Zum bisherigen Rechte (§§ 1012—1017 BGB.)

a) Juristische Literatur:

Oertmann, Erbbaurecht und hypothekarische Belastung, ArchBürgR. Bd. 20 S. 184 ff., derselbe, Zur Würdigung des Erbbaurechts, Hirths Annalen 1904 S. 561 ff.; Kretzschmar, Das Erbbaurecht nach dem BGB., ZBlFG. Bd. 3 S. 433 ff.; Kohn, Das Erbbaurecht nach dem BGB. 1905 (Berlin); Dennler in BayNotZ. 1904 S. 4 ff., S. 81 ff., S. 145 ff. und im ZBlFG. Bd. 8 S. 237 (Das Erbbaurecht als Ersatzmittel des Eigentumsvorbehalts bei Lieferung von Maschinen); André, Der gegenwärtige Stand der Lehre vom Erbbaurecht, JLBl. 1907 S. 1 ff., 1911 S. 58 ff.; Silberschmidt, Das Recht an Kellern, SeuffBl. Bd. 69 S. 409 ff.; Frommherz, Zur Frage der gesetzlichen Ausgestaltung des Erbbaurechts, Bad.Rspr. 1907 S. 321; Sohm, Betrachtungen über Erbbaurecht, Jahrb. f. Bodenreform Bd. 4 (1908) S. 241; Tobias, Eigentumserwerb durch Verbindung im ArchZivPrax. Bd. 94 S. 371 ff.; Tosetti, ArchBürgR. Bd. 37 S. 134 ff., Bd. 38 S. 123 ff.; Grünberg, Bauten auf fremdem Grunde, Wien 1903; Wilutzky, Das Erbbaurecht als moderne Form der Erbleihe, Gruchots Beitr. Bd. 49 S. 352 ff.; Wittmaack, Das Erbbaurecht (Fischers Abh.), München 1906; derselbe, Ueber Beleihung von Erbbaurechten usw., ArchZivPrax. Bd. 93 S. 323; Zschokelt, Erbbaurecht, 1911 (Leipzig); Pesl, Das Erbbaurecht, geschichtlich und wirtschaftlich dargestellt, Leipzig 1910; derselbe, Die Belastung des Erbbaurechts nach dem BGB., München 1907; derselbe, Zur besseren Regelung des Erbbaurechts, Hirths Annalen 1915 Nr. 4/5 (auch als Sonderabdruck erschienen); derselbe, Erbbaurechtsfragen, ArchBürgR. Bd. 41 S. 393 ff.; Salomon, Die hypothekarische Belastung des Erbbaurechts, Heidelberg 1910; Ferling, Die Anlegung des Grundbuchblatts für ein Erbbaurecht, BayZfR. 1911 S. 132; Delitzsch, Erbbaurecht und Bauwerk, nach dem BGB., Mannheim 1912; Schwickerath, Zur Frage der Baugeldbeschaffung beim Erbbaurecht, JW. 1913 S. 667.

b) Nach der wirtschaftlichen und sozialen Seite:

Damaschke, Aufgaben der Gemeindepolitik, Jena 1904 S. 156 ff.; A. Wagner, Wohnungsnot und städtische Bodenfrage, Berlin, Buchhandlung Bodenreform mit Anhang: 3 Aufsätze über die soziale Bedeutung des Erbbaurechts von Oertmann, Sohm und Eschenbach; Pesl a. a. O. (s. oben); Oertmann a. a. O. (s. oben); Dietzsch, Die Praxis des Erbbaurechts, ein Handbuch, Berlin 1907; Erman, Erbbaurecht und Kleinwohnungswesen, Jahrb. f. Bodenreform Bd. 4 (1918) S. 248; derselbe, Fragen des Erbbaurechts, Jahrb. f. Bodenreform Bd. 6, 2. Heft, derselbe Erbbaurecht und Kleinwohnungsbau, Münster 1907; derselbe, Erbbaurecht, im Handwörterbuch der Staatswissenschaften, Bd. III S. 1005 ff.; derselbe, Ueber Erbbaurecht in Recht und Wirtschaft 1912 S. 376; Fortner, ebenda S. 379; André, Erbbaurecht (in Schriften der Zentralstelle für Arbeiterwohlfahrtseinrichtungen) 1913

Nr. 22; Stein, ebenda; Beck, Mannheimer Wohnungsfrage (Mannheim 1907); Köhne, Die Grundsätze des Erbbaurechts, und dessen Anwendung beim Bau von Städten usw. 1908; Schefold, Wohnungspolitik und Erbbaurecht, DJZ. 1908 S. 171 ff.; ferner die verschiedenen Aufsätze und Abhandlungen in der Zeitschrift Jahrbuch der Bodenreform (herausgegeben von Damaschke), vgl. insbes. von Sohm (s. oben), Erman (s. oben), ferner von Pohlmann 1907 S. 81 ff., 1908 S. 303 ff., Spitta 1906 S. 177, von Wagner 1906 S. 241 ff., 1908 S. 296 ff., ferner in der „Zeitschrift für Wohnungswesen" und „Um Grund und Boden".

2. Literatur zum Entwurfe der VO. und zu dieser selbst:

Michaelis, Das Erbbaurecht und seine Zukunft, ZBlFG. Bd. 19 S. 1 ff.; derselbe, Die gesetzliche Neuregelung des Erbbaurechts in BayZfR. 1919 S. 167; Dittrich, Erbbaurecht, DRichtZ. 1918 S. 204 und in „Der Waffenschmied", Monatshefte des Liberalen Preßvereins, September 1918 (München); Kretzschmar, Der Entwurf zu einem Reichsgesetz über das Erbbaurecht, SächsArch. 1918 S. 153; derselbe, Das neurechtliche Erbbaurecht 1919 (Verlag Theodor Weicher, Leipzig); Sommerbrodt, Der Beleihungswert des Erbbaurechtes, Bank-Archiv XVIII. Jahrg. S. 14 ff.; Hallbauer, Das Heimfallrecht im Entwurfe eines Reichsgesetzes über das Erbbaurecht, LZ. 1918 S. 743 ff.; Dannenbaum, Erbbaurecht, der Gesetzentwurf des Reichswirtschaftsamtes vom 3. Mai 1918 nebst Bemerkungen, Berlin 1918 (Berlin, Franz Vahlen); Wild, Der Entwurf eines Reichsgesetzes über das Erbbaurecht, Recht und Wirtschaft 1918 S. 128 ff.; Rosenberg, Der Entwurf eines Reichsgesetzes über das Erbbaurecht, DJZ. 1918 S. 478 ff.; von der Pfordten, Das Erbbaurecht, BayGemZ. 1919 S. 220 ff., S. 246 ff., S. 278 ff.; Sauerländer, Das Erbbaurecht, LZ. 1919 S. 306 ff.; Pesl, Der Entwurf eines Reichsgesetzes über das Erbbaurecht, eine kritische Würdigung, in der Zeitschrift „Um Grund und Boden" 6. Jahrg. 1918 S. 255 ff.; Zeitler, Das Erbbaurecht, BayNotZ. 1919 S. 130 ff.; Bendix, Die Neuordnung des Erbbaurechts, Recht 1919 S. 170; Marcuse, Zu § 12 der neuen VO. über das Erbbaurecht, mit zusätzlicher Bemerkung von Sauerländer, LZ. 1919 S. 580; Günther, Die VO. über das Erbbaurecht, JW. 1919 S. 357; derselbe, Erbbaurecht in der Guttentag'schen Samml. deutscher Reichsgesetze Nr. 135, 1919; Lux, Erbbaurechtsgesetz und Wohnungsreform, JW. 1919 S. 360; Dr. Arnulf Meyer, Was will das Erbbaurecht? Palm & Enke, Erlangen 1919; Dr. J. Sieskind, Das Erbbaurecht, Potsdam 1919; Dr. Glaß-Scheidt, Das Erbbaurecht, Berlin 1919 (Karl Heymanns Verlag).

Vorbemerkungen.

A. Begriff, Sprachgebrauch und geschichtliche Entwicklung des Erbbaurechts.

I. Begriff.

1. Das Erbbaurecht ist das **dingliche** (d. h. grundbuchmäßige, gegen Dritte wirkende) **Recht zur Nutzung fremden Baugrundes.** Es stehen sich zwei Berechtigte gegenüber: Der Eigentümer des Erbbaugrundstücks, dem das nackte formale Eigentum am Grund und Boden ohne Verfügungsgewalt verbleibt, anderseits der Erbbauberechtigte, der das Grundstück besitzt und es als Baugrund nutzt kraft eigenen grundbuchmäßigen veräußerlichen und vererblichen Rechtes. Das Recht selbst wird juristisch einem Grundstück gleichgestellt; es erhält ein Grundbuchblatt und kann selbständig mit Rechten belastet werden. Dadurch gleicht das Erbbaurecht selbst praktisch dem Eigentum.

Der Unterschied im Verhältnis zu der wirtschaftlich ähnlichen **Miete** (und Pacht) liegt darin, daß das Erbbaurecht als ein Sachenrecht im Gegensatze zu der bloß schuldrechtlich wirkenden Miete und Pacht gegen jeden Dritten durchgreift; nur der Erbbauberechtigte, nicht der Mieter oder Pächter (vgl. § 549 BGB.), kann sein Recht veräußern, nur er kann es belasten, z. B. mit Hypotheken. Wie jedes Sachenrecht kann das Erbbaurecht auf lange Zeit, ja für unbegrenzte Zeit bestellt werden, die Miete hingegen kann durchgängig nur für dreißig Jahre festgemacht werden (s. § 567 BGB.). Vgl. Erman, Erbbaurecht und Kleinwohnungsbau S. 5; s. übrigens auch Bem. IV, 3, a zu § 1 VO.

2. Neben dem Erbbaurechte kommen als **Parallelinstitute** in Betracht:

a) der sogenannte **Ulmer Wiederkauf**: bei diesem Wiederkauf überträgt die Gemeinde usw. dem Baulustigen das Grundstück (in Ulm mit einem von der Stadt darauf erbauten Haus) zu Eigentum, behält sich aber die Befugnis vor, das Grundstück binnen einer gewissen Zeit (in Ulm: 100 Jahre) zum ursprünglichen Preise zurückzukaufen, falls bestimmte Umstände eintreten (z. B. Veräußerung, Erbteilung usw.); das Rückerwerbsrecht wird durch Vormerkung (§ 883 BGB.) im Grundbuche gesichert. Der Erwerber ist hier zwar formell Eigentümer, sobald aber ein Wiederkaufsfall eintritt (z. B. Erbteilung), kann die Gemeinde sein „Eigentum" zu Falle bringen, zugleich auch die von ihm kraft dieses Eigentums etwa begründeten Hypotheken. Praktisch liegt der Hauptunterschied zum Erbbaurecht darin, daß das Erbbaurecht regelmäßig mit einem feststehenden Termin endet, das des Wiederverkäufers dagegen mit einem ungewissen Ereignis. Vgl. näher Erman, Handwörterbuch der Staatswissenschaften Bd. III S. 1008 und in DJZ. 1910 S. 562 ff.

b) Das **Rentengut**, als landesrechtliche Form bisher nur in Preußen eingeführt; es besteht aber kein gesetzliches Hindernis für die Einführung auch in anderen Staaten, s. Art. 62 mit Art. 3 EG. z. BGB. und vgl. auch Pesl in Hirths Annalen 1916 S. 530 ff. und in BayZfR. 1919 S. 156. Dieses Institut ist dem Wiederkaufe (s. a) sehr ähnlich, die Wiederkaufsabrede wirkt hier aber (s. z. B. Art. 29 preuß. AG. z. BGB.) direkt dinglich ohne die Notwendigkeit einer Vormerkung. Das Entgelt besteht in einer Rentenschuld, die auf das Grundstück gelegt wird und von der Gläubigerseite unkündbar ist. Die Bestellung und Finanzierung wird hier wesentlich erleichtert durch das Eingreifen besonderer Amtsstellen, insbesondere der Rentenbanken und Generalkommissionen. Außerdem gilt hier Anerbenrecht, d. h. meist erhält der älteste Sohn das Gut zum Ertragswert (nicht: Verkaufswert) mit 1/3 dieses Wertes als Voraus. Vgl. Erman im Jahrbuch für Bodenreform Bd. IV (1908) S. 281 und Pesl a. a. O.

c) Die **Erbpacht**:

Diese ist nur landesrechtlich (vgl. Art. 63 EG. z. BGB.), hauptsächlich noch in Mecklenburg und Schleswig-Holstein zulässig; wo Erbpachtrechte vor dem 1. Januar 1900 nicht bestanden haben, ist deren Einführung auch landesgesetzlich nicht zulässig (vgl. Pesl, Hirths Annalen 1916 S. 522 ff. und Güthe, Bem. 2 zu § 84 GBO.). Sie bezieht sich aber regelmäßig auf landwirtschaftlich zu nutzende Grundstücke im Gegensatz zum Erbbaurecht, bei dem das Bauwerk die Hauptsache bildet. Die Stellung des Erbpächters ist jener des Eigentümers ähnlich (Recht der freien Veräußerung, Verschuldung, Vererbung), er ist aber im agrarpolitischen Interesse durch verschiedentliche Verpflichtungen beschränkt; vgl. die Bem. zu Art. 63 EG. z. BGB. und ferner Paasche im Handwörterbuch der Staatswissenschaften Bd. III S. 1012 ff.

Von verschiedenen Seiten wird begutachtet, die Erbpacht durch die Reichsgesetzgebung wieder einzuführen (vgl. Pesl, BayZfR. 1919 S. 156), in vielen Fällen wird aber auch die Anwendung des Erbbaurechtes genügen, soweit solche zulässig ist.

Ueber die Beschaffung von Land zu Pachtungen für landwirtschaftliche Arbeiter s. das Reichssiedlungsgesetz vom 11. August 1919 §§ 22 ff. und die Kleingarten- und Kleinpachtlandordnung vom 31. Juli 1919 (RGBl. S. 1371).

II. Sprachgebrauch.

Das Charakteristische des Erbbaurechts liegt darin, daß es dem Berechtigten ein Baurecht auf fremden Grund verleiht; sein Recht ist zugleich vererblich, daher die Bezeichnung Erbbaurecht (das österreichische Gesetz vom 26. April 1912 nennt das Recht kurzweg „Baurecht"). Der Berechtigte ist der Erbbauberechtigte (der von Wittmaack vorgeschlagene Ausdruck „Erbbauer" ist abzulehnen, da er zu Mißverständnissen Anlaß gibt; vgl. Pesl, Belastung des Erbbaurechts S. 1 Anm. 1); die Amtliche Erläuterung zum Entwurf der Erbbaurechts-VO. spricht auch von „Erbbaurechtsnehmer".

III. Die geschichtliche Entwickelung.

Vgl. hiezu insbesondere Erman, Erbbaurecht und Kleinwohnungsbau S. 18ff., sowie im HWB. der Staatswissenschaften Bd. III S. 1005; Pesl, Erbbaurecht S. 7—58; Michaelis, ZBlFG. Bd. 19 S. 1ff.

Ein dingliches Baurecht auf fremden Boden bestand schon nach römischem Rechte in der Gestalt der superficies. In Deutschland wurde ein ähnliches Rechtsinstitut von altersher als städtische Bauleihe ausgebildet. Auf dieser Rechtsform wurden die deutschen Städte durchgehend erbaut; aber diese (meist erbliche und ewige) Bauleihe, von den Juristen als dominium utile, Nutz- oder Untereigentum aufgefaßt, verwandelte sich mit der Zeit schlechthin in Eigentum, teils mit, teils ohne Ablösung. Nach der Rezeption des Römischen Rechtes wurden diese deutschrechtlichen Leihverhältnisse mit der römischen superficies verquickt und als Superfiziar-, Platz-, Keller- usw. Recht dargestellt, wobei man jedoch seit Savigny nicht mehr eine Unterart des Eigentums, sondern ein das Grundstückseigentum beschränkendes Recht am fremden Grundstück als Grundlage annahm. Die individualistisch-kapitalistische Strömung des 19. Jahrhunderts (vgl. insbes. Erman im Jahrbuch f. Bodenreform Bd. IV [1908] S. 291ff. und Polenske, Forschungen zur Bodenreform 1909 S. 8ff.), die ein freies, leicht zu Geld zu machendes Bodeneigentum bevorzugte, war allen gebundenen Boden-Nutzungsformen abhold. Die superficies wurde daher im 19. Jahrhundert nur mehr ganz selten angewendet. So kam es, daß auch das Bürgerliche Gesetzbuch dem Institute sehr kühl gegenübertrat und es nur in fünf Paragraphen (§§ 1012—1017 BGB.) sehr abstrakt und lückenhaft (vgl. unten C) regelte. Die Motive begründen seine Aufnahme im wesentlichen damit, daß es in Deutschland eben nirgends ausdrücklich abgeschafft worden sei.

Erst nach dem Erlaß des BGB. trat plötzlich ein Wandel in der Auffassung von der Bedeutung des Erbbaurechts und auch in seiner praktischen Anwendung ein, hauptsächlich durch die zielbewußte Werbearbeit der Deutschen Bodenreformer, an deren Spitze hier Damaschke stand, der auch von juristischer Seite (Erman, Sohm, Oertmann) unterstützt wurde.

Die Bodenreform erkannte im Erbbaurecht ein Hauptmittel zur Verwirklichung ihres praktischen Ideals, daß nämlich der Gemeinschaft auch die aus ihrem Wachsen hervorgehende Bodenwertsteigerung zugewendet werden müsse und daß hauptsächlich die Gemeinden ihren Baugrund planmäßig erweitern und absolut festhalten sollten, indem sie ihn den Baulustigen nicht zu Eigentum, sondern nur in langfristigen Erbbau gäben; durch Erhöhung des Bodenzinses bei erneuerter Ausleihung fiele ihnen dann die inzwischen gestiegene Bodenrente von selbst zu. Außerdem wurde von den Bodenreformern auch auf andere Vorzüge des Erbbaurechts gegenüber dem Eigenbau (Bau auf gekauftem Boden) hingewiesen, insbesondere darauf, daß auch der Kapitallose fortan bauen könne, da er ja kein Geld zum Grunderwerbe brauche, das Baugeld aber durch Hypothezierung des Erbbaurechts sich leicht verschaffen könne. Dem Bunde nahestehende Staatsmänner, insbesondere die Minister Miquel und Graf Posadowsky schlossen sich diesen Bestrebungen an und empfahlen das Erbbaurecht als Mittel sozialer Gemeindepolitik durch Wort und Tat nachdrücklichst. Vgl. auch den bedeutsamen preußischen Ministerialerlaß über die Wohnungsfrage vom 19. März 1901, der die Gemeinden auf die Nutzbarmachung des Erbbaurechts eindringlich hinwies.

Dagegen trat in der Folge wieder eine Gegenströmung ein sowohl von nationalökonomischer als auch von juristischer Seite, wobei insbesondere auf die rechtlichen Mängel des Erbbaurechts des BGB., hauptsächlich in Fragen seiner Beleihbarkeit, hingewiesen wurde.

Die Praxis hielt sich sozusagen auf einer mittleren Linie. Namentlich großstädtische Gemeinwesen sind, veranlaßt durch die höchst traurigen Wohnungsverhältnisse der unbemittelten städtischen Bevölkerung und zum Zwecke der Bekämpfung des Bodenwuchers, mehr und mehr dazu übergegangen, möglichst große Teile des städtischen Grundbesitzes in ihrer Hand zu behalten oder in ihre Hand zu bringen, und im Wege des Erbbaurechts teils an gemeinnützige Baugesellschaften teils unmittelbar an Private zu vergeben. So insbesondere die Städte Leipzig, Halle, Elberfeld, Essen, Dresden und Ulm (letztere Stadt ist dann allerdings zum Wiederkaufsrecht übergegangen, vgl. oben Bem. I, 2, a). In besonders großzügiger Weise hat die Stadt Frankfurt a. M., geführt von ihrem sozialschöpferischen Oberbürgermeister Adickes, die Vergebung städtischen Geländes zu Erbbaurecht sowohl an gemeinnützige Bauvereine wie an Einzelpersonen durchgeführt, wobei die schwierige Beleihungsfrage dadurch bestens gelöst wurde, daß die Stadt selbst in den meisten Fällen die Baugelder hergab. Auch der Reichsfiskus, einzelne Bundesstaaten und mehrere Provinzialverbände schlossen aus sozialen Erwägungen, insbesondere auch zugunsten von Beamten, Erbbauverträge ab. Die wichtigsten aller dieser Verträge finden sich vollinhaltlich abgedruckt bei Dietzsch, Die Praxis des Erbbaurechtes 1907 S. 71 ff. und bei Pesl, Erbbaurecht S. 70 ff. erwähnt und zum Teil inhaltsmäßig aufgeführt.

Man empfand aber allgemein die Grundlage des Rechtsgebildes im BGB. als ungenügend und unsicher, die Bodenbesitzer und Geldgeber zeigten sich mißtrauisch und zurückhaltend. Auf dem Wiener Juristentag 1912 bestand sowohl in den erstatteten Gutachten und Berichten, wie bei der Abstimmung Uebereinstimmung dahin, daß eine gesetzliche Neuregelung erforderlich sei (vgl. hiezu auch Oertmann, Die Beleihungsfähigkeit von Erbbaurechten, Beiträge zu den Verhandlungen des 31. Deutschen Juristentages, DJZ. 1912 S. 1035). Einer der damaligen Berichterstatter, der Münchener Bankdirektor von Pechmann, hat später den Entwurf eines Reichsgesetzes betreffend das Erbbaurecht ausgearbeitet, worin insbesondere auf die bessere Beleihungsfähigkeit des Erbbaurechts Gewicht gelegt wurde (der Entwurf ist veröffentlicht und von Rechtsanwalt Dr. Pesl eingehend besprochen in Hirths Annalen 1915 S. 255 ff.). Ein weiterer Gesetzesvorschlag zur Aenderung der Bestimmungen des BGB. und anderer Reichsgesetze über das Erbbaurecht wurde ausgearbeitet von Reichsgerichtsrat Michaelis, s. ZBlFG. Bd. 19 S. 21 ff.

Im Reichswirtschaftsamte (nicht im Reichsjustizamte!) wurde während des Weltkrieges ein „Entwurf eines Reichsgesetzes über das Erbbaurecht" ausgearbeitet der zuerst in der Sonderbeilage zu Nr. 104 des Reichsanzeigers vom 3. Mai 1918 mit einer leider äußerst dürftigen Begründung, betitelt „Erläuterungen zu dem Entwurf", veröffentlicht wurde.

Die Reichsregierung hat diesen Entwurf mit geringen, meist nur sprachlichen Aenderungen durch die Verordnung vom 15. Januar 1919 mit Gesetzeskraft versehen und an die Stelle der §§ 1012—1017 BGB. und des § 7 der GBO. gesetzt (diese Vorschriften bleiben aber für die bereits bestehenden Erbbaurechte nach § 38 der Verordnung maßgebend, s. näher die Bem. zu § 38). Die Verordnung ist am 22. Januar 1919 in Kraft getreten (RGBl. Nr. 14/1919 S. 72 ff.); s. näher § 35 der VO. mit Bem. Im RGBl. 1919 S. 122 wurde ein Druckfehler in § 37 Abs. 2 der VO. berichtigt (richtig: § 84 GBO. statt: § 8 GBO.).

Die einwandfreie Rechtsgültigkeit der Verordnung wurde gesichert durch das Uebergangsgesetz vom 4. März 1919, in Kraft getreten am 7. März 1919 (RGBl. Nr. 55 S. 285 § 1). Hienach bleiben in Kraft alle von dem Rate der Volksbeauftragten oder der Reichsregierung bisher erlassenen und verkündeten Verordnungen. Ein Verzeichnis dieser Verordnungen ist der Nationalversammlung innerhalb einer Frist von einem Monat nach Inkrafttreten dieses Gesetzes vorzulegen. Eine Verordnung ist von der Reichsregierung außer Kraft zu setzen, wenn die Nationalversammlung dieses innerhalb 3 Monate nach dem Inkrafttreten dieses Gesetzes beschließt usw. Ein derartiger Beschluß ist aber hinsichtlich der Erbbaurechtsverordnung nicht bekannt geworden. (Die Rechtsgültigkeit ist übrigens ohnehin anzunehmen, wenn man sich der herrschenden Ansicht über die Befugnisse einer nur tatsächlich bestehenden Staatsgewalt zum gesetzlichen Einschreiten anschließt, vgl. auch JW. 1919 S. 3, 106 und S. 360 unter Ziff. 7).

Im Reichsanzeiger 1919 Nr. 26, 1. Beilage, ist ferner eine Begründung zur Verordnung über das Erbbaurecht veröffentlicht, die zwar tiefer geht als die dem Entwurfe beigegebenen Erläuterungen, aber im allgemeinen auch mehr die wirtschaftliche Seite berücksichtigt, als die bei der Auslegung der Verordnung auftauchenden Rechtsfragen.

In Oesterreich hat sich bereits im Jahre 1912 (hauptsächlich auf Anregung von Klein) eine Neuregelung durchgesetzt in dem Gesetze über das Baurecht vom 12. April 1912, RGBl. Nr. 86 (abgedruckt auch in Hirths Annalen 1915 S. 230, 231); vgl. hiezu BayNotZ. 1912 S. 378; Patai, Das Erbbaurecht, eine rechtsvergleichende Untersuchung, Wien, Verlag Manz 1914 und Pesl, ArchBürgR. Bd. 41 S. 393 ff. Hervorgehoben sei hieraus, daß dieses Gesetz die Bestellung von Erbbaurechten nur an solchen Grundstücken gestattet, die im Eigentum bestimmter Kategorien von juristischen Personen mit öffentlichem oder gemeinnützigem Charakter stehen; es soll dadurch das Rechtsgebilde auf wirklich soziale Zwecke beschränkt und verhindert werden, daß die Vergebung von Grundstücken zu Erbbaurechten Gegenstand privatwirtschaftlicher Spekulation und Ausbeute werde; das Gesetz sieht ferner eine Höchstdauer von 80 Jahren und eine Mindestdauer von 30 Jahren vor.

Ueber die geschichtliche Entwickelung des Erbbaurechts in anderen Ländern vgl. Pesl, Erbbaurecht S. 37 ff., speziell über die erbbaurechtlichen Verhältnisse in England, woselbst das Institut des Erbbaurechts (englische Bauleihe — building lease) am meisten verbreitet ist, vgl. Pesl a. a O. S. 48 ff., Erman, Erbbaurecht und Kleinwohnungsbau S. 23 ff., Schuster, Das englische Erbbaurecht in seiner wirtschaftlichen und juristischen Bedeutung, JW. 1913 S. 625, Pollock-Schuster, Recht des Grundbesitzes S. 196 ff., 205 ff., A. Weber, ArchSozW. Bd. 20 S. 80 ff.

Für die Schweiz s. nunmehr Art. 779 ff. des neuen Schweizerischen Zivilgesetzbuches (darin ist das Erbbaurecht als Dienstbarkeit geregelt).

B. Die wirtschaftliche und soziale Bedeutung des Erbbaurechts.

(Ueber Literatur vgl. oben S. 1.)

Unsere Volkskreise stehen bisher dem Erbbaurechte noch ziemlich fremd gegenüber im Gegensatze z. B. zu England, wo auch heute noch die Bodenverfassung im wesentlichen die Züge unseres deutschen Mittelalters trägt und wo der größere Teil des Bodens gebundener großer Grundbesitz ist, der zu Bauzwecken nicht veräußert, sondern „geliehen“ wird — building lease, Bauleihe. Man bevorzugt in Deutschland den Eigenbau, d. h. den Bau auf gekauftem Grund und Boden, und glaubt, daß nur der wirklich ein eigenes Heim habe, der zugleich auch Eigentümer des Grund und Bodens ist.

Die wirtschaftlichen Hauptvorzüge des Erbbaurechts liegen in folgendem:

Der Erbbauberechtigte braucht kein Kapital zur Erwerbung des Bodens aufzuwenden; er braucht nur den jährlichen Zins für die Bewirtschaftung des Bodens (Erbbauzins) zu bezahlen; Baugeld kann er sich durch Hypothezierung des Erbbaurechts selbst verschaffen, vorausgesetzt, daß entsprechende Marktgängigkeit und Beleihungsfähigkeit des Erbbaurechts nach der wirtschaftlichen und der rechtlichen Seite besteht.

Die möglichst verbreitete Einführung des Erbbaurechts ist ferner geeignet, ungesunden Bodenwertsteigerungen und der Bodenspekulation überhaupt einen Damm zu setzen. Solange das Erbbaurecht jeweils an einem Grunde besteht, kann ein Bodenwucher damit nicht getrieben werden; er ist in dieser Hinsicht gebunden durch das Erbbaurecht und bleibt dies auch bei einer Veräußerung des Erbbaurechts.

Die Wertsteigerung, die Grund und Boden an sich im Laufe der Zeit erfährt, kommt nicht dem Erbbauberechtigten zugute, sondern dem Grundeigentümer, der sie seinerseits aber erst realisieren kann, wenn das Erbbaurecht durch den Ablauf der vertragsmäßigen Zeitdauer sein Ende findet. Wo möglichst viel Grund der öffentlichen Hand (Staat, Gemeinde usw.) gehört, wird auch die Wertsteigerung des privaten Grund und Bodens in gesündere Bahnen geleitet. Soweit Grund und Boden von der öffentlichen Hand zu Erbbaurecht vergeben wurde, kommt die eingetretene Wertsteigerung schließlich wieder der Allgemeinheit zugute, da ja der durch die Wertsteigerung entstandene Vermögenszuwachs selbst wieder der öffentlichen Hand und damit der Allgemeinheit zufließt, durch deren Aufwendungen für Straßen, Kanäle, Beleuchtungs, Bewässerungs- und Entwässerungs-Anlagen, Bildungsanstalten und Erwerbsmöglichkeiten die Wertsteigerung herbeigeführt wurde. In dieser Weise haben sich insbesondere zahlreiche deutsche Städte (vgl. oben) des Erbbaurechts erfolgreich bedient.

Wenn das Erbbaurecht entsprechend ausgestaltet und insbesondere eine längere Dauer unter allen Umständen gewährleistet ist, so wird auch der dem Erbbaurecht öfters gemachte Vorwurf, daß es keine Bodenständigkeit und kein Heimatsgefühl aufkommen lasse, von selbst entkräftet werden.

Das Erbbaurecht eignet sich insbesondere auch dafür, daß bei der Vergebung durch die öffentliche Hand soziale Zwecke, wie insbesondere der Kleinwohnungsbau für minderbemittelte Volkskreise usw. verfolgt werden, wobei zugleich auch vertragsmäßig Gewähr dafür geschaffen werden kann, daß die Erhaltung dieser Zwecke während der Dauer des Erbbaurechts voll aufrecht erhalten wird.

Gerade die herrschende Wohnungsnot war und ist der Hauptfaktor, durch den das Erbbaurecht mehr zur Geltung gebracht wurde und gebracht wird.

Hinzuweisen ist in diesem Zusammenhang auch auf eine Verordnung vom 15. Januar 1919 zur Behebung der dringendsten Wohnungsnot (RGBl. 1919 Nr. 14 S. 69 ff.) für die Uebergangszeit nach dem Kriege; die hienach aufgestellten Bezirkswohnungskommissäre sind befugt, geeignete Grundstücke für die Beschaffung von Klein- und Mittelwohnungen in kurzem Verfahren zu enteignen. Nur eine Möglichkeit bleibt dem Eigentümer gegen die volle Enteignung. Er kann nämlich beantragen, daß sein Grundstück statt der Enteignung mit einem Erbbaurechte belastet wird. In solchem Falle kann der Wohnungskommissar auf diesen Antrag eingehen und, wenn sich die Beteiligten nicht selbst einigen, auch den Erbbauvertrag festsetzen, insbesondere einen angemessenen Erbbauzins selbst bestimmen, s. § 5 jener VO. und die Abhandlung von Seel in BayGemZ. 1919 S. 170c; vgl. ferner für Bayern die Aenderung des Zwangsabtretungsgesetzes vom 17. November 1837 durch das BayG. vom 9. Mai 1918, wonach für bestimmte Zwecke, wie insbesondere zur Erschließung von Baugelände zur Verbesserung der Wohnungsverhältnisse der Minderbemittelten und des Mittelstandes neben der Enteignung auch die Belastung mit einem Erbbaurecht erfolgen kann.

Als Rechtsform kommt das Erbbaurecht ferner zur Geltung bei der Beschaffung von sogenannten Siedelungsland für Kriegsbeschädigte (vgl. für Bayern das vorangegebene Gesetz vom 9. Mai 1918).

Ueber Ersatz des verlorenen Bauaufwandes und die Gewährung von Baukostenzuschüssen aus Reichsmitteln vgl. unten E a. Schl.

C. Lücken und Mängel der bisherigen Gesetzgebung.

Da man bei Abfassung des BGB. an eine sozialpolitische Verwendung des Erbbaurechtes noch nicht dachte, ist seine Regelung in fünf Paragraphen (§§ 1012—1017) sehr abstrakt und lückenhaft ausgefallen, die Vorschriften stellen sozusagen nur ein formales Gerüst dar.

Eine Reihe rechtlicher Streitfragen, gerade in den wichtigsten Punkten waren aufgetaucht, z. B. über die Anwendbarkeit des § 313 BGB. auf den schuldrechtlichen Vertrag oder über die Grundfrage der rechtlichen Wechselbeziehung zwischen Bauwerk und Erbbaurecht selbst. Da das Gesetz in seiner Dürftigkeit insbesondere über die gegenseitigen Pflichten der Beteiligten (z. B. hinsichtlich der Erhaltung des Hauses seitens des Erbbauberechtigten usw.) keine Bestimmungen aufstellte, wurden die Beteiligten zu einer möglichst eingehenden, alle erdenklichen Vorkommnisse schon im voraus berechnenden und berücksichtigenden vertraglichen Regelung gezwungen. Dabei kam der Erbbauberechtigte von vorneherein schlechter weg, weil der Grundstückseigentümer seine stärkere wirtschaftliche Stellung entsprechend ausnützte. Auch die beste Regelung in dieser Hinsicht mußte aber dem Rechtsnachfolger des Erbbauberechtigten gegenüber versagen, da den Vereinbarungen eine dingliche Wirkung fehlte.

Dies führte anderseits wieder dazu, daß der Grundeigentümer für alle möglichen Fälle auflösende Bedingungen zu seinen Gunsten aufstellte, dadurch aber die Gefahr eines vorzeitigen Erlöschens wie ein Damoklesschwert über den Erbbauberechtigten schwebte. Diese Rechtsunsicherheit im allgemeinen und im besonderen untergrub ferner wieder die Beleihungsfähigkeit des Erbbaurechts. Auf eine so unsichere Grundlage wollte man nicht gerne Kredit geben. Dazu kamen dann noch die Zweifel an der Mündelsicherheit der Erbbaurechtshypothek. Diese Frage ist ja von erheblicher Bedeutung für die Beleihung des Erbbaurechtes um deswillen, weil als Darlehensgeber zumeist öffentlichrechtliche oder doch unter öffentlichrechtlicher Aufsicht stehende Korporationen (Staat, Gemeinden, Provinzialverbände, Landesversicherungsanstalten, Hypothekenbanken, Sparkassen) in Betracht kommen, die hinsichtlich ihrer Beleihungsobjekte gesetzlich beschränkt sind.

Auch hinsichtlich der rechtlichen Grundlage des Erbbauzinses bestand Unsicherheit.

D. Die hauptsächlichsten Neuerungen der Erbbaurechts-Verordnung vom 15. Januar 1919.

Nach der amtlichen Begründung hat sich die VO. als Hauptziele gesetzt: „Das Erbbaurecht für den praktischen Gebrauch wirksam zu gestalten" und „die Hebung der Marktgängigkeit und Beleihungsfähigkeit des Erbbaurechtes".

Die neuen Bestimmungen lassen sich nach folgenden Gesichtspunkten gruppieren vgl. hiezu insbesondere Wild, Recht und Wirtschaft 1918 S. 128 ff.).

1. **Förderung der allgemeinen Rechtssicherheit auf dem Gebiete des Erbbaurechts:**

a) Der gesetzliche Begriff des Erbbaurechts als einer dinglichen Belastung eines Grundstückes, zugleich veräußerlich und vererblich, ist geblieben (§ 1). Das Recht kann auch auf einen für das Bauwerk nicht erforderlichen Teil des Grundstückes erstreckt werden, wenn nur das Bauwerk wirtschaftlich die Hauptsache ist (dies gilt z. B. für einen Nutz- oder Ziergarten, einen Lager- oder Werkplatz usw.) s. § 1 Abs. 2.

b) Das Erbbaurecht kann aber nicht durch auflösende Bedingungen beschränkt werden; auch kann sich der Grundstückseigentümer nicht auf eine Vereinbarung berufen, durch die sich der Erbbauberechtigte verpflichtet, beim Eintreten bestimmter Voraussetzungen das Erbbaurecht aufzugeben und seine Löschung im Grundbuch zu bewilligen (Abs. 4 des § 1). Diese letztere Vorschrift sichert den Bestand des Erbbaurechts für seine ganze von Anfang an vorgesehene Dauer und ist ein Grundpfeiler für die Festigung der Erbbaurechtsverhältnisse überhaupt. Ersatz und Abhilfe schafft hier die Einführung des Instituts des Heimfallrechts (s. § 2 Nr. 4 mit Bem. II, 4 hiezu, sowie §§ 3, 4, 32, 33 mit Bem.): Dadurch wird für Zuwiderhandlungsfälle gegen Vertragspflichten oder beim Eintritte sonstiger Vertragsklauseln ein direktes Erlöschen des Erbbaurechts vermieden, es tritt vielmehr in solchen Fällen eine Rückübertragung auf den Grundstückseigentümer ein, bei dem es bis auf weiteres als Eigentümer-Erbbaurecht fortbesteht. Dadurch wird insbesondere das Fortbestehen der dinglichen Belastungen des Erbbaurechts selbst gewährleistet und die fortgesetzte Dauer des Erbbaurechts (eine Art Verewigung) herbeigeführt, anderseits wird dadurch zugleich die Marktgängigkeit und die Kreditfähigkeit des Erbbaurechts nach der wirtschaftlichen Seite gehoben.

c) Die näheren Verhältnisse des Erbbaurechts regeln sich im einzelnen Falle nach den Vereinbarungen der Beteiligten. Hiebei handelt es sich hauptsächlich um Vereinbarungen wirtschaftlicher und sozialer Art, durch welche die zweckentsprechende Verwendung des Rechtes und des zu errichtenden Gebäudes sichergestellt werden soll. Als solche Vereinbarungen kommen in Betracht: Vereinbarungen über Errichtung, Instandhaltung und Verwendung des Bauwerkes Versicherung des Bauwerkes und sein Wiederaufbau im Falle der Zerstörung; Zahlung von Vertragsstrafen bei Verletzung der vom Erbbauberechtigten übernommenen Verpflichtungen; Tragung der öffentlichen und privatrechtlichen Lasten und Abgaben; Bindung der Veräußerung oder Belastung des Erbbaurechts an die Zustimmung des Grundeigentümers, ferner die Verpflichtung des Erbbauberechtigten, das Erbbaurecht beim Eintritte bestimmter Voraussetzungen auf den Grundstückseigentümer zu übertragen (sog. Heimfallrecht vgl. hiezu oben unter b).

Derartige Vereinbarungen hatten bisher nur die beiden Vertragsteile gebunden, also nicht den Rechtsnachfolger des Erbbauberechtigten.

Nunmehr werden alle derartigen Vereinbarungen zum unmittelbaren Inhalte des Erbbaurechts und erhalten ohne weiteres dingliche Wirkung, vorausgesetzt natürlich, daß die Vereinbarungen auch im Erbbau-Grundbuch eingetragen werden (vgl. §§ 2—8).

Dadurch wird Doppeltes erreicht (vgl. Wild a. a. O. S. 130):

α) Es wird die Rechtslage des Grundstückseigentümers und des Erbbauberechtigten gefestigt und für die ganze Dauer des Rechtes gegen Aenderungen wider den Willen der Parteien entsprechend geschützt;

β) es ist aber nunmehr auch für jeden Dritten, der das mit dem Erbbaurechte belastete Grundstück oder das Erbbaurecht selbst zum Gegenstande eines Rechtsgeschäftes oder einer Zwangsvollstreckung machen will, die Möglichkeit gegeben, zuverlässige Auskunft über Bestand und Umfang des Erbbaurechts zu erhalten, da die ganze Rechtslage aus dem über das Erbbaurecht anzulegenden Grundbuch ersichtlich sein muß.

d) Auf das Erbbaurecht finden die sich auf Grundstücke beziehenden Vorschriften des BGB. Anwendung, jedoch mit Ausnahme der §§ 925, 927, 928 BGB. Die Form für rechtsgeschäftliche Begründung des Erbbaurechts ist demnach seiner Rechtsnatur entsprechend die der Belastung eines Grundstücks mit einem begrenzten Rechte; dies gilt auch für eine Uebertragung des Rechtes. Es gelten also nicht mehr die Formen für die Veräußerung von Grundstücken. S. näher § 11.

Es wird im Grundbuche nicht nur über das belastete Grundstück, sondern auch in jedem Falle über das Erbbaurecht ein besonderes Grundbuchblatt geführt, das auch die Belastungen des Erbbauberechtigten alle auszuweisen hat, s. §§ 14 ff.

e) Die bisher umstrittenen Fragen über das Eigentum am Bauwerk und die Wechselbeziehungen zwischen Bauwerk und Erbbaurecht werden in § 12 dahin geregelt, daß sowohl das auf Grund des Erbbaurechts errichtete, wie auch das bei Bestellung des Erbbaurechts schon vorhandene Bauwerk während der Dauer des Erbbaurechts als wesentlicher Bestandteil des Erbbaurechts zu gelten haben. Die Bestandteile des Erbbaurechts sind nicht zugleich Bestandteile des Grundstücks während der Dauer des Rechtes. Erst mit dem Erlöschen des Erbbaurechts werden die Bestandteile des Erbbaurechts Bestandteile des Grundstücks.

f) Wird für die Bestellung des Erbbaurechtes ein Entgelt in wiederkehrenden Leistungen (Erbbauzins) ausbedungen, so finden die Vorschriften des BGB. über die Reallasten entsprechende Anwendung.

g) Eine Mindest- oder Höchstdauer des Erbbaurechts legt die Verordnung nicht fest, um den Beteiligten freien Spielraum zu belassen. Erbbaurechtsausgeber kann jeder Grundbesitzer sein (im Gegensatze zum österreich. Rechte s. oben).

h) Auf die Miet- und Pachtverträge, die der Erbbauberechtigte während der Dauer seines Rechtes abgeschlossen hat, finden beim Erlöschen oder beim Heimfall oder bei sonstiger Uebertragung des Erbbaurechts auf einen Anderen im allgemeinen die Vorschriften Anwendung, die Geltung haben, wenn ein im vollen Eigentume des Hausbesitzers stehendes Anwesen den Eigentümer wechselt (§ 30).

2. Sicherung des Erbbauberechtigten:

Das Interesse des wirtschaftlich schwächeren Erbbauberechtigten, der für die Regel mit fremden Geld auf fremden Grund und Boden bauen muß, erfordert, daß das Erbbaurecht von langer Dauer ist und daß es gegen vorzeitige, willkürliche Beendigung geschützt ist, auch muß das Erbbaurecht leicht bewertbar sein. In diesem Zusammenhang ist hauptsächlich auf folgende Bestimmungen hinzuweisen.

a) Ein Grundstück kann nur an erster Stelle mit einem Erbbaurechte belastet werden, dieser Rang muß dem Erbbaurecht während seiner ganzen Dauer verbleiben (§ 10); durch eine gegen das Grundstück gerichtete Zwangsvollstreckung wird das Erbbaurecht nicht berührt (§ 25). Über das Verbot auflösender Bedingungen usw. und den Ersatz durch das Heimfallrecht s. oben Bem. 1, b. Der Erbbauzins muß nach Zeit und Höhe für die ganze Dauer des Erbbaurechts von vorneherein festgelegt werden, damit der Wert des Erbbaurechts leichter berechenbar ist (§ 19 Abs. 2).

b) Es soll dafür gesorgt werden, daß der Erbbauberechtigte Gelder, die er durch die Errichtung des Bauwerkes auf fremdem Grund und Boden festgelegt hat, bei Beendigung des Erbbaurechts nicht verliert; deshalb wird bestimmt, daß der Erbbauberechtigte

   α) bei Beendigung des Erbbaurechts durch Zeitablauf eine Entschädigung für das Bauwerk (§ 27) und

   β) bei Eintritt des Heimfallrechts eine angemessene Vergütung für das Erbbaurecht verlangen kann (§ 32).

c) Das Erbbaurecht ist an sich frei veräußerlich und kann auch vom Erbbauberechtigten nach seinem Belieben belastet werden. Es kann aber mit dinglicher Wirkung (vgl. oben unter Bem. 1, c) Veräußerung und Belastung an die Zustimmung des Grundstückseigentümers gebunden werden. Hier wird jedoch Vorsorge dahin getroffen, daß der Erbbauberechtigte dadurch nicht zu schwer wirtschaftlich gefesselt wird: für die Fälle nämlich, daß eine Unschädlichkeit der Veräußerung oder Belastung für die Erfüllung der übernommenen Vertragspflichten oder für die Erreichung der Zwecke des Erbbaurechts anzunehmen ist, kann die Einwilligung des Grundstückseigentümers erzwungen werden (§ 7).

d) Mit dinglicher Wirkung können ferner Vereinbarungen getroffen werden dahin, daß dem Erbbauberechtigten ein Vorrecht auf Erneuerung des Erbbaurechts nach dessen Ablauf eingeräumt wird (§ 2 Nr. 6) sowie eine Verpflichtung des Grundstückseigentümers, das Grundstück an den jeweiligen Erbbauberechtigten zu verkaufen (§ 2 Nr. 7).

3. Sicherung des Grundstückseigentümers:

a) Der Grundstückseigentümer hat ein besonderes Interesse, daß die Bestimmungen des Erbbauvertrages (z. B. Verwendung des Bauwerkes zu bestimmten Zwecken, Instandhaltung des Bauwerkes usw.) von jedem Erbbauberechtigten eingehalten werden. Dem trägt hauptsächlich § 2 Rechnung dadurch, daß die darin aufgeführten

Vereinbarungen mit der Eintragung zum unmittelbaren Inhalt des Erbbaurechts werden und dingliche Wirkung erlangen (vgl. oben Bem. 1, c).

b) Er kann insbesondere die Veräußerung und Belastung des Erbbaurechts mit dinglicher Wirkung an seine Zustimmung binden (vgl. oben Bem. 1, c, s. aber auch Bem. 2, c).

c) Ein Interessenausgleich zwischen dem Grundstückseigentümer und dem Erbbauberechtigten wird verschiedentlich angebahnt, so hauptsächlich:

α) Bei Beendigung des Erbbaurechts durch Zeitablauf kann der Grundstückseigentümer seine Verpflichtung zur Zahlung einer Entschädigung für das Bauwerk dadurch abwenden, daß er dem Erbbauberechtigten das Erbbaurecht vor dessen Ablauf für die voraussichtliche Standdauer des Bauwerkes verlängert; lehnt der Erbbauberechtigte die Verlängerung ab, so erlischt der Anspruch auf die Entschädigung; das Erbbaurecht kann auf diese Weise wiederholt verlängert werden (§ 27 Abs. 2);

β) beim Heimfalle des Erbbaurechts (vgl. oben Bem. 1, b und c) muß der Grundstückseigentümer nach § 33 Abs. 2 gewisse Lasten, für die der Erbbauberechtigte persönlich haftete, zur weiteren Haftung übernehmen (vgl. auch unten Bem. 4, b); ein Ausgleich findet hier in der Weise statt, daß der Grundstückseigentümer derartige Forderungen auf die Vergütung anrechnen darf, die er dem Erbbauberechtigten für das Erbbaurecht zu gewähren hat (§ 33 Abs. 3).

d) Ferner ist in diesem Zusammenhange noch hinzuweisen auf die Vorschriften, daß

α) der Erbbauberechtigte das Erbbaurecht nur mit Zustimmung des Grundstückseigentümers aufheben darf (§ 26), und daß

β) der Erbbauberechtigte bei Beendigung des Erbbaurechts durch Zeitablauf und beim Heimfall das Bauwerk oder dessen Teile sich nicht aneignen darf (§ 34).

4. Sicherungen der Belastungen des Erbbaurechts:

Eine besondere Sorgfalt hat die Verordnung der Sicherung der Belastungen des Erbbaurechts zugewendet, um dadurch sowohl die Marktgängigkeit als die Beleihungsfähigkeit des Erbbaurechts zu heben.

a) Eine Reihe der hier einschlägigen Bestimmungen wurde bereits oben hervorgehoben so insbesondere das Verbot der auflösenden Bedingungen (Bem. 1, b), die Sicherung des Erbbaurechts bei Zwangsvollstreckungen in das Grundstück und das strikte Gebot der ersten Rangstelle für das Erbbaurecht, die erhalten bleiben muß (Bem. 2, a).

b) Beim Heimfalle des Erbbaurechts bleiben der Regel nach die Belastungen des Erbbaurechts aufrecht. Die grundbuchrechtliche Stütze wird dadurch geschaffen, daß das Erbbaurecht als Eigentümer-Erbbaurecht weiter besteht.

c) Die Sicherheit der auf das Erbbaurecht hypothekarisch ausgeliehenen Gelder ist durch die neuen Vorschriften derart gewährleistet, daß der VO. sogar die Aufnahme von mündelsicheren Hypotheken auf das Erbbaurecht und seine Beleihung durch Hypothekenbanken und Versicherungsunternehmungen vorsieht. Solche Hypotheken müssen freilich, abgesehen davon, daß sie durch die erste Hälfte des Erbbaurechtswertes rechnerisch gedeckt werden, noch besondere Voraussetzungen erfüllen: sie müssen planmäßig unter Zuwachs der ersparten Zinsen getilgt werden (Annuitäten-Hypotheken), die Tilgung muß alsbald beginnen und, da auch mit Ausständen der Annuitäten zu rechnen ist, planmäßig 10 Jahre vor Ablauf des Erbbaurechts endigen; sie darf nicht länger dauern, als zur buchmäßigen Abschreibung des Bauwerkes nach wirtschaftlichen Grundsätzen erforderlich ist; auch muß das Erbbaurecht bei Errichtung der Hypothek noch solange laufen, daß eine diesen Vorschriften entsprechende Tilgung aus den Erträgen des Erbbaurechts möglich ist (§§ 18—22).

E. Systematik der Verordnung.

Die Verordnung hat selbst eine systematische Gliederung des Stoffes in folgender Weise vorgenommen:

I. Begriff und Inhalt des Erbbaurechts: 1. Gesetzlicher Inhalt (§ 1). 2. Vertragsmäßiger Inhalt (§§ 2—8). 3. Erbbauzins (§ 9). 4. Rangstelle (§ 10). 5. Anwendung des Grundstücksrechts (§ 11). 6. Bauwerk, Bestandteile (§§ 12, 13).

II. Grundbuchvorschriften (§§ 14—17).

III. Beleihung: 1. Mündelhypothek (§§ 18—20). 2. Sicherheitsgrenze für sonstige Beleihungen (§ 21). 3. Landesrechtliche Vorschriften (§ 22).

IV. Feuerversicherung, Zwangsversteigerung: Feuerversicherung (§ 23). 2. Zwangsversteigerung: a) des Erbbaurechts (§ 24); b) des Grundstücks (§ 25).

V. Beendigung, Erneuerung, Heimfall: 1. Beendigung: a) Aufhebung (§ 26); b) Zeitablauf (§§ 27—30). 2. Erneuerung (§ 31). 3. Heimfall (§§ 32, 33). 4. Bauwerk) § 34).

VI. Schlußbestimmungen (§§ 35—39).

F. Ausblick.

Die neue ErbbauVO. ist an sich als ein großer Fortschritt zu bezeichnen. Sie bietet aber anderseits nicht geringe juristische Schwierigkeiten für die Auslegung, die äußerst dürftige Begründung gibt hiefür nur geringe Anhaltspunkte an die Hand. Bei der Schwierigkeit der Materie ist es der VO. freilich nicht gelungen, alle Zweifel abzuschneiden und einen vollen Interessenausgleich zu schaffen. Für die Beteiligten wird es daher nach wie vor darauf ankommen, der Abfassung des Erbbaurechtsvertrages besondere Sorgfalt zuzuwenden und darin ihre gegenseitigen Rechte und Pflichten den verschiedenen Interessen des Einzelfalles entsprechend anzupassen.

Ob sich wirtschaftlich die an den gesetzgeberischen Ausbau des Erbbaurechts geknüpften Erwartungen voll erfüllen werden, bleibt abzuwarten. Es muß vor allem gelingen, die in weiten Kreisen noch bestehende Abneigung gegen das Erbbaurecht (im Verhältnis zu dem beliebten Eigenhaus auf gekauftem Grund und Boden) durch entsprechende Aufklärung zu überwinden. Ferner wird es darauf ankommen, daß die berufenen Erbbaurechtsausgeber, insbesondere der Staat und die Gemeinden, die gesetzlichen Vorschriften in einer Weise handhaben, die den Bedürfnissen der als Erbbaurechtsnehmer in Betracht kommenden Volkskreise möglichst entspricht, und daß jene bei Aufstellung der Vertragsbedingungen den Interessen der Erbbaurechtsnehmer möglichst entgegenkommen, insbesondere auch durch Festsetzung eines möglichst geringen Erbbauzinses (vgl. Bem. 4, e zu § 9), und diesen womöglich auch bei Beschaffung des Baugeldes hilfreich an die Hand gehen (entweder mit eigenen Mitteln oder im Wege der Bürgschaft für die Kreditgewährung durch andere z. B. Banken usw.). Auch die Provinzialverbände und die öffentlichen Versicherungsanstalten, insbesondere die durch die Reichsversicherungsordnung geschaffenen, sollen ihre reichen Mittel dem hypothekarischen Kredite des Erbbaurechts möglichst zuwenden und dabei insbesondere den Kleinwohnungsbau begünstigen (vgl. Bem. I, 2 zu § 21 und Erman, Erbbaurecht und Kleinwohnungsbau S. 39, 40).

Vor allem aber müssen die berufenen Erbbaurechtsausgeber darnach trachten, möglichst viel Grund für sich zu behalten und neuen hinzu zu erwerben, um in der Lage zu sein, viel Grund im Erbbaurechte vergeben zu können; neuen Grund müssen sie dabei so rechtzeitig erwerben, daß sie nicht übermäßig hohe Preise dafür bezahlen müssen. Hauptsächlich muß dem Staat und den Gemeinden durch gesetzgeberische Maßnahmen die Möglichkeit geschaffen werden, überall da, wo mit Mitteln der Allgemeinheit Großunternehmungen ins Leben gerufen werden, die zugleich ein größeres Siedelungsbedürfnis erwarten lassen, den angrenzenden Grund und Boden billig zu erwerben, nötigenfalls durch den Weg der Zwangsenteignung (vgl. Dittrich a. a. O. S. 19 und 20 und für Bayern Ges. v. 9. Mai 1918).

Hinzuweisen ist in diesem Zusammenhang auch darauf, daß im Hinblick auf die zurzeit so erschwerte Baumöglichkeit Reich, Gliedstaat und Gemeinde unter gewissen Voraussetzungen den sog. verlornen Bauaufwand leisten, d. h. einen Teil der zurzeit ungewöhnlich hohen Baukosten. Der Bundesrat hat am 31. Oktober 1918 (vgl. BayStZ. 1918 Nr. 272) die Gewährung derartiger Baukostenzuschüsse aus Reichsmitteln für diejenigen Gebiete zugesagt, in denen ein dringendes Bedürfnis an kleinen und Mittelwohnungen (vgl. über diese Begriffe BayStZ. 1918 Nr. 302) für die städtische und Landbevölkerung besteht. Diese Baukostenzuschüsse können an Gemeinden, gemeinnützige Bauvereinigungen und private Bauunternehmer (d. h. solche, die nicht nur zur Befriedigung des eigenen Wohnbedürfnisses bauen, vgl. BayStZ. 1919 Nr. 79) gewährt werden, sofern die Bauherren bereit sind, die an die Gewährung der Zuschüsse zu knüpfenden Bedingungen für sich und ihre Rechtsnachfolger zu übernehmen und durch Eintragungen im Grundbuche sicherzustellen. Die Baukostenzuschüsse werden gewährt für die Schaffung von Wohnungen, die nach Größe, Anordnung, Raumzahl und Raumhöhe den ortsüblichen Bedürfnissen der minderbemittelten Bevölkerung, auch des Mittelstandes, insbesondere denjenigen kinderreicher Familien dieser Bevölkerungskreise entsprechen (vgl. auch Dr. Arnulf Meyer a. a. O. S. 7).

Die berufenen Erbbaurechtsausgeber, wie Staat, Gemeinden usw., sollen sich von einer Begünstigung des Erbbaurechtes auch nicht durch die Befürchtung abhalten lassen, daß etwa zukünftig der Bodenwert sinke und damit das dem Eigentümer von Grund und Boden trotz Bestellung des Erbbaurechts verbleibende Recht auf den Wertzuwachs (s. oben) verkümmert werde; denn mit einem sinkenden Bodenwert ist auf die Dauer wohl nicht zu rechnen, anderseits aber, wenn wider Erwarten der Bodenwert sinken sollte, kommen die Aufwendungen, die für die Beschaffung gesunder Wohnungsverhältnisse für die Minderbemittelten geschaffen wurden, doch der Allgemeinheit im hohen Grade zugute und machen derartige Opfer voll wett (vgl. Dr. Arnulf Meyer a. a. O. S. 4 und 5).

G. Eine **Emphyteusis** im gemeinrechtlichen Sinne kennt das BGB. nicht, M. III, 6 Ueber ähnliche Gebilde vgl. Art. 63 EG. z. BGB. mit Vorbehalt für das landesrechtliche Erbpachtrecht (vgl. hiezu oben Bem. A, I, 2, c), Büdner- und Häuslerrecht, ferner Art. 68 EG. z. BGB. über Belastung eines Grundstücks mit dem vererblichen und veräußerlichen Rechte zur Gewinnung eines den bergrechtlichen Vorschriften nicht unterliegenden Minerals. Vgl. ferner hieher Art. 196, 197 EG. z. BGB. Wegen des Erbpachtrechts nach PLR. vgl. Recht 1907 Nr. 997.

Das Lehenrecht bleibt gleichfalls der landesgesetzlichen Regelung überlassen: Art. 59 EG. z. BGB.

H. Ueber **Bergwerkseigentum** und **Kohlenabbaugerechtigkeiten** s. Art. 67 Abs. 1 EG. z. BGB. mit Bem.

Ueber sonstige sog. **selbständige Gerechtigkeiten** vgl. hieher für Preußen Art. 40 AG. z. BGB. und RGE. Bd. 67 S. 228, für Bayern s. Art. 157 AG. z. BGB. und Art. 17 und 18 AG. z. GBO. (durch letzteren Artikel werden die Rechte bestimmt, die ein Grundbuchblatt erhalten — Bergwerke, unbewegliche Kuxe, Fischereirechte, Realgewerbeberechtigungen, Nutzungsrechte), s. auch § 18 der BO. vom 23. Juli 1898, für Sachsen §§ 14—17 AG. z. BGB., für Württemberg Art. 208 AG. z. BGB., für Baden §§ 34 und 40 AG. z. GBO.

Nach Art. 133 EG. sind ferner unberührt geblieben die landesgesetzlichen Vorschriften über das Recht zur Benützung eines Platzes in einem dem öffentlichen Gottesdienste gewidmeten Gebäude oder auf einer öffentlichen Begräbnisstätte.

Hinsichtlich des **Stockwerkseigentums** s. Art. 131, 182 EG. z. BGB., Bem. 3 zu § 1010 BGB., sowie § 1014 BGB. und § 1 Abs. 3 dieser BO.

J. Uebergangsbestimmungen:

a) für den Uebergang zum BGB.:

Sonstige superfiziarische Rechte, wie sie nach früherem Rechte entstanden sind und bestehen, fallen nicht unter den Begriff des Erbbaurechts; sie bleiben im Hinblick auf Art. 184 Satz 1 EG. z. BGB. unverändert mit ihrem bisherigen Inhalte bestehen (nur § 1017 BGB. findet Anwendung, vgl. OLG. Kolmar in ElsLothZ. Bd. 28 S. 90); auch bei wirklichen bereits bestehenden Erbbaurechten aber bestimmt sich der Inhalt noch nach den bisherigen Gesetzen, nach denen sie entstanden sind, mit Ausnahme der Vorschriften des § 1017 BGB. (Für Bayern vgl. hiezu auch Henle-Dandl, Anlegung des Grundbuchs S. 41, 78, 131, 154, 186, 299). Im einzelnen vgl. ferner über die einschlägigen Fragen Wittmaack a. a. O. S. 213 ff.

b) Für den übergang vom BGB. zur Erbbaurechts-VO.

entscheidet § 38 dieser VO., wonach für ein Erbbaurecht, mit dem ein Grundstück zur Zeit des Inkrafttretens dieser VO. belastet ist, die bisherigen Gesetze maßgebend bleiben, vgl. näher die Bem hiezu).

K. Internationales Privatrecht.

Es entscheidet das Recht des Ortes, an dem das mit dem Erbbaurechte zu belastende Grundstück gelegen ist (vgl. Wolff, SR. § 104, XI.

Ueber fremdländische Rechte vgl. insbes. oben in Bem. A, III a. E.

I. Begriff und Inhalt des Erbbaurechts.

1. Gesetzlicher Inhalt.

§ 1.

Ein Grundstück kann in der Weise belastet werden, daß demjenigen, zu dessen Gunsten die Belastung erfolgt, das veräußerliche und vererbliche Recht zusteht, auf oder unter der Oberfläche des Grundstücks ein Bauwerk zu haben (Erbbaurecht).

Das Erbbaurecht kann auf einen für das Bauwerk nicht erforderlichen Teil des Grundstücks erstreckt werden, sofern das Bauwerk wirtschaftlich die Hauptsache bleibt.

Die Beschränkung des Erbbaurechts auf einen Teil eines Gebäudes, insbesondere ein Stockwerk ist unzulässig.

Das Erbbaurecht kann nicht durch auflösende Bedingungen beschränkt werden. Auf eine Vereinbarung, durch die sich der Erbbauberechtigte verpflichtet, beim Eintreten bestimmter Voraussetzungen das Erbbaurecht aufzugeben und seine Löschung im Grundbuch zu bewilligen, kann sich der Grundstückseigentümer nicht berufen.

Uebersicht.

Aenderung des Inhalts IX, 6;
Bauwerk II;
Bedingungen IV, 2, 3, b; VII, 1;
Begriffliches I, 1—6;
Beendigung IX, 3; VII, 2;
Belastungen I, 3;
Berechtigte I, 2, 4, 6;
Besitzfragen I, 5;
Enteignung IX, 1, d u. 3, 1;
Eigentumsfragen I, 5;
Entstehung IX, 1;
Erbbauzins VI;
Erbpachtrecht I, 2, f;
Erneuerung IX, 4;
Geschichtliches I, 2, g;
Hauptsache, wirtschaftliche III, c;
Heimfall IX, 5;
Instandhaltung des Bauwerks VIII, 1, b;
Keller V, a und II, 1, a;
Lasten u. Abgaben VIII, 1, c;
Mehrheit von Berechtigten I, 4, a;
Miete und Pacht I, 3, e;
Naturalobligation VII, 2;
Nebennutzungsrechte III, c—e;
Pflanzungen II, 3 u. III, c, β;
Rechtsbeziehungen zwischen Grundstückseigentümer und Erbbauberechtigten VIII u. VII, 2;
Rentenkauf I, 2, f;
Schatz VIII, 3;
Schutzmittel I, 3;
Sprachgebrauch I, 4, b;
Stockwerk V;
Teile des Gebäudes V, des Grundstücks III;
Uebertragung IX, 2;
Ulmer Wiederkauf I, 2, f;
Veräußerlichkeit, Veräußerungsverbot IV, 1;
Vereinbarungen über Erlöschung des EBR. VII, 2;
Vererblichkeit IV, 1;
Vorkaufsrechte IV, 1, d;
Wirtschaftliche und soziale Bedeutung des EBR. XII;
Zeitbestimmungen IV, 3;
Zwangsvollstreckung I, 3 u. X.

I. Allgemeines:

1. § 1 stellt den **gesetzlichen**, also begriffsnotwendigen **Inhalt** des Erbbaurechts auf, dem in jedem Einzelfalle genügt sein muß, um überhaupt ein Erbbaurecht im gesetzlichen Sinne annehmen zu können.

Die §§ 2—8 enthalten nähere Vorschriften darüber, durch welche besondere Vereinbarungen die Beteiligten den Inhalt des Erbbaurechts noch in zulässiger Weise und mit dinglicher Rechtsfolge erweitern können. Vgl. näher Bem. I zu § 2.

Ueber andere zulässige Erweiterungen des Inhalts siehe ferner § 27 Abs. 1 Satz 2 (Vereinbarungen über die Entschädigung für das Bauwerk bei Beendigung des Erbbaurechts durch Zeitablauf) und § 32 Abs. 1 Satz 2 (Vergütung für das Erbbaurecht beim Heimfalle des Erbbaurechts).

§ 1 Abs. 1 stimmt inhaltlich vollständig mit dem bisherigen § 1012 BGB. überein, ebenso Abs. 3 mit § 1014 BGB., Abs. 2 bringt mit einer Abänderung den § 1013 BGB. wieder, Abs. 4 ist neu.

2. Das Erbbaurecht stellt sich begrifflich (wie bisher nach § 1012 BGB.) als ein **besonderes dingliches Benutzungsrecht** eines **fremden** Grundstückes dar. Das Benutzungsrecht ist aber festgelegt nach einer bestimmten Richtung, nämlich: auf oder unter der Oberfläche des belasteten Grundstücks ein Bauwerk zu haben (eine teilweise Erweiterung ist nur im Rahmen des Abs. 2 möglich; vgl. unten Bem. III). (Das neue schweizerische Gesetzbuch bezeichnet das Erbbaurecht in Art. 779 als eine Dienstbarkeit. Wegen des österreichischen Baurechtsgesetzes vgl. unten Bem. 5.)

a) Es stehen sich sohin zwei Berechtigte an dem belasteten Grundstücke gegenüber: der Eigentümer des Grundstücks einerseits, anderseits der Erbbauberechtigte, der das darauf errichtete Bauwerk im Besitz und Gebrauch hat.

b) Ob das Bauwerk zur Zeit der Begründung des Erbbaurechts schon besteht oder von den Berechtigten erst errichtet wird, ist für den gesetzlichen Begriff selbst gleichgültig.

c) Die Fassung: „ein Bauwerk zu haben" darf nicht für die Eigentumsfrage verwertet werden (vgl. unten Bem. 5); ebenso Pesl, Die Belastung des Erbbaurechts S. 17ff., Planck Bem. 3, b zu § 1012 BGB., Tosetti, ArchBürgR. Bd. 37 S. 134ff.; dagegen Fuchs, Grundbuchrecht Bd. 1 S. 265). Der Ausdruck hat im übrigen mehr als wörtliche Bedeutung (vgl. Wolff, SR. § 104, II, 1): Er schließt die Befugnis in sich, ein Bauwerk zu errichten, das Errichtete zu besitzen (vgl. unten Bem. 5) und dem Gesetz und Vertrag entsprechend gemäß zu nutzen. Stand auf dem Grundstücke zur Zeit der Bestellung des Erbbaurechts bereits ein Bauwerk, so schließt das Erbbaurecht im Zweifel nicht nur den Besitz und die freie Nutzung dieses Bauwerks in sich, sondern auch die Befugnis, es niederzureißen und ein neues herzustellen (vgl. Wolff a. a. O. und ferner Bem. II, 2 zu § 12).

d) Nur auf das Halten eines ganzen Bauwerkes kann das Erbbaurecht gerichtet sein, es darf nicht auf einen Teil eines Gebäudes, insbesondere ein Stockwerk beschränkt werden — Abs. 3 (s. näher Bem. V); vgl. aber auch Abs. 2 mit Bem. III.

e) Ueber den Unterschied des Erbbaurechts von den Dienstbarkeiten vgl. unten Bem. I, 6. Ueber den Unterschied von Miete und Pacht s. Vorbem. A, I, 1.

f) Wegen der Parallelinstitute zum Erbbaurecht: Ulmer Wiederkauf, Rentenkauf und Erbpachtrecht s. Vorbem. A, I, 2.

g) Ueber die geschichtliche Entwickelung des Erbbaurechts s. Vorbem. A, II.

3. Das Erbbaurecht ist **Recht**, nicht Sache; es wird aber rechtlich nach Maßgabe des § 11 (entsprechend im allgemeinen dem bisherigen § 1017 BGB.) rechtlich wie eine Sache und zwar wie ein Grundstück behandelt (vgl. Wolff, SR. § 104, IV: es ist ein juristischer fundus), vgl. näher § 11 mit Bem.

Es kann daher auch mit gleichen Rechten wie ein Grundstück belastet werden; vgl. näher § 11 mit Bem.

Ueber die Schutzmittel des Erbbauberechtigten vgl. § 11 mit Bem. III.

Ueber Behandlung in der Zwangsvollstreckung vgl. §§ 24, 25 mit Bem.

4. **Berechtigte:**

a) Das Erbbaurecht kann von jedem Grundstückseigentümer zugunsten einer jeden physischen oder juristischen Person bestellt werden (vgl. dagegen § 2 des Oesterr. Ges. vom 26. April 1912, das nur an den Grundstücken bestimmter Eigentümer [Staat, Gemeinde usw.] die Bestellung des Erbbaurechts zuläßt).

Ein bestehendes Erbbaurecht kann auch gemäß § 889 BGB. auf den Grundstückseigentümer selbst übergehen z. B. bei Ausübung des Heimfallrechts s. § 2 Nr. 4 mit Bem. II, 4, δ, β zu § 2.

Die Bestellung eines Erbbaurechts ist auch für mehrere zulässig, gleichviel ob diese in einer Bruchteilsgemeinschaft oder in einem Gesamthandverhältnisse stehen; die Grundsätze über Gemeinschaft oder Miteigentum sind aber nicht ohne weiteres anwendbar, da das Erbbaurecht ein unteilbares Recht ist; vgl. v. Seeber, Miteigentum S. 53, Wittmaak a. a. O. S. 201 ff.; Biermann, Bem. 1 d zu § 1012 und insbes. Pesl, Belastung des Erbbaurechts S. 10 ff.; vgl. ferner Bem. I, 2, c a. E. zu § 11.

b) Sprachgebrauch: Das Gesetz bezeichnet den Berechtigten als „Erbbauberechtigten", die amtliche Erläuterung zum Entwurf spricht neben dem Erbbauberechtigten auch von „Erbbaurechts-Nehmer" (der Ausdruck „Erbbauer", gebraucht z. B. von Wittmaack, ist abzulehnen, da er zu Mißverständnissen, insbesondere zu Verwechslungen z. B. mit dem Berechtigten bei der Erbpacht Anlaß gibt, vgl. Pesl, Belastung des Erbbaurechts S. 1 Anm. 1; im Oesterr. Gesetz heißt der Berechtigte der „Bauberechtigte").

c) Ueber die bestrittene Frage, ob die Inhaber von Fideikomissen, Stamm- und Lehensgütern ohne Zustimmung der Anwärter Erbbaurechte begründen können, vgl. Pesl in „Um Grund und Boden" Bd. 6 S. 266, 267.

5. **Eigentums- und Besitzfragen:**

a) Die Rechtsauffassung eines Miteigentums oder eines sog. geteilten Eigentums zwischen dem Eigentümer des Grundstücks und Erbbauberechtigten wird, wie bisher, abgelehnt (vgl. M. z. BGB. III, 466).

Das Oesterreichische Baurecht wird dagegen von namhaften Juristen als geteiltes Eigentum aufgefaßt, vgl. insbes. Patai a. a. O. und hiezu Pesl, ArchBürgR. Bd. 41 S. 303 ff.

b) An dem Eigentum am Grund und Boden (Baugrund) wird durch Begründung eines Erbbaurechts in keinem Falle etwas geändert, gleichviel ob das Bauwerk erst errichtet wird oder schon besteht: das Eigentum verbleibt nach wie vor beim Eigentümer des Grundstücks.

c) Was das Eigentum am Bauwerk anbetrifft, so entsteht für den Erbbauberechtigten, der das Werk errichtet, zufolge § 95 Abs. 1 Satz 2 BGB. (Errichtung in Ausübung eines Rechtes an einem fremden Grundstück) Sondereigentum am Bauwerk (vgl. Bem. 1, a zu § 11). Die notwendige Wechselbeziehung zum Erbbaurecht wird aber dadurch hergestellt, daß nach § 12 kraft einer gesetzlichen Vermutung das auf Grund des Erbbaurechts errichtete Bauwerk als wesentlicher Bestandteil des Erbbaurechts selbst gilt. Ueber die einschlägigen Fragen vgl. näher die Bem. zu § 12. Erst nach Erlöschen des Erbbaurechts werden die Bestandteile des Erbbaurechts Bestandteile des Grundstücks. Vgl. näher die Bem. zu § 12.

d) Wenn das Bauwerk bei der Bestellung des Erbbaurechts schon vorhanden ist, so steht das Eigentum am Bauwerk an sich nach wie vor dem Grundstückseigentümer zu. Die VO. bestimmt aber in § 12 Abs. 1 Satz 2, daß auch in diesem Falle kraft gesetzlicher Vermutung das Bauwerk als wesentlicher Bestandteil des Erbbaurechts zu gelten hat; vgl. Bem. I, 2 zu § 12.

e) Auf das Erbbaurecht finden auch die Vorschriften über Ansprüche aus dem Eigentum entsprechende Anwendung, soweit sich nicht aus der VO. selbst ein anderes ergibt (§ 11 Satz 1).

f) Im Hinblick auf diese Regelung gestaltet sich das Erbbaurecht selbst seiner tatsächlichen und rechtlichen Wirkung nach zu einem eigentumsähnlichen Rechte, so daß dem Berechtigten während der Dauer seines Rechtes der Mangel des Eigentums an Grund und Boden so gut wie nicht fühlbar wird.

g) Besitzfragen: Der Erbbauberechtigte ist Besitzer des Bauwerkes und des Baugrundes und wenn sich sein Recht nach Abs. 2 auf einen weiteren unbebauten Teil des Grundstücks erstreckt, für die Regel auch Besitzer dieses Grundstücksteiles. Als Besitzer hat er auch die Besitzklagen, vgl. hiezu die eingehenden Ausführungen bei Wittmaack a. a. O. S. 180 ff., 211 ff. Soweit der Erbbauberechtigte an der Nutzungsfläche im Sinne des Abs. 2 Sachbesitz hat, steht ihm gleichfalls Besitzschutz zu; hat er ihn nicht, so wird § 1029 BGB. entsprechend anwendbar sein, vgl. Günther Bem. 6 zu § 11.

Dem Grundstückseigentümer verbleibt am Grund und Boden an sich der mittelbare Besitz nach Maßgabe des § 868, vgl. Bem. III, 2, e hiezu (anderer Meinung Kretzschmar Bem. II, 2 zu § 11).

6. Das Erbbaurecht ist ein subjektiv persönliches Recht, es kann daher nur für eine bestimmte natürliche oder juristische Person begründet werden.

a) Ein subjektiv-dingliches, d. h. mit dem Eigentum an einem anderen Grundstücke verbundenes Erbbaurecht ist an sich nicht anerkannt (vgl. M. z. BGB. III, 468). In dieser Hinsicht ist darauf zu verweisen, daß die Benutzung eines fremden Grundstücks als Baugrund oder das Recht an einem Bauwerk auf fremdem Grund und Boden (z. B. Brunnstube, Keller, vgl. näher unten Bem. V) auch zum Inhalt einer Grunddienstbarkeit (§§ 1018 ff. BGB.) gemacht, und dadurch mit einem Grundstücke verbunden werden kann (vgl. M. z. BGB. III, 468 Ziff. 7 und S. 475, Oertmann, ArchBürgR. Bd. 20 S. 284). Hierdurch wird aber einerseits der Inhalt der Dienstbarkeit nicht notwendig erschöpft, während beim Erbbaurechte die Benutzung als Baugrund ausschließlicher Inhalt des Rechtes sein muß; anderseits ist zu beachten, daß bei einer Grunddienstbarkeit diese dem berechtigten Grundstück als solchem Vorteile bieten muß.

Außerdem läßt sich aber eine Verbindung mit einem Grundstück auch im Wege des § 890 Abs. 1 und Abs. 2 BGB. herbeiführen, vgl. näher Bem. I, 2, e zu § 11.

b) Von einer beschränkten persönlichen Dienstbarkeit unterscheidet sich das Erbbaurecht dadurch, daß es begrifflich veräußerlich und vererblich sein muß; vgl. unten Bem. IV.

c) Das Erbbaurecht ist auch zu unterscheiden von rein schuldrechtlichen oder prekaristischen Verhältnissen, z. B. wenn der Eigentümer eines Grundstücks einem anderen auf Ruf oder Widerruf oder persönlich auf eine bestimmte Zeit (z. B. auf Lebensdauer) die Errichtung eines Bauwerkes auf seinem Grundstücke gestattet.

II. Die wirtschaftliche Benutzung des Grund und Bodens zu einem **Bauwerk** ist wesentlich:

1. Begriff des Bauwerks:

Der Begriff eines Bauwerks ist einerseits weitergehend als der eines Gebäudes (vgl. M. z. BGB. III S. 470), anderseits enger als der eines bloßen Werkes (vgl. §§ 95, 836 ff., 908 BGB.); der Ausdruck kommt auch in den §§ 638, 648 BGB. vor.

Für die Begrenzung des Begriffs ist in Ermangelung einer gesetzlichen Festlegung der allgemeine Sprachgebrauch maßgebend (vgl. RGZ. Bd. 56 S. 42). Darnach ist unter Bauwerk (vgl. RGZ. a. a. O.) eine durch Verwendung von Arbeit und Material in Verbindung mit dem Erdboden hergestellte Sache zu verstehen. (Oertmann, ArchBürgR. Bd. 38 S. 169 definiert: Bauwerk ist ein Werk, das mit einem Grundstück oder Gebäude verbunden und nach seiner typischen Zweckbestimmung unbeweglich ist, das ferner nicht in einer bloßen Umarbeitung des Bodens selbst bestehen darf; abweichend Bernhard, DIZ. 1910 S. 795 vom Standpunkt der technischen Wissenschaft aus: Ein Bauwerk ist ein in Verbindung mit dem Erdboden errichtetes Gebilde widerstandsfähiger Körper, das in seinen einzelnen Teilen sowohl als auch im ganzen den Angriffen der Gebrauchs- und Naturkräfte gewachsen und als Ganzes nicht beweglich ist.)

2. Beispiele aus der Praxis:

Außer Gebäuden aller Art (Häuser, Stallgebäude, Kirchen, Kapellen [ZBlFG. Bd. 4 S. 213]) kommen in Betracht: Monumente (auch Grabdenkmale, vgl. OLG. (Stuttgart) Bd. 8 S. 123), Hafenanlagen, Gleisanlagen (vgl. KGJ. Bd. 29 S. 130), OLG. Bd. 10 S. 412), Wasserkanäle mit eingemauerten Schächten (JW. 1910 S. 148), Flußwehre (vgl. BayObLG. Bd. 14 S. 254), Viadukte usw.

Auch Brücken sind in den meisten Fällen als Bauwerk zu erachten, zumal sie ja für die Regel feste Stützpunkte, Pfeiler usw., haben; der gegenteiligen Erwägung, daß das Gesetz ja nur von Bauwerk „auf oder unter der Oberfläche des Grundstücks" spreche, was für Brücken nicht zutreffend sei, kann kein ausschlaggebendes Gewicht eingeräumt werden; zudem kann hier Abs. 2 helfend eingreifen oder die in Bem. III, d näher behandelte Auffassung der Praxis. (So auch die herrschende Meinung; abweichend u. a. Kretzschmar Bem. III zu § 1012 BGB., Zschokelt S. 11 ff.).

Auch eine Drahtseilbahn mit stützenden Trägern ist ein Bauwerk (vgl. OLG. Bd. 26 S. 126).

Bei Kellern ist im Hinblick auf Abs. 3 stets im Einzelfalle zu prüfen, ob sie nach der Verkehrsanschauung wirklich als selbständige Gebäude zu erachten sind oder nur als Gebäudeteile zu gelten haben (vgl. näher unten Bem. V); sehr häufig sind die sog. Kellerrechte rechtlich lediglich als Dienstbarkeiten zu erachten; vgl. oben Bem. I, b, 6, a und Silberschmidt, Das Recht an Kellern, SeuffBl. Bd. 69 S. 409 ff.

Ein Brunnen wird nur dann als Bauwerk gelten können, wenn er mittelst eines gemauerten Schachtes hergestellt ist oder ein Brunnengebäude über ihm errichtet wurde; deshalb zählt ein sog. artesischer Brunnen nicht hieher (vgl. RGZ Bd. 30 S. 153), ebensowenig ein Röhrentiefbrunnen, bei dem das Wasser durch das durch Röhren hergestellte und gesicherte Bohrloch gepumpt wird (vgl. RGZ. Bd. 56 S. 43 und Goldmann-Lilienthal §§ 55 Anm. 12).

Eine Röhrenleitung, die lediglich durch Ausheben einer Grube, Hineinragen der Rohre, Verbindung dieser untereinander und Wiederzuschütten der Grube hergestellt wird, ist kein Bauwerk (vgl. KGJ Bd. 29 A S. 132 ff. = RJA. Bd. 5 S. 202); anders dagegen, wenn z. B. für die Aufnahme der Rohre ein gemauerter Kanal hergestellt wird.

Gräben sind in der Regel kein Bauwerk (vgl. RGZ. Bd. 30 S. 154); auch eine Grube ist kein Bauwerk, wenn sie nur durch Ausheben der Erdmasse hergestellt wird (vgl. Goldmann-Lilienthal a. a. O.).

Drainage-Anlagen sind kein Bauwerk, falls dabei nur Gräben gezogen und Rohre hineingelegt sind; vgl. Recht 1905 S 369, 1910 Nr. 4074, RGZ. Bd 56 S. 43, Bd 74 S. 292, JW. 1908 S. 657, SeuffArch. Bd. 64 Nr. 46, Warneyer E. 1909 S. 19, Oertmann, ArchBürgR. Bd. 38 S. 181, 182.

Maschinen-Anlagen (z. B. ein Hochofen) können als Bauwerke gelten, soweit entsprechende Verbindung mit dem Boden besteht, allenfalls kann hier die erforderliche Verbindung vermöge der Schwerkraft als gegeben erscheinen, vgl Oertmann a. a. O., SeuffArch. Bd. 64 Nr. 46; über die Frage, ob im Erbbaurecht ein Ersatzmittel des Eigentumsvorbehalts bei der Lieferung von Maschinen zu finden ist (so Neumann, JW. 1907 S. 97 und Dennler, ZBlFG. Bd. 8 S. 237), s. Bem. 6, a, γ zu § 93 in Bd. I, s. auch Nissen, JW. 1907 S. 193; aus der Praxis s. ferner BayObLG. in SeuffBl. Bd. 71 S. 452 ff. (das vertragsmäßig eingeräumte, vererbliche und veräußerliche Recht, gegen eine gewisse Vergütung in einem fremden Gebäude ein eingerichtetes Elektrizitätswerk zu halten, ist kein Erbbaurecht).

Schiffsmühlen sind kein Bauwerk, ihre Träger sind unbeladene Schiffskörper, also Fahrzeuge, bewegliche Sachen; sie sind es auch dann nicht, wenn die Schiffskörper mit Seilen und Ketten am Lande befestigt werden (vgl. JW. 1908 S. 431, Warneyer, E. 1908 Nr. 508, Oertmann a. a. O.).

3. An Pflanzungen allein kann ein selbständiges Erbbaurecht nicht begründet werden, da solchenfalls das maßgebende Bauwerk als Hauptsache mangelt, vgl. M. z. BGB. Bd. III S. 470; (dafür de lege ferenda aber mit guter Begründung Pesl in Hirths Ann. 1915 S. 282 ff. und „Um Grund und Boden" 1918 S. 267 ff.; dagegen aber läßt sich anführen, daß durch solche Erweiterung die Grenze zwischen Erbbaurecht und Erbpachtrecht verwischt würde).

Einige Abhilfe schafft hier aber Abs. 2, wonach das Erbbaurecht auf die Benutzung eines für das Bauwerk nicht erforderlichen Teiles des Grundstücks erstreckt werden kann, sofern das Bauwerk wirtschaftlich die Hauptsache bleibt (z. B. auf einen Nutz- und Ziergarten); vgl. näher unten Bem. III, c.

4. Ueber die Frage, ob das Bauwerk notwendig die gesamte Fläche des Grundstücks einnehmen muß, vgl. näher unten Bem. III.

5. Praktisch werden als Bauwerke im Rahmen des Erbbaurechts hauptsächlich Gebäude und zwar Wohnhäuser (das Erbbauhaus) in Betracht kommen, sowie gewerbliche und industrielle Anlagen, zumal gerade beim Erbbaurecht auch der Ertrag des Bauwerkes eine wirtschaftlich wichtige Rolle spielt.

Die bauliche Anlage kann natürlich im Einzelfall auch in einer Mehrheit von Bauwerken bestehen, so insbes. bei industriellen Anlagen usw.

III. Belastet werden mit dem Erbbaurecht kann **nur ein Grundstück im ganzen:**

a) Begrifflich ausgeschlossen ist die Bestellung eines Erbbaurechts an einem Bruchteil eines Grundstücks, auch wenn er in dem Anteile eines Miteigentümers besteht, da das Erbbaurecht ein Gebrauchsrecht ist und das Grundstück unmittelbar trifft; vgl. M. z. BGB. III, 470, Prot. Bd. III, 282, Pesl, Belastung des Erbbaurechts S. 7 und 8, auch BayDienstanw. § 380.

b) Wenn nur der reale Teil eines Grundstücks mit einem Erbbaurechte belastet werden soll, so ist nach § 6 Satz 1 GBO. zu verfahren, dieser Teil also von dem Grundstück abzuschreiben und als selbständiges Grundstück einzutragen, vgl. hiezu RJA. Bd. 2 S. 104, Bd. 9 S. 56 = OLG. (KG.) Bd. 18

S. 145, Predari und Güthe zu § 6 GBO.; s. auch OLG. Bd. 14 S. 87 und §§ 318, 379 BayDienstanw. für die Grundbuchämter.

c) Nach **Abs. 2** kann das Erbbaurecht auch **auf einen für das Bauwerk nicht erforderlichen Teil** des Grundstückes vertragsmäßig erstreckt werden, soferne das **Bauwerk wirtschaftlich die Hauptsache bleibt.**

Diese Gesetzesvorschrift bildet den Ersatz für § 1013 BGB., ist aber aus praktischen Rücksichten weiter als die frühere Vorschrift gefaßt: Während nämlich § 1013 BGB. solche Erstreckung nur zuließ, wenn die Benutzung des für das Bauwerk nicht erforderlichen Teiles des Grundstücks für die Benutzung des Bauwerkes Vorteile bot, soll es nunmehr genügen, wenn nur das Bauwerk im Verhältnis zu dem mit hereinzuziehenden Teile des Grundstücks wirtschaftlich die Hauptsache bildet (für Streichung dieser Einschränkung de lege ferenda insbesondere Pesl in „Um Grund und Boden" 1918 S. 265).

α) Der Regel nach wird dem Erbbauberechtigten mit dem Baugrund allein nicht gedient sein, er wird zur ausgiebigen und vorteilhaften Benutzung des Bauwerkes zumeist noch einer weiteren unbebauten Grundstücksfläche bedürfen, die ihm als Hof, Trocken- oder Bleichplatz, Werk- oder Lagerplatz, Zugangsweg, Garten (Zier-, Nutz- oder Obstgarten), Park usw. dienen soll.

Dieser wirtschaftliche Erfolg kann natürlich auch erreicht werden durch Bestellung einer besonderen Dienstbarkeit. Der Vorteil der Gesetzesbestimmung besteht aber gerade darin, daß dadurch ohne den umständlichen Weg der gesonderten Bestellung einer Grunddienstbarkeit im Interesse der Ersparung der Kosten eines besonderen Vertrags die Erstreckung des Erbbaurechtes selbst auf die Benutzung der an sich vom Erbbauberechtigten nicht als Baugrund unmittelbar benutzten Fläche ermöglicht wird und zwar entweder von Anfang an oder später.

β) Diese Nutzungsbefugnis wird also von dem Erbbaurechte als solchem mitumfaßt und bildet neben der Baubefugnis und der Nutzung des Baues den Gegenstand des Erbbaurechts selbst. Voraussetzung muß aber stets sein, daß das Bauwerk wirtschaftlich die Hauptsache bildet.

Bei der Auslegung dieser Voraussetzung der „wirtschaftlichen Hauptsache" entscheidet i. A. die Verkehrsauffassung; man wird jedoch dabei nicht engherzig verfahren dürfen, um auch die Entwicklung kleinerer landwirtschaftlicher und gärtnerischer Siedelungen in den gesetzlichen Rahmen des Erbbaurechts hereinziehen zu können, was sicher im Geiste der VO. liegt. Schwierigkeiten können hier freilich insbesondere z. B. bei förmlichen Gärtnereien entstehen. Man wird aber für die Regel davon ausgehen dürfen, daß auch in solchen Fällen das Gebäude wirtschaftlich die Hauptsache bleibt, weil es ja auch den Mittelpunkt des Betriebes darstellt (s. Pesl a. a. O., von der Pfordten, BayGemZ. 1919 S. 226, vgl. auch Wittmaack a. a. O. S. 23, Tosetti a. a. O. S. 140 ff.; einschränkender dagegen die Begründung zu § 1.). Vgl. auch oben Bem. II, 3 über Pflanzungen als Bauwerk.

γ) Dieses Nebenbenutzungsrecht wird im übrigen nach Art der Grunddienstbarkeiten (vgl. §§ 1018 ff. BGB.) rechtlich zu behandeln und auszuüben sein. Es wird also z. B. Schonung der Interessen des Grundstückseigentümers zu verlangen sein usw. (vgl. Wolff, SR. § 104, II, 2). Für die Bestellung (von Anfang an oder nachträglich usw.) bestehen dieselben Grundsätze, die für das Erbbaurecht selbst vorgeschrieben sind, vgl. Goldmann-Lilienthal § 55, I, 4 mit Anm. 16.

δ) Schon bisher war strittig, ob für das Vorliegen der Voraussetzung solcher Erstreckung (früher „Vorteil des Bauwerks", jetzt „wirtschaftliche Nebensache im Verhältnis zu dem Bauwerk als Hauptsache") eine grundbuchrichterliche Nachprüfung zulässig ist (dafür Tosetti a. a. O. S. 141, Predari Bem. 1 b zu § 7 GBO., Planck Bem. 2 zu § 1013 BGB., s. auch M. z. BGB. III, 471; dagegen Fuchs und Kretzschmar zu § 1013 BGB., letzterer auch ZBlFG. Bd. 3 S. 439). Für das Grundbuchamt wird keine Veranlassung zu einer Nachprüfung bestehen, falls die Beteiligten über das Vorliegen der Voraussetzung einig sind und in diesem Sinne den Erbbauvertrag geschlossen haben; zudem würde sich eine solche Nachprüfung für das Grundbuchamt auch praktisch schwer durchführen lassen, zumal der Grundbuchrichter die Prüfung von Eintragungsvoraussetzungen doch immer nur an vorliegendem Urkundenmaterial vornehmen ann; vgl. auch Pesl in HirthsAnn. 1915 S. 244.

d) In der Praxis kommt es häufig vor, daß nach der grundlegenden Vereinbarung die ganze Grundfläche mit dem Erbbaurechte belastet wird, die tatsächliche Ausübung aber nur auf einen Grundstücksteil beschränkt wird, ohne daß eine Abschreibung im Sinne des § 6 GBO. erfolgt ist und ohne daß eine Erstreckung einer Nutzungsbefugnis auf letzteren Teil (im Sinne des Abs. 2) besonders vereinbart wurde. Es wurde schon bisher diese Rechtslage „geduldet". In diesem Falle ergreift also das Erbbaurecht gleichwohl das ganze Grundstück, was insbesondere für den Fall einer Zwangsversteigerung von Wichtigkeit wird; vgl. RJA. Bd. 2 S. 104, OLG. Bd. 14 S. 85, Bd. 20 S. 405, Bd. 21 S. 42, KGJ. Bd. 35 S. 258 = RJA. Bd. 9 S. 56, BayObLG. Bd. 10 S. 601, SeuffBl. Bd. 75 S. 250 ff., Tosetti a. a. O. S. 138, Dennler, BayNotZ. 1904 S. 14, zweifelnd Biermann Bem. 1, e zu § 1012 BGB.

e) Erkennt man diese Praxis an, so muß man folgerichtig auch die entsprechende Anwendbarkeit des § 1026 BGB. aus dem Rechte der Grunddienstbarkeiten für den Fall der Teilung des belasteten Grundstücks annehmen (übereinstimmend Tosetti, ArchBürgR. Bd. 37 S. 147 ff., Güthe Bd. II S. 1672, Goldmann-Lilienthal § 55 Anm. 17 in eingehender Darlegung, Planck Vorbem. 8 vor § 1012, Biermann Bem. 4 zu § 1017, Predari Bem. 11 d zu § 6 GBO., Wolff, SR. § 104, II, 2; and. M. aber Fuchs, Grundbuchrecht Bem. 3 zu § 1012, Oberneck, RGR. § 82 Nr. 3 u. a.

f) Eine Belastung mehrerer Grundstücke mit ein und demselben Erbbaurechte — ein Gesamterbbaurecht — ist dem Rechte fremd. Wenn mehrere Grundstücke mit dem gleichen Erbbaurechte belastet werden sollen, müssen diese zunächst zu einem Grundstücke vereinigt werden (vgl. Biermann Bem. 1, e zu § 1012 BGB.).

g) Die Belastung eines Grundstücks mit mehreren Erbbaurechten ist im Hinblick auf § 10 der Regel nach nicht mehr angängig.

IV. Veräußerlichkeit, Vererblichkeit, Bedingungen und Zeitbestimmungen:

1. Veräußerlichkeit und Vererblichkeit:

a) Die Veräußerlichkeit und Vererblichkeit gehören beim Erbbaurechte zu dem wesentlichen Inhalt. Es sind daher von vornherein alle Zusatzbestimmungen unzulässig, welche mit diesem Inhalt nicht vereinbar sind.

Es geht also nicht an, diese gesetzlichen Eigenschaften des Erbbaurechts auf Zeiten auszuschließen, zu vereinbaren, daß das Recht nur bis zu einem gewissen Zeitpunkt oder von einem bestimmten Tage ab veräußerlich oder vererblich sein soll; vgl. Wittmaack a. a. O. S. 44. So liegt z. B. auch kein rechtswirksames Erbbaurecht vor, wenn das Recht nur zu Lebzeiten des Berechtigten bestehen und mit seinem Tode wieder erlöschen soll (ein solches Recht kann höchstens als eine beschränkte persönliche Dienstbarkeit aufrecht erhalten werden, vgl. Wilutzky, GruchotsBeitr. Bd. 49 S. 538).

Beschränkungen der Veräußerlichkeit oder Vererblichkeit usw. sind jedoch zulässig, soweit dadurch die Veräußerlichkeit und Vererblichkeit nicht vollständig erschöpft werden. Als zulässig muß es z. B. angesehen werden, die Veräußerlichkeit in der Weise zu beschränken, daß die Veräußerung nicht allgemein, sondern nur an einem bestimmten Kreis von Personen gestattet wird, vgl. Wittmaack a. a. O. S. 44; s. übrigens auch § 2 Nr. 1 mit Bem. II, 1, c zu § 2 und Bem. I, 2 zu §§ 5—7.

Eine Vererbung des Erbbaurechts kann nach der gesetzlichen Erbfolgeordnung oder auf Grund eines Testaments oder Erbvertrags erfolgen. Auch in dieser Hinsicht können Beschränkungen aufgestellt werden, z. B. auf gesetzliche Erben (vgl. näher Wittmaack a. a. O. S. 45). Es darf aber jeweils die Möglichkeit der Vererbung nicht ausgeschlossen sein, solche muß vielmehr mit einer mehr oder minder großen Wahrscheinlichkeit sich erwarten lassen; vgl. Tosetti, ArchBürgR. Bd. 37 S. 134 ff. und Wittmaack a. a. O.

b) Zur Frage einer Beschränkung der Veräußerlichkeit ist nunmehr von besonderer Wichtigkeit § 5 mit §§ 6—8. Hiernach kann jede Veräußerung oder eine Veräußerung bestimmter Art (z. B. vor Ablauf einer bestimmten Frist oder nicht an bestimmte Personen usw.) mit dinglicher Wirkung (als weiterer „Inhalt" des Erbbaurechts) an die Zustimmung des Grundstückseigentümers vertragsmäßig gebunden werden; vgl. näher die Bem. zu §§ 5—7.

Es kann aber nicht rechtswirksam ausbedungen werden, daß ein Verstoß gegen eine derartige Vereinbarung einen Heimfallanspruch des Grundstückseigentümers (d. h. daß das Erbbaurecht an diesen übertragen werden muß; s. § 2 Nr. 4) auslösen soll (§ 6 Abs. 2); ebensowenig kann das Erlöschen des Erbbaurechts als Folge für einen derartigen Verstoß voll rechtswirksam vereinbart werden (Abs. 4 des § 1).

Eine Vereinbarung, daß der Erbbauberechtigte das Erbbaurecht überhaupt nicht veräußern dürfe, wurde bisher vielfach zugelassen, sie kann aber auf jeden Fall nur schuldrechtliche Wirkung haben gegenüber dem Grundstückseigentümer oder dem Dritten, dem sich der Erbbauberechtigte in der Weise verpflichtet (vgl. § 137 BGB., RJA. Bd. 9 S. 271, auch Bd. 9 S. 128 ff., Wilutzky, GruchotsBeitr. Bd. 49 S. 538 ff., Goldmann-Lilienthal § 55 Bem. 11, Wolf, SR. § 104, III u. a.); ob eine derartige Vereinbarung durch Vormerkung gesichert werden kann, ist bestritten, die Frage wird aber hauptsächlich mit Rücksicht auf die dinglichen Wirkungen einer Vormerkung abzulehnen sein, vgl. insbesondere Wittmaack a. a. O. S. 43. Biermann Bem. 1, b, Michaelis, ZBlFG. Bd. 19 S. 12 und 13, für die Zulässigkeit aber Predari Bem. 1, b zu § 7 GBO. und Planck Bem. 3, c zu § 1012 BGB.). Im übrigen wird ein derartiges Bedürfnis nach einer wirksamen Beschränkung der Veräußerlichkeit zugunsten des Grundstückseigentümers nunmehr am besten durch eine Vereinbarung im Sinne des § 5 Abs. 1 gedeckt werden; außerdem kann das Interesse, insbesondere von öffentlichen Korporationen, daß die auf deren Grund im Erbbaurecht errichteten Gebäude dem sozialen Zwecke, dem sie dienen sollen, erhalten bleiben und nicht in den Besitz von Personen gelangen, für die sie nicht bestimmt sind, auch durch eine Vereinbarung im Sinne des § 2 Nr. 1 (Vereinbarung über die „Verwendung des Bauwerkes") entsprechend geschützt werden, s. Bem. II, 1, c zu § 2.

c) Die Eingehung einer Verpflichtung seitens des Grundstückseigentümers, das Grundstück an den jeweiligen Erbbauberechtigten zu verkaufen, steht dem Wesen des Erbbaurechts nicht im Wege, eine solche Verpflichtung kann nunmehr nach § 2 Ziff. 7 mit dinglicher Wirkung ausbedungen werden.

d) Ueber die Einräumung eines Vorrechts für den Erbbauberechtigten auf Erneuerung des Erbbaurechts nach dessen Ablauf vgl. § 2 Nr. 6.

Ueber Vorkaufsrechte s. Bem. II, 4, k u. 6, e zu § 2.

2. Bedingungen:

Auflösende Bedingungen (§ 158 Abs. 2 BGB.) sind nach der Vorschrift in Abs. 4 unzulässig oder wenigstens in ihrer Rechtswirkung lahmgelegt (s. unten Bem. VII); jene Vorschrift wurde insbesondere getroffen, um die Beleihbarkeit des Erbbaurechts zu heben, da eine auflösende Bedingung regelmäßig eine unsichere Rechtslage schafft (vgl. hiezu auch Vorbem. C und D, 1, b, sowie die Ausführungen bei Pesl, HirthsAnn. 1915 S. 265 ff. und in „Um Grund und Boden" 1918 S. 270 ff.).

Aufschiebende Bedingungen (§ 158 Abs. 1 BGB.) für die Entstehung des Erbbaurechts sind zulässig.

Eine Uebertragung des Erbbaurechts aber kann rechtswirksam unter einer Bedingung überhaupt nicht erfolgen (§ 11 Abs. 1 Satz 2).

3. Zeitbestimmungen:

a) Die Festsetzung einer bestimmten Zeitgrenze ist beim Erbbaurechte zulässig (gesetzlich notwendig ist diese an sich nicht, a. M. Sauerländer, LZ. 1919 S. 313). Das Gesetz hat aber davon abgesehen, eine Höchstdauer oder eine Mindestdauer beim Erbbaurechte festzulegen (übereinstimmend mit der bisherigen Rechtslage).

Ein zu kurz bemessenes Erbbaurecht schließt sich in der Praxis von selbst aus, einerseits im Hinblick auf die erforderliche Amortisation der Baukosten, anderseits aus dem Grunde, weil ein derartiges Erbbaurecht nur eine minderwertige Kreditunterlage gewähren würde. Der Wesensgrundsatz der Vererblichkeit wird für die Regel auch einem kürzer bemessenen Erbbaurechte nicht im Wege stehen (vgl. oben Bem. 1, a).

Die Festsetzung einer Höchstdauer würde in vielen Fällen sogar ungünstig wirken, insbesondere bei öffentlichen Gebäuden, Kirchen, Theatern, Museen (vgl. hiezu Pesl in HirthsAnn. 1915 S. 256 ff. und in „Um Grund und Boden" Bd. 6 S. 292 ff.

Ein völlig unbefristeter Erbbauvertrag, also die Begründung eines sogenannten ewigen Erbbaurechts, ist in der Praxis bisher nicht vorgekommen (auch nicht bei Bauten, die nach dem Sprachgebrauch des Lebens sozusagen für die Ewigkeit gebaut sind, wie z. B. Kirchen, Museen usw., vgl. Pesl, Erbbaurecht S. 73); es ist aber von einigen deutschen Städten ein Erbbaurecht zur Errichtung von Kirchen und Museen „bis zum Fortfall des Gebäudes oder seines Zweckes" gewährt worden. Vgl. Erman, Jahrbuch für Bodenreform Bd. 4 S. 263 mit Anm. 3 (verschiedene Schriftsteller sind aber freilich de lege ferenda für ewige Erbbaurechte eingetreten, so insbesondere Wagner im Jahrbuch der Bodenreform Bd. 4 S. 297, vgl. dagegen Pesl a. a. O.).

In der Praxis sind bisher Vereinbarungen auf die Dauer von 30, 60, 70, 80, 90 und 100 Jahren zutage getreten (vgl. Pesl a. a. O. S. 73, 74).

Das Oesterreichische Baurechtsgesetz vom 26. April 1912 schreibt in § 3 vor, daß das Erbbaurecht nicht auf weniger als 30 und nicht auf mehr als 80 Jahre bestellt werden kann. Das Englische Erbbaurecht hat für die Regel eine Dauer von 99 Jahren, mit dem 100. Jahre soll der Grundeigentümer von der Belastung wieder frei werden. Ueber den sogenannten Ulmer-Wiederkauf (unbefristetes Erbbaurecht mit Widerrufsrecht des Eigentümers) vgl. näher Vorbem. A, I, 2.

Pesl in „Um Grund und Boden" Bd. 6 S. 291 weist darauf hin, daß einem wirtschaftlichen Bedürfnisse, ein Bauwerk nur auf einige Jahre auf einem Grundstück zu errichten, in den meisten Fällen durch die Form der Pacht des Grundstücks entsprochen werden kann; das betreffende vom Pächter errichtete Bauwerk wird als in Ausübung eines Rechtes an einem fremden Grundstück aufgeführt nach § 95 Abs. 1 BGB. nicht zum Bestandteil des Grundstücks (freilich bestritten; vgl. Bem. 3, c zu § 95 BGB.). Vgl. übrigens auch Vorbem. A, I, 1 vor § 1.

Erbbaurechte von kurzer Dauer können übrigens auch zum Ersatze dinglicher Mietrechte, welche das BGB. (nach der überwiegenden Meinung) nicht kennt, dienen, vgl. M. z. BGB. Bd. III S. 477 und Pesl a. a. O.

b) Die Beendigung des Erbbaurechts kann auch an ein bestimmtes Ereignis im Sinne eines Endtermines geknüpft werden. Es dürfen aber dadurch die Wesensmomente der Veräußerlichkeit und Vererblichkeit nicht in Frage gestellt werden (vgl. oben Bem. 1); anderseits darf eine solche Nebenbestimmung sich im Grunde nicht als eine auflösende Bedingung darstellen, der die Rechtswirksamkeit hier versagt ist (s. oben Bem. 2).

Die Unterscheidung, ob Endtermin oder auflösende Bedingung vorliegt, ist hauptsächlich aus dem Parteiwillen und dessen Auslegung zu entnehmen; ein Ereignis, das als incertus an und incertus quando (ungewiß ob und ungewiß wann) anzusehen ist, wird regelmäßig als auflösende Bedingung gelten dürfen (vgl. die Bem. zu § 163 BGB.; darunter wird z. B. regelmäßig auch der Fall einer Zerstörung des Bauwerkes fallen und daher jetzt nicht mehr zulässig sein, so auch Kretzschmar Bem. 2 zu § 13 und Günther Bem. 13, b zu § 1, abweichend aber die Begründung zu § 13 unter Beziehung auf Rspr. Bd. 18 S. 144, sowie Wolff, SR. § 104, VIII, Biermann und Planck zu § 1016 BGB. Wegen der Frage der Zulässigkeit eines Erbbaurechts auf Lebenszeit des Berechtigten s. oben in Bem. 1, a.

c) Für die Fälle der Beendigung des Erbbaurechts durch Zeitablauf gelten die besonderen Bestimmungen der §§ 27 ff., für die Gläubiger des Erbbaurechts ist insbesondere § 29 von Wichtigkeit; dem Erbbauberechtigten ist diesen Falles eine Entschädigung für das Bauwerk zu leisten. Vgl. näher § 27.

d) Ueber Verlängerung des Erbbaurechts und den besondern Fall des § 27 Abs. 3 s. Bem. III zu § 27; über Erneuerung des Erbbaurechts in dem Sinne, daß dem Erbbauberechtigten ein dahingehendes Vorrecht (s. § 2 Nr. 6) eingeräumt ist, s. weiter § 31.

e) Eine Uebertragung des Erbbaurechts darf unter einer Zeit-Bestimmung nicht erfolgen, s. § 11 Abs. 1 Satz 2.

4. Bedingungen und Zeitbestimmungen bedürfen selbstverständlich der Eintragung im Erbbaugrundbuch (§ 14), wenn sie Dritten gegenüber wirksam sein sollen; vgl. §§ 161 Abs. 3, 163 BGB., Franke, Recht 1909 S. 531 ff., Wild a. a. O. S. 131.

V. Abs. 3: Die Beschränkung des Erbbaurechts auf einen Teil des Gebäudes, insbesondere ein Stockwerk, ist unzulässig.

Die Vorschrift entspricht dem bisherigen § 1014 BGB. Die Beschränkung hängt damit zusammen, daß das BGB. für sich das sogenannte Stockwerkeigentum nicht mehr kennt. Diesem in einigen Landesteilen noch üblichen Rechtsgebilde wird durch Art. 182 EG. z. BGB. entsprechend Rechnung getragen.

a) Verboten ist hiernach die Beschränkung des Erbbaurechts auf einen Teil eines Gebäudes. Den Gegensatz hierzu bildet das selbständige Gebäude. Die Unterscheidung kann im Einzelfalle zweifelhaft werden, so insbesondere z. B. bei Kellern. Entscheidend ist hierbei, ob die Gebäudeteile derart zusammenhängen, daß nach der Verkehrsanschauung nur ein einheitlicher körperlicher Gegenstand vorliegt (übereinstimmend Goldmann-Lilienthal § 55 Anm. 22, Planck Bem. 2, b zu § 1014).

Die Unterscheidung dahin, ob der betreffende Gebäudeteil selbständig, d. h. ohne Zuhilfenahme anderer Gebäudeteile benutzbar ist (so z. B. Biermann Bem. zu § 1014) kann für sich nicht genügen, denn es ist z. B. möglich, daß der in einem Gebäude liegende Keller einen selbständigen Eingang hat und nach der Verkehrsanschauung doch nicht als selbständiges Gebäude aufgefaßt wird; vgl. auch Silberschmidt, Das Recht an Kellern, SeuffBl. Bd. 69 S. 409 ff. und Wittmaack a. a. O. S. 20 mit Anm. 1, sowie oben Bem. II, 1 a.

b) Strittig ist, ob diese Verbotsvorschrift, die an sich nur für Gebäudeteile besteht, auch auf die Teile anderer Bauwerke (vgl. Bem. I, 1 a, z. B. Brücken, ein bestimmtes Geleise einer Schienenleitung usw.) auszudehnen ist. Im Hinblick auf den klaren Wortlaut dieser Vorschrift wird die Frage zu verneinen sein, obwohl hierdurch im Einzelfalle Schwierigkeiten entstehen können (so auch Planck und Biermann a. a. O., Oberneck § 80 Nr. 2, Goldmann-Lilienthal II § 55 Anm. 12; a. M. Kretzschmar Bem. 2 zu § 1014, Wolff, SR. 104 Anm. 6).

c) Zulässig ist, daß das Erbbaurecht auf eines von mehreren auf demselben Grundstück stehenden Gebäudes beschränkt wird (ebenso Planck und Biermann a. a. O.).

d) Aus der Vorschrift wird ferner zu folgern sein, daß, wenn ein Gebäude auf zwei Grundstücken steht, nicht ein Erbbaurecht hinsichtlich des auf dem fremden Grundstück stehenden Gebäudeteiles bestellt werden kann. Vgl. Goldmann-Lilienthal a. a. O., KGJ. Bd. 25 A S. 141, Tosetti, ArchBürgR. Bd. 38 S. 123 ff. Wegen eines Ueberbaues des Erbbauberechtigten aber s. Bem. I, 1, d zu § 12.

VI. Die Zahlung eines sogen. **Erbbauzinses**, d. h. eines Entgeltes in wiederkehrenden Leistungen für die Benutzung des fremden Bodens, ist für das Erbbaurecht an sich nicht wesentlich (wie bisher, vgl. hiezu auch M. z. BGB. III S. 468 und RGZ. Bd. 61 S. 3). In der Praxis wird aber heute in jedem Erbbauvertrag die Zahlung eines Erbbauzinses vereinbart; auch in jenen Fällen, in denen ein Grundstück einem Dritten unentgeltlich überlassen wird, wird regelmäßig die jährliche Bezahlung eines kleinen Betrages vereinbart, nicht aus Besorgnis, daß das Eigentum verdrängt wird, sondern damit den Parteien stets das Bestehen eines Erbbaurechts gegenwärtig bleibt, s. Pesl, HirthsAnn. 1915 S. 258, 259. Das Nähere über den Erbbauzins wird nunmehr in § 9 geregelt; s. Bem. hiezu.

VII. Abs. 4:

1. Nach Satz 1 kann das Erbbaurecht allgemein nicht durch auflösende Bedingungen bei der Bestellung beschränkt werden, vgl. hiezu oben Bem. IV, 2, sowie auch in Vorbem. C und D, 1, b.

Die Uebertragung des Erbbaurechts darf weder unter einer aufschiebenden noch auflösenden Bedingung erfolgen, s. § 11 Abs. 1 Satz 2.

2. Satz 2 verfügt, daß sich der Grundstückseigentümer auf eine Vereinbarung, durch die sich der Erbbauberechtigte verpflichtet, beim Eintreten bestimmter Voraussetzungen das Erbbaurecht aufzuheben und sein Erlöschen im Grundbuch zu bewilligen, nicht berufen kann.

a) Wirtschaftliche Gründe für diese Vorschrift:

Bei den meisten Erbbauverträgen in der Praxis war es üblich geworden, in ängstlicher und mißtrauischer Weise zahlreiche Beendigungsgründe des Erbbaurechts festzusetzen und zwar nicht bloß bei schweren Vertragsverletzungen, sondern häufig auch bei ganz leichten Versehen des Erbbauberechtigten, z. B. bei nicht rechtzeitiger Zinszahlung oder bei irgendwelcher vertragswidrigen Benutzung des Grundstücks usw.; insbesondere wurde auch ein Zuwiderhandeln gegen ein Veräußerungsverbot mit der Rechtsfolge des Erlöschens des Erbbaurechts vertragsmäßig belegt (vgl. die Beispiele bei Pesl, Erbbaurecht S. 86 ff.).

Bei einer derartigen Fülle von Erlöschungsgründen schwebte einerseits der Erbbauberechtigte dauernd in Gefahr, seines Rechtes verlustig zu gehen, anderseits wurde dem Erbbaurechte dadurch auch allgemein die

Kreditfähigkeit entzogen, da niemand auf ein so unsicheres Recht Gelder herleihen wollte.

Diesen Mißständen will Abs. 4 einen Riegel vorschieben (vgl. hiezu auch Pesl in „Um Grund und Boden" 1918 S. 270 ff.). Es ist fürderhin nicht mehr zulässig, die Rechtsfolge des Erlöschens des Rechtes an eine Zuwiderhandlung gegen Vertragsbestimmungen zu knüpfen.

Den wirtschaftlich besser wirkenden Ersatz bildet jetzt das sogen. Heimfallrecht; vgl. näher §§ 2 Nr. 4, 4, 6, 32 ff., d. h. allen Vertragszuwiderhandlungen darf bei den Vereinbarungen nur die Rechtsfolge gegeben werden, daß der Erbbauberechtigte in diesen Fällen verpflichtet ist, das Erbbaurecht auf den Grundstückseigentümer gegen entsprechende Entschädigung zu übertragen. Dadurch bleibt das Erbbaurecht als solches bestehen, was insbesondere für die Gläubiger von Wichtigkeit ist. Alle derartigen Vereinbarungen haben nach § 2 Nr. 4 nunmehr zugleich auch dingliche Rechtswirkung. Vgl. näher Bem. II, 4 zu § 2.

b) Die rechtliche Seite einer derartigen Vereinbarung:

Die Ausdrucksweise: „Der Grundstückseigentümer kann sich auf eine Vereinbarung . . . . . nicht berufen" ist eigenartig und gibt zu Zweifeln Anlaß; sie kehrt auch an anderen Stellen der VO. wieder; s. §§ 6 Abs. 2, 27 Abs. 2 Satz 2, 32 Abs. 2 Satz 2. Aus dem BGB. vgl. über ähnliche Wendungen, aber jedenfalls in anderem Sinne als hier, §§ 1718 und 768 Abs. 1 Satz 2). Die Vorschrift wird wohl nur im Sinne der früheren gemeinrechtlichen Naturalobligation verstanden werden können und zwar einer sogenannten echten Naturalobligation (vgl. Vorbem. I, 9 vor § 241 BGB.), also einer Schuld ohne Haftung. Die Verbindlichkeit ist demnach in keiner Weise erzwingbar, weder unmittelbar noch mittelbar; es kann aus solcher Verbindlichkeit weder auf Erfüllung noch auf Schadensersatz geklagt werden. Der Erbbauberechtigte kann freilich seinerseits freiwillig erfüllen, es werden hiezu aber auch die weiter Beteiligten, insbesondere diejenigen, die dingliche Rechte am Erbbaurechte besitzen, ihre Zustimmung zu geben haben (vgl. § 876 BGB.). Eine Zurückforderung des Geleisteten (condictio indebiti) ist in jedem Falle ausgeschlossen, selbst wenn in Unkenntnis der rechtlichen Unerzwingbarkeit geleistet wurde; vgl. auch von der Pfordten, BayGemZ. 1919 S. 227 Anm. 15. Rosenberg, DJZ. 1918 S. 479 hält dafür, daß die VO. sprachlich mangelhaft die direkte Nichtigkeit aussprechen wollte, ebenso Sieskind Bem. B, 3, c, Günther Bem. 14, b hält die Vereinbarung für „unwirksam", Zeitler, BayNotZ. 1919 S. 133 legt die Bestimmung dahin aus, daß mit Ausnahme des Grundstückseigentümers jede andere Person, also z. B. auch der Gläubiger einer dem Erbbaurecht im Range nachstehenden Hypothek im Grundstück, sich auf eine solche Vereinbarung berufen könne. Die Rechtsfolge, daß sich Dritte auf eine derartige Vereinbarung mit Erfolg berufen können, wird aber bei der oben angenommenen Rechtsnatur solcher Verbindlichkeiten abzulehnen sein, sie würde auch dem inneren Grunde der Vorschrift (s. oben) zuwiderlaufen; selbstverständlich kann sich aber der Erbbauberechtigte selbst im Verhältnis zum Grundstückseigentümer darauf berufen, er bedarf aber in jedem Falle zum Aufheben des Erbbaurechts im Hinblick auf § 876 BGB. der Zustimmung der im Erbbaurecht dinglichen Berechtigten (so auch Zeitler a. a. O.).

Der sonstige Vertragsinhalt wird durch eine derartige Vereinbarung keinesfalls in seiner Gültigkeit berührt; dies ergibt sich gerade aus der gewählten Fassung, vgl. § 139 BGB. und Günther, JW. 1919 S. 357, sowie derselbe in Bem. 14, b zu § 1.

VIII. Sonstige Rechtsbeziehungen zwischen Grundstückseigentümer und Erbbauberechtigten:

1. Der Erbbaurechtigte hat an sich im Grundsatz ein unbeschränktes Verfügungsrecht über den Gegenstand seines Rechtes: Ein besonderes Legalschuldverhältnis z. B. über Erhaltungspflichten, Tragung von Lasten usw. wie beim Nießbrauch und Pfandrecht stellt das Gesetz selbst nicht auf.

a) Es können aber dem Berechtigten besondere Pflichten in dieser Hinsicht nach Vertrag auferlegt werden; solchen Vereinbarungen kommt nunmehr im Rahmen des § 2 Nr. 1 ff. ohne weiteres dingliche Wirkung zu; vgl. näher § 2 mit Bem.

b) Wurde über die Instandhaltung des Gebäudes nichts vereinbart, so besteht keine Verpflichtung des Erbbauberechtigten oder des Eigentümers des Grundstücks, das Bauwerk zu erhalten oder zu unterhalten.

α) Hat der Erbbauberechtigte das Gebäude selbst errichtet, was der Regelfall ist, so kann der Berechtigte, da er ja Eigentümer des Bauwerkes wird (vgl. oben Bem. I, 5, c), mangels einer gegenteiligen vertraglichen Bestimmung an sich während der Dauer des Erbbaurechts mit den Gebäuden anfangen, was er will (vgl. Pesl, Erbbaurecht S. 95 ff., Kretzschmar Vorbem. 3 vor § 1012 BGB., Wittmaack S. 101 ff.; Biermann Bem. 4, b zu § 1012 BGB. will die Entscheidung darauf abstellen, ob das Erbbaurecht auf bestimmte Zeiten und unentgeltlich oder gegen eine bloße Anerkennungsgebühr bestellt ist); er kann sie also auch niederreißen, verkommen lassen, umbauen usw.

Bei Beendigung des Rechtes hat der Erbbauberechtigte aber solche Verfügungsmacht über das Gebäude nicht mehr, denn in § 34 wird bestimmt, daß er nicht berechtigt ist, beim Heimfall oder beim Erlöschen des Erbbaurechts das Bauwerk wegzunehmen oder sich Bestandteile des Bauwerkes anzueignen; vgl. Bem. zu § 34.

Der Erbbauberechtigte ist übrigens nach den §§ 836, 837 BGB. auch für den durch den Einsturz der Gebäude entstehenden Schaden verantwortlich (vgl. Bem. I, 1, c zu § 11).

β) War das Gebäude schon bei Bestellung des Erbbaurechts vorhanden, so wird an dem Eigentumsverhältnis durch die Bestellung des Erbbaurechts nichts geändert. Aehnlich wie beim Nießbrauch wird hier der Erbbauberechtigte das Recht und die Pflicht haben, das Gebäude in ordnungsmäßiger Weise zu benutzen und es in gutem Zustande zu erhalten, soweit dies die Ausübung des Rechtes und Treu und Glauben erfordert (Pesl a. a. O. S. 96); zu Umbauten wird er ohne Zustimmung des Eigentümers nicht berechtigt sein, vgl. Pesl a. a. O., abweichend Dietzsch a. a. O. S. 8.

c) Haben die Parteien über Tragung von Lasten nichts vereinbart, so ist davon auszugehen, daß die Lasten des Grundstücks selbst den Erbbauberechtigten an sich nicht berühren, sondern nur den Eigentümer des Grundstücks. Die Lasten des Bauwerkes dagegen treffen den Eigentümer des Bauwerkes, also den Erbbauberechtigten dann, wenn er selbst das Gebäude errichtet hat (vgl. Oberneck I § 80 Nr. 3, b, Wittmaack a. a. O. S. 104, Planck Bem. 4 zu § 1012 BGB., abweichend Biermann Bem. 4, b zu § 1012 BGB. für den Fall unentgeltlicher Bestellung).

2. Das Erbbaurecht schließt andere dingliche Rechte (z. B. Hypotheken) an dem belasteten Grundstücke, an dem das Erbbaurecht besteht, im Grundsatze nicht aus; dem Erbbaurecht muß aber gemäß § 10 die erste Rangstelle stets verbleiben.

3. Ueber den Fund eines Schatzes vgl. § 984 BGB. Wenn der Schatz im Bauwerk gefunden wird, so ist für die Frage, wem die Eigentümerhälfte hieran zufällt, entscheidend, wer Eigentümer des Bauwerkes ist (vgl. oben). Ein im Baugrundstück gefundener Schatz gehört dem Finder und dem Grundstückseigentümer je zur Hälfte, das Bestehen eines Erbbaurechts ist in diesem Falle gleichgültig; vgl. M. z. BGB. Bd. III S. 469, Wittmaack a. a. O. S. 140 ff.

IX. Entstehung, Uebertragung, Beendigung, Erneuerung, Heimfall und Aenderung des Inhalts eines Erbbaurechts:

1. Ein Erbbaurecht entsteht:

a) durch Rechtsgeschäft, Vertrag:

Die Form für die Begründung ist nicht mehr die Form der Veräußerung von Grundstücken (vgl. die bisherigen §§ 1015, 1017 BGB.), sondern die der Belastung von Grundstücken. Es genügt also gemäß § 873 BGB. die Einigung des Berechtigten und des Erwerbers, sowie die Eintragung der Rechtsänderung in das Grundbuch. Die gleichzeitige Anwesenheit beider Teile vor dem Grundbuchamt ist nicht mehr erforderlich. Da jedoch § 20 GBO. (wenn auch mit Aenderung, vgl. § 37) in Kraft bleibt, muß die Einigung beider Teile dem Grundbuchamte nachgewiesen werden; es genügt also nicht (wie z. B. bei der Bestellung von Hypotheken) die einseitige Eintragungsbewilligung des Grundstückseigentümers allein. Vgl. näher § 11 mit Bem.

Wegen Bedingungen und Zeitbestimmungen vgl. oben Bem. IV.

Auf einen Vertrag, durch den sich der Grundstückseigentümer verpflichtet, ein Erbbaurecht zu bestellen, findet der § 313 BGB. entsprechende Anwendung; s. § 11 Abs. 2 mit Bem.

b) Ueber die Befugnis des Wohnungskommissars zur Festsetzung eines Erbbaurechtsvertrags vgl. Vorbem. B.
c) Durch Tabularersitzung nach § 900 Abs. 2 BGB., wenn ein Erbbaurecht 30 Jahre lang fälschlich im Grundbuch eingetragen ist und der Eingetragene das Grundstück während dieser Zeit als ihm zu Erbbaurecht zustehend besessen hat (vgl. Wolff, SR. § 104, IV, 2).
d) Ueber Begründung an Stelle der Enteignung vgl. Vorbem. B a. E. vor § 1.

2. Das Erbbaurecht kann durch Rechtsgeschäft auf einen anderen übertragen werden. Auch dieses Rechtsgeschäft steht nicht mehr unter den Grundsätzen einer Uebertragung des Eigentums an Grundstücken, sondern der Uebertragung einer Belastung des Grundstücks. Es genügt also auch hier wie bei der Bestellung die Einigung des Berechtigten und des Erwerbers, sowie die Eintragung der Rechtsänderung in das Grundbuch. Die Einigung beider Teile ist aber auch hier (vgl. oben Bem. 1 a) dem Grundbuchamte nachzuweisen.

Auch die Uebertragung an den Grundstückseigentümer ist nach § 889 BGB. angängig. Sie tritt insbesondere beim Heimfallrecht ein, vgl. unten Bem. 5.

Unter einer Bedingung oder einer Zeitbestimmung kann die Uebertragung des Erbbaurechts nicht mehr rechtswirksam erfolgen, s. § 11 Abs. 1 Satz 2.

3. Die Beendigung des Erbbaurechts tritt ein:
a) Rechtsgeschäftlich kann das Erbbaurecht nur mit Zustimmung des Grundstückseigentümers aufgehoben werden; die Zustimmung ist dem Grundbuchamt oder dem Erbbauberechtigten gegenüber zu erklären; sie ist unwiderruflich (§ 26); ist das Erbbaurecht mit Rechten Dritter belastet (z. B. mit Hypotheken), so ist auch die Zustimmung dieser Dritten erforderlich (§§ 875, 876 BGB.). Vgl. näher Bem. II, 4, c zu § 11.
Der einseitige Verzicht des Erbbauberechtigten auf sein Recht ist jetzt nicht mehr zulässig (§ 928 BGB. gilt jetzt für das Erbbaurecht nicht mehr, s. § 11 Abs. 1). Vgl. Bem. II, 4 c zu § 11.
b) Durch Ausfall der aufschiebenden Bedingung.
c) Durch Zeitablauf, vgl. näher §§ 27 ff., sowie oben Bem. IV, 3.
d) Die Vereinbarung einer einseitigen Kündigungsmöglichkeit im schuldrechtlichen Sinne verträgt sich nicht mit dem Charakter des Erbbaurechts als eines dinglichen Rechtes.
e) Ein Erlöschen kraft Gesetzes tritt ein durch Verjährung gemäß § 901 BGB. (sog. Buchersitzung); diese setzt aber die vorgängige versehentliche Löschung des Erbbaurechts voraus.
f) Ein Erlöschen des Rechtes des wirklich zum Erbbaurecht Berechtigten durch Aufgebot zugunsten des nur tatsächlich besitzenden Erbbauberechtigten im Wege des § 927 BGB. ist nicht mehr statthaft, s. § 11 Abs. 1 Satz 1 mit Bem. II, 3 a zu § 11.
g) Die Bestandteile des Erbbaurechts werden beim Erlöschen des Erbbaurechts Bestandteile des Grundstücks, s. § 12 Abs. 3.
h) Dadurch, daß das Bauwerk untergeht, erlischt das Erbbaurecht nicht, s. § 13 mit Bem., wohl aber dadurch, daß das Grundstück selbst untergeht.
i) Wird das Grundstück zwangsweise versteigert, so bleibt das Erbbaurecht auch dann bestehen, wenn es bei der Feststellung des geringsten Gebots nicht berücksichtigt ist, s. § 25.
k) Kein Erlöschungsgrund ist die Vereinigung von Erbbaurecht und Grundstückseigentum in einer Hand (§ 889 BGB. und vgl. oben Bem. 2); diese tritt hauptsächlich beim Heimfall ein (s. unten Bem. 5), ist aber auch z. B. durch Erbgang möglich.
l) Ueber Endigung des Erbbaurechts durch Enteignung sind die landesrechtlichen Vorschriften nach Art. 109 EG. z. BGB. maßgebend, vgl. die Bem. zu diesem Art.

4. Ueber Erneuerung des Erbbaurechts bei einem Vorrechte des Berechtigten auf Erneuerung des Erbbaurechts im Sinne des § 2 Nr. 6 s. näher §§ 31 ff.

5. Der Heimfall des Erbbaurechts (s. § 2 Ziff. 4, §§ 3, 4, 32—34) bewirkt den Uebergang des Erbbaurechts auf den Grundstückseigentümer, ohne daß es dadurch zu einem Erlöschen des Erbbaurechts kommt (s. näher Bem. II, 4 zu § 2, sowie auch oben Bem. VII, 2).

6. Auf die Aenderung des Inhalts eines Erbbaurechts ist § 877 BGB. anzuwenden; s. näher Bem. II, 2 zu § 11.

X. Ueber Zwangsvollstreckung in Erbbaurecht s. § 24 mit Bem.
XI. Ueber die Behandlung des Erbbaurechts nach dem **BauFG.** v. **4.** Juni 1909 s. § 61 BauFG. mit § 33 dieser VO.
XII. Ueber die **wirtschaftliche** und **soziale Bedeutung** des Erbbaurechts s. Vorbem. B.
XIII. Ueber Stempelsteuer bei Bestellung in Preußen vgl. RGZ. Bd. 61 S. 1.

2. Vertragsmäßiger Inhalt.

§ 2.

Zum Inhalt des Erbbaurechts gehören auch Vereinbarungen des Grundstückseigentümers und des Erbbauberechtigten über:

1. die Errichtung, die Instandhaltung und die Verwendung des Bauwerkes;
2. die Versicherung des Bauwerkes und seinen Wiederaufbau im Falle der Zerstörung;
3. die Tragung der öffentlichen und privatrechtlichen Lasten und Abgaben;
4. eine Verpflichtung des Erbbauberechtigten, das Erbbaurecht beim Eintreten bestimmter Voraussetzungen auf den Grundstückseigentümer zu übertragen (Heimfall);
5. eine Verpflichtung des Erbbauberechtigten zur Zahlung von Vertragsstrafen;
6. die Einräumung eines Vorrechts für den Erbbauberechtigten auf Erneuerung des Erbbaurechts nach dessen Ablauf;
7. eine Verpflichtung des Grundstückseigentümers, das Grundstück an den jeweiligen Erbbauberechtigten zu verkaufen.

Bedingungen I, 4;
Bisheriges Recht I, 2;
Dingliche Wirkung I, 1;
Eigentümer-Erbbaurecht II, 4, c, β und II, 7, f;
Eintragung I, 1, c;
Erneuerung II, 6;
Errichtung des Bauwerkes II, 1, a;
Erbbauzins I, 3;
II, 4, c, γ, ββ;
Endtermin I, 5;
Gemeinden II, 7, g;
Gebühren, Stempel und Umsatzsteuer II, 7, c und e;
Heimfallrecht I, 2, II, 4;
Instandhaltung des Bauwerkes II, 1, b;
Kaufsrecht II, 7;
Lasten und Abgaben II, 3;
Miet- und Pachtverträge II, 4, h;
Versicherung des Bauwerkes II, 2;
Vertragsmäßiger Inhalt i. A. I, im Einzelnen II;
Vertragsstrafen II, 5;
Verwendung des Bauwerkes II, 1, c;
Vorkaufsrecht II, 4, k und II, 7, e;
Vorrecht auf Erneuerung II, 6;
Wiederaufbau II, 2;
Zahlungsverzug I, 3;
II, 4, b, β;
Zwangsversteigerung I, 1, c, γ.

I. Die §§ 2—8 behandeln den **vertragsmäßigen Inhalt** des Erbbaurechts, während § 1 den gesetzlichen Inhalt des Erbbaurechts aufstellt. Auch die VO. hat (wie das bisherige Recht) davon Abstand genommen, ein sogenanntes Legalschuldverhältnis zwischen Eigentümer und Berechtigten (wie z. B. bei Nießbrauch und Pfandrecht) aufzustellen (vgl. hierüber näher Bem. VIII zu § 1). Die Beteiligten sind daher darauf angewiesen, ihre gegenseitigen Rechte und Pflichten, soweit sie über den Rahmen des gesetzlichen Inhalts des § 1 hinaustreten sollen, im Bestellungsvertrag entsprechend festzulegen. Im Hinblick auf die regelmäßig lange Dauer des Erbbaurechts besteht für die Beteiligten ein besonderer Anlaß, solche Vertragsbestimmungen weit eingehender und vorsichtiger zu regeln, als dies bei anderen Rechtsgeschäften z. B. beim Kauf notwendig ist.

1. Die Vereinbarungen der Parteien über ihre einzelnen Rechte und Pflichten sind zunächst nur rein schuldrechtlicher Natur, wirken also zunächst nur für und gegen den Erbbaurechtsnehmer einerseits und für und gegen den Grundstückseigentümer andererseits, sowie deren Erben, nicht aber zwischen den einzelnen Sonderrechtsnachfolgern. Es besteht aber gerade im Hinblick auf die lange Dauer des Erbbaurechts ein dringender Anlaß, daß die aufgestellten Vertragsbestimmungen fortgesetzt von dem jeweiligen Erbbauberechtigten und Grundeigentümer eingehalten werden.

a) Dies will die VO. dadurch erreichen, daß auch solche Verpflichtungen zum Inhalte des Erbbaurechts erklärt werden und dadurch dingliche Wirkung erlangen, die an sich für das rechtliche Bestehen des Erbbaurechts nicht notwendig sind. Die VO. stellt deshalb in § 2 einen Katalog derartiger Vereinbarungen auf, die zum weiteren „Inhalte des Erbbaurechts" erklärt werden; Vereinbarungen solcher Art haben ohne weiteres (vgl. aber unten Bem. b) dingliche Wirkung.

Ergänzend treten ferner folgende Bestimmungen hinzu:

α) Nach § 5 kann auf diese Weise dingliche Wirkung beigelegt werden: Vereinbarungen, wornach der Erbbauberechtigte zur Veräußerung oder Belastung des Erbbaurechts der Zustimmung des Grundeigentümers bedarf.

β) Nach § 27 Abs. 1 Satz 2 können für den Fall der Beendigung des Erbbaurechts durch Zeitablauf mit gleicher dinglicher Wirkung auch Vereinbarungen über die Höhe der hier dem Erbbauberechtigten zu gewährenden Entschädigung für das Bauwerk, über die Art ihrer Zahlung sowie über die Ausschließung der Entschädigung getroffen werden und ebenso

γ) für den Heimfall des Erbbaurechts nach § 32 über die hier dem Erbbauberechtigten zu leistende angemessene Vergütung für das Erbbaurecht.

Ob und inwieweit die Beteiligten derartige Vereinbarungen treffen wollen, steht in ihrem Belieben, die Wortfassung: „Zum Inhalte des Erbbaurechts „gehören auch" darf selbstverständlich nicht in dem Sinne verstanden werden, als ob die 7 Programmpunkte des § 2 in jedem Erbbauvertrage behandelt sein müßten, ebensowenig gilt solches von den oben aufgeführten Erweiterungen. Den Beteiligten bleibt es natürlich auch unbenommen, noch über andere und weitere Punkte besondere Vereinbarungen im Einzelfalle zu treffen, aber eine dingliche Wirkung im Rahmen des Erbbaurechts kommt solchen nicht zu.

b) Die dingliche Wirkung der Vereinbarungen im Sinne der §§ 2 u. a. setzt aber stets voraus, daß diese Inhaltsbestandteile des Erbbaurechts im Erbbaugrundbuche (s. § 14) eingetragen wurden (vgl. näher Bem. II, 2 zu § 14 VO. insbesondere Bem. II, 2, b, wegen der Streitfrage, ob hiebei nach § 874 BGB. auf die Eintragungsbewilligung Bezug genommen werden darf).

c) Durch diese Regelung der VO. wird Dreifaches erreicht (vgl. auch Wild a. a. O. S. 130).

α) Es wird die Rechtslage des Grundstückseigentümers und des Erbbauberechtigten gefestigt und für die ganze Dauer des Erbbaurechts gegen Aenderungen ohne den Willen der Parteien geschützt.

β) Es erhält aber auch jeder Dritte, der das belastete Grundeigentum oder das Erbbaurecht zum Gegenstand eines Rechtsgeschäfts oder der Zwangsvollstreckung machen will, zuverlässige Auskunft über den Bestand und den gesamten Umfang des Erbbaurechts durch Einsicht des Erbbaugrundbuchs (§ 14).

γ) Bei einer Zwangsversteigerung gehen auf den Einsteigerer des Erbbaurechts diejenigen Verpflichtungen des bisherigen Erbbauberechtigten über, die einen Inhaltsbestandteil des Erbbaurechts bilden und als solche in das Grundbuch eingetragen sind (vgl. Begr. zu § 2).

2. Im bisherigen Rechte bemühte man sich auf verschiedenen Wegen, eine dingliche Sicherung vertragsmäßiger Festsetzungen zu erlangen, so durch Festsetzung einer entsprechenden aufschiebenden oder auflösenden Bedingung oder durch Eintragung einer Sicherungshypothek (ev. in Verbindung mit der Abrede einer Vertragsstrafe), ferner durch Eintragung einer Reallast an dem Erbbaurecht oder durch Eintragung einer Vormerkung zur Sicherung des Anspruchs auf Uebertragung des Erbbaurechts an den Eigentümer im Falle der Nichterfüllung. Dieser Mittel bedarf es insoweit nicht mehr.

Für das nunmehr geltende Recht ist aber weiterhin allgemein darauf hinzuweisen, daß es der Grundstückseigentümer nunmehr auch in der Hand hat, vertragsmäßige Verpflichtungen des Erbbauberechtigten aller Art in dinglicher Wirkung mit dem Heimfallrechte (s. § 2 Nr. 4 mit Bem. II, 4 zu § 2) zu verknüpfen, ohne daß insoweit die Sicherung durch Eintragung einer Vormerkung (§§ 883 ff. BGB.) notwendig ist.

Außerdem kann nach § 2 Nr. 5 auch die Zahlung von Vertragsstrafen in dinglicher Wirkung mit der Nichterfüllung von Verpflichtungen verbunden werden.

3. Die Vereinbarung eines Erbbauzinses ist nicht wesentlich (s. Bem. VI zu § 1). Wird aber ein solcher vereinbart, so finden kraft Gesetzes die Vorschriften des BGB. über Reallasten entsprechende Anwendung (§ 9). Zahlungsverzug des Erbbauberechtigten darf aber hier den Heimfallanspruch nur dann begründen, wenn der Erbbauberechtigte mit dem Erbbauzinse mindestens in Höhe zweier Jahresbeträge im Rückstand ist (Abs. 3 des § 9).

4. Außerdem ist in diesem Zusammenhange zurückzuverweisen auf § 1 Abs. 4 Satz 1, wonach auflösende Bedingungen nicht mehr zulässig sind (über die Zulässigkeit aufschiebender Bedingungen s. oben Bem. IV, 2 zu § 1); auch kann sich der Grundstückseigentümer nicht auf Vereinbarungen berufen, durch die sich der Erbbauberechtigte verpflichtet, beim Eintreten bestimmter Voraussetzungen das Erbbaurecht aufzuheben und seine Löschung im Grundbuche zu bewilligen. § 1 Abs. 4 Satz 2; s. hierüber näher Bem. VII zu § 1. Ueber Ersatz und Abhilfe durch das Heimfallrecht s. oben Bem. 2 und Bem. II, 4 unten.

5. Ueber die Vereinbarung von Zeitbestimmungen s. näher Bem. IV, 3 zu § 1.

6. Selbstverständlich kann der Grundstückseigentümer auch auf Erfüllung der vom Erbbauberechtigten rechtswirksam übernommenen Verpflichtungen klagen.

7. Ein besonderer Schutz für Vereinbarungen im Sinne des § 5 liegt ferner in § 8 gegenüber Verfügungen, die im Wege der Zwangsvollstreckung oder der Arrestvollziehung oder durch den Konkursverwalter erfolgen (s. die Bem. zu § 8); vgl. ferner § 17, wonach jede Eintragung in das Erbbaugrundbuch auch dem Grundstückseigentümer bekanntzumachen ist.

II. Die mit dinglicher Rechtswirkung ausgestatteten **Vereinbarungen im einzelnen:**

1. **Nr. 1:** Vereinbarungen über die **Errichtung**, die **Instandhaltung** und die **Verwendung des Bauwerkes:**

a) Vereinbarungen über die Errichtung des Bauwerkes können Einzelbestimmungen in sich schließen über die Art der zu errichtenden Bauwerke, z. B. nur Kleinbauten, Einfamilienhäuser, oder über die Höhe des Bauwerkes, Zahl und Art der Geschoße, Größe der zu überbauenden Fläche usw. Ueber die Frage der besonderen Rechtsfolgen im Falle einer Verletzung derartiger Vertragsbestimmungen vgl. Bem. I, 1, c und d zu § 12.

Ihre allgemeine Begrenzung durch das Wesen des Erbbaurechts finden solche Baubeschränkungen aber darin, daß dem Erbbauberechtigten das Recht zum Bauen, sowie zum Wiederaufbauen nicht genommen werden kann; deshalb kann auch die Befugnis zum Bauen nicht allgemein an die Zustimmung des Grundstückseigentümers geknüpft werden, wohl aber kann dies für An-, Um- und Aufbauten, sowie für Abbruch ganz oder zum Teil vereinbart werden, vgl. Günther Bem. 2 zu § 2.

b) Vereinbarungen über die Instandhaltung des Bauwerkes:

α) Hierunter fallen insbesondere Vereinbarungen über Vornahme von Reparaturen, notwendige Erneuerungen usw.

β) Ein mittelbarer Ansporn für den Erbbauberechtigten, das Bauwerk entsprechend zu erhalten, liegt ferner darin, daß bei Beendigung des Erbbaurechts durch Zeitablauf und bei Ausübung des Heimfallrechts durch den Grundeigentümer eine entsprechende Entschädigung für das Bauwerk bzw. Erbbaurecht zu leisten ist (vgl. §§ 27 Abs. 1 Satz 1 und § 32 Abs. 1 Satz 1). Gleichwohl ist der Erbbauberechtigte häufig geneigt, gegen Ende des Erbbaurechts das Bauwerk zu vernachlässigen, und dienen daher besondere Abmachungen über die Instandhaltung den Interessen des Grundstückseigentümers.

γ) Ein weiterer Antrieb zur guten Erhaltung des Erbbauhauses wird außerdem in der Einräumung eines Vorrechts für den Erbbauberechtigten auf Erneuerung des Erbbaurechts nach dessen Ablauf liegen. Vgl. Nr. 6 mit Bem.

δ) Ueber die Rechtslage, wenn über die Instandhaltung des Bauwerks nichts vereinbart wurde, vgl. Bem. VIII, 1, b zu § 1.

c) Vereinbarungen über die Verwendung des Bauwerkes:

Der Begriff der „Verwendung des Bauwerkes" wird im Interesse der sozialen Anwendung und Ausgestaltung des Erbbaurechts, was ja die VO. hauptsächlich im Auge hat, weit auszulegen sein. Darunter werden daher auch z. B. Bestimmungen über die festzusetzenden Mietpreise fallen (vgl. auch Begr. zu § 2). Auch eine Vereinbarung, daß z. B. kinderreiche Familien bei der Vermietung bevorzugt werden sollen, kann darunter fallen; vgl. Dittrich, DRichtZ. 1918 S. 205. Auch Vereinbarungen, daß das Bauwerk dem bestimmten sozialen Zwecke erhalten bleiben soll und daher nicht in den Besitz von Personen gelangen darf, für die es nicht bestimmt ist, werden hieher zu zählen sein; allenfalls wird solche Folgerung auch mittelbar aus dem näheren Inhalte des Erbbauvertrags zu entnehmen sein. Ebenso gehören hieher Verbote des Betriebs unsittlicher oder lärmender Geschäfte, von Gastwirtschaften usw. (vgl. Günther Bem. 4 zu § 2).

Beispiele aus den bisherigen Erbbauverträgen s. bei Pesl, Erbbaurecht S. 117ff. und bei Dietzsch, Die Praxis des Erbbaurechts S. 71ff.:

So bestimmt der Dresdner Vertrag, abgeschlossen zwischen dem Reichsfiskus und dem Dresdner Spar- und Bauverein (abgedruckt bei Dietzsch S. 71): „Die Mietzinse für die auf dem Grundstücke hergestellten Gebäude dürfen nicht höher angesetzt werden, als dies die Aufwendungen für Verzinsung und Amortisation des zum Baue der Häuser aufgewendeten Kapitals, sowie die Kosten der Verwaltung und Instandhaltung (unter Berücksichtigung der Schaffung einer Reserve für etwaige Mietausfälle usw.) erfordern."

Nach dem Frankfurter Vertrage (s. bei Pesl S. 118 und bei Dietzsch S. 108ff.) wird vom Magistrat jeweils der Betrag in den Vertrag eingesetzt, um welchen die Wohnungen vermietet werden dürfen; ohne Zustimmung des Magistrats darf eine Erhöhung der Mieten nicht vorgenommen werden.

Dietzsch a. a O. S. 163 hat in seinem Mustererbbauvertrage die Erhöhung der Mietzinse in den Erbbaurechtshäusern eigenartig geregelt: Nachdem die Mietpreise für die Wohnungen bei Fertigstellung der Gebäude festgesetzt sind, soll der Erbbauberechtigte nach Beendigung der ersten 5 Jahre das Recht haben, die Mietpreise um 5% und nach Beendigung weiterer 5 Jahre wieder um je 5%, berechnet von der Höhe der ersten Miete, zu erhöhen; gegen die Zweckmäßigkeit solcher Vereinbarung s. aber Pesl a. a. O. S. 123, 124.

In dem oben erwähnten Dresdener Vertrage hat sich der Reichsfiskus auch z. B. ausbedungen, daß während der gesamten Dauer mindestens der vierte Teil sämtlicher Wohnungen an gering besoldete Reichsbeamte vergeben werden muß.

2. Nr. 2. Vereinbarungen über die **Versicherung** des **Bauwerkes** und seinen **Wiederaufbau** im Falle der Zerstörung:

Darunter fällt natürlich vor allem die Versicherung des Bauwerkes gegen Feuersgefahr. Die Versicherung wird der Erbbauberechtigte auf eigenen Namen zu nehmen haben. Vgl. auch § 23, wornach bei der Feuerversicherung der Versicherer den Grundstückseigentümer unverzüglich zu benachrichtigen hat, wenn ihm der Eintritt des Versicherungsfalles angezeigt wird.

3. Nr. 3. Vereinbarungen über die **Tragung der öffentlichen und privatrechtlichen Lasten und Abgaben:**

a) Der Begriff „öffentliche Lasten und Abgaben" bestimmt sich nach dem öffentlichen Rechte. Es gehören dahin sowohl die an den Staat als auch die an die Gemeinden oder anderen Kommunalverbände zu entrichtenden Lasten, wobei insbesondere die Grund- und Gebäudesteuer einschlägt (vgl. auch die §§ 436, 546, 1047 BGB. mit Bem.).

Zu den privatrechtlichen Lasten und Abgaben gehören insbesondere z. B. Reallasten oder Lasten mit reallastartigem Charakter, Zinsen von Hypotheken usw. (vgl. auch die Bem. zu § 1047 BGB.).

b) Da der Grundstückseigentümer, dem nur das Eigentum am Grundstück zusteht, während der ganzen Dauer des Erbbaurechts das Grundstück wirtschaftlich nicht weiter mehr ausnutzen kann, so wird es zweckmäßig sein, zu vereinbaren, daß der Erbbauberechtigte die sämtlichen öffentlichen Lasten, die sich auf das Grundstück beziehen, übernimmt, also vor allem die Grundsteuer; es wird ferner aber auch entsprechend sein, wenn der Erbbauberechtigte alle öffentlichen Lasten des Hauses zu tragen übernimmt, wie die Haussteuer, Gebühren für Kanalbenützung, für das verbrauchte Wasser usw. (vgl. Pesl in HirthsAnn. 1915 S. 242 und in „Um Grund und Boden" Bd. 6 S. 274). Wenn der Erbbauberechtigte aber die sämtlichen Lasten übernimmt, so wird dies bei der Bemessung des Erbbauzinses entsprechend zu berücksichtigen sein (vgl. Pesl a. a. O.).

c) Ueber die Rechtslage, wenn die Parteien über die Tragung der Lasten nichts vereinbart haben, s. Bem. VIII, 1, c zu § 1.

4. Nr. 4. Eine Verpflichtung des Erbbauberechtigten, das Erbbaurecht beim Eintritt bestimmter Voraussetzungen auf den Grundstückseigentümer zu übertragen (Heimfall).

Das Heimfallrecht:

In der bisherigen Praxis des Erbbaurechts erwies sich als ein besonderer Uebelstand die Uebung, in den Verträgen an die verschiedensten Fälle einer Zuwiderhandlung gegen Vertragsbestimmungen oder an sonstige Voraussetzungen als Rechtsfolge ohne weiteres das unmittelbare Erlöschen des Erbbaurechts zu knüpfen. Damit wurde insbesondere die Kreditfähigkeit des Erbbaurechts infolge der völlig unsicheren Rechtslage schwer erschüttert. Die VO. schreibt nunmehr in § 1 Abs. 4 vor, daß das Erbbaurecht nicht durch auflösende Bedingungen beschränkt werden darf, und daß anderseits der Grundstückseigentümer auch keine Rechte aus einer Vereinbarung herleiten darf, durch die sich der Erbbauberechtigte verpflichtet hat, das Erbbaurecht bei Eintritt bestimmter Voraussetzungen aufzuheben (vgl. Bem. VII zu § 1).

Ersatz und Abhilfe schafft hier die Einführung des sogenannten Heimfallrechts. Dadurch wird für Zuwiderhandlungsfälle gegen Vertragspflichten oder beim Eintritt sonstiger Vertragsklauseln ein direktes Erlöschen des Erbbaurechts vermieden, es tritt vielmehr in solchen Fällen eine Rückübertragung auf den Grundstückseigentümer ein, bei dem es bis auf weiteres als „Eigentümer-Erbbaurecht" fortbesteht. Dadurch wird eine Art „Verewigung" des Erbbaurechts erreicht und insbesondere das Fortbestehen der dinglichen Belastungen des Erbbaurechts gewährleistet, womit zugleich die Marktgängigkeit und die Kreditfähigkeit des Erbbaurechts gehoben wird (vgl. hiezu auch Erman, Erbbaurecht und Kleinwohnungsbau S. 15, sowie im HWB. für Staatswissenschaften Bd. III S. 1009, ferner Michaelis ZBlFG. Bd. 19 S. 1).

Ein dem Heimfallanspruche des Grundstückseigentümers entsprechendes Recht auf Seite des Erbbauberechtigten, daß nämlich der Grundstückseigentümer verpflichtet ist, das Erbbaurecht unter bestimmten Voraussetzungen dem Erbbauberechtigten abzunehmen, hat die VO. nicht aufgestellt (vgl. hiezu auch Sieskind Bem. B zu § 2 Nr. 4).

a) Das Heimfallrecht ist der Anspruch des Grundeigentümers gegenüber dem Erbbauberechtigten (und jedem seiner Rechtsnachfolger), daß beim Eintritte bestimmter Voraussetzungen, deren Ausbedingung den Beteiligten überlassen bleibt (vgl. Bem. b), dem Grundstückseigentümer das Erbbaurecht zu übertragen ist.

Eine Erweiterung liegt in § 3 Halbsatz 2, wonach der Eigentümer auch verlangen kann, daß das Erbbaurecht einem von ihm zu bezeichnenden Dritten zu übertragen sei.

α) Dieser Anspruch muß nach § 3 mit dem Eigentum am Grundstücke verbunden bleiben (dadurch wird zugleich vermieden, daß er ein Spekulationsobjekt wird). Er gehört daher zu den als Bestandteile des Grundstücks geltenden Rechten des § 96 BGB., so daß er auch für die am Grundstücke bestehenden Hypotheken, Grund- und Rentenschulden, sowie Reallasten haftet (vgl. Günther, JW. 1919 S. 358 Nr. 1 und in Bem. 2 zu § 3).

β) Der Grundstückseigentümer kann ihn daher auch nicht gesondert veräußern. Der Anspruch kann deshalb auch nicht selbständig verpfändet oder gepfändet werden (vgl. auch § 851 ZPO.).

γ) Obwohl der Anspruch zu den Bestandteilen des Grundstücks gehört, wird er doch nicht nach § 8 GBO. auf dem Blatte des Grundstücks zu vermerken sein, denn sein Vorhandensein muß gedeckt erscheinen durch die Eintragung des Erbbaurechts auf diesem Blatte (ebenso Günther in Bem. 2 zu § 3).

δ) Der Anspruch ist damit auf eine dingliche Grundlage gestellt; die Dinglichkeit entsteht unmittelbar durch Vereinbarung und Eintragung des Heimfallrechts (vgl. oben Bem. I, 1, b). Der Heimfallanspruch erweist sich nach dieser Gestaltung als eine bedingte dingliche Erwerbsberechtigung (nach Art eines dinglichen Wiederkaufsrechts, das das BGB. selbst nicht kennt).

b) Die VO. gibt im allgemeinen keine besonderen Vorschriften, an welche Voraussetzungen dieses Recht gebunden werden kann, überläßt dies vielmehr im allgemeinen der freien Vereinbarung der Beteiligten. Es können also z. B. mit dieser Rechtsfolge verbunden werden alle Verletzungen der Vertragspflichten über Errichtung, Instandhaltung und Verwendung (Mietpreise usw.) des Bauwerkes, über Versicherung des Bauwerkes und seinen Wiederaufbau im Falle der Zerstörung, über Tragung von Lasten und Abgaben usw.; auch sonstige Voraussetzungen sind denkbar und zulässig, z. B. daß der Heimfall eintreten soll, wenn der Grundstückseigentümer das Grundstück zu eigenen oder sonstigen besonderen Zwecken in der Folge selbst nötig hat oder im Falle des Konkurses des Erbbauberechtigten usw.

Gegen allzu drückende Bedingungen ist der Erbbauberechtigte aber durch zwei Ausnahmevorschriften geschützt:

α) Nach § 6 Abs. 2 kann der Grundstückseigentümer den Heimfall nicht deshalb beanspruchen, weil der Erbbauberechtigte einer Vereinbarung zuwiderhandelte, die ihn hinsichtlich der Veräußerung oder Belastung des Erbbaurechts an die Zustimmung des Eigentümers band (vgl. Bem. I, 3 zu §§ 5—7).

β) Im allgemeinen kann auch an eine Nichtzahlung des Erbbauzinses (vgl. § 9 mit Bem.) der Heimfall geknüpft werden. Hier schreibt aber § 9 Abs. 3 einschränkend vor, daß ein Zahlungsverzug des Erbbauberechtigten den Heimfallanspruch nur dann begründen kann, wenn der Erbbauberechtigte mit dem Erbbauzins mindestens in Höhe zweier Jahresbeträge im Rückstand ist (vgl. Bem. 6 zu § 9).

c) Die Ausübung dieses Rechtes kann unter Umständen, besonders wenn es mit an sich geringfügigen Anlässen verknüpft ist, einen starken Eingriff in die Rechtssphäre des Erbbauberechtigten bedeuten. Die VO. hat davon abgesehen, hier zugunsten des Erbbauberechtigten nach dem Muster der HypSchutzVO. vom 8. Juni 1916 (RGBl. S. 451) ein richterliches Prüfungs- und Milderungsrecht einzuführen. Die Begründung verweist darauf, daß als Erbbaurechtsbesteller in der Hauptsache die öffentlichen Körperschaften in Frage kommen werden, und daß bei diesen eine allzu starre Handhabung der Heimfallklausel nicht zu befürchten sein dürfte. Dagegen ist freilich einzuwenden (vgl. Dittrich, DRichtZ. 1918 S. 205, 206), daß doch auch nicht selten Privatpersonen oder Körperschaften privatrechtlicher Art als Erbbaurechtsbesteller in Betracht kommen werden. Es wird sich aber insofern eine gewisse Ausgleichung ergeben, weil ja mit Ausübung des Heimfallrechts auch für den Grundeigentümer schwerwiegende Folgen, wie insbesondere für den Regelfall die Entschädigung des Erbbauberechtigten, die Fortdauer der Belastungen und die Schuldübernahme bei Hypotheken (vgl. §§ 32, 33) verbunden sind, so daß er jeweils wohl aus eigenem Interesse davon abstehen wird, auch bei kleineren Anlässen von dem Heimfallrechte Gebrauch zu machen, wenngleich es nach dem Vertrag an sich zulässig wäre.

d) Der Anspruch ist gerichtet auf die Uebertragung des Erbbaurechts an den Eigentümer. Der Eigentümer kann aber nach § 3 Halbsatz 2 bei Eintritt des Heimfallrechts auch verlangen, daß das Erbbaurecht — ohne daß es auf ihn selbst übergeht — gleich einem von ihm zu bezeichnenden Dritten übertragen wird.

α) Wenn die Voraussetzungen für den Heimfall vorliegen, so geht das Erbbaurecht nicht etwa ohne weiteres auf den Grundstückseigentümer oder den von ihm bestimmten Dritten über, wie z. B. bei der Eigentümerhypothek oder Eigentümergrundschuld, der Erbbauberechtigte ist vielmehr nur verpflichtet, es zu übertragen, auf Verlangen des Grundstückseigentümers.

Die Uebertragung geschieht durch dingliche Einigung der Beteiligten und durch Eintragung im Grundbuche (vgl. näher Bem. II, 2 zu § 11).

β) Wird das Erbbaurecht auf den Eigentümer übertragen, so besteht es als selbständiges Recht in der Hand des Eigentümers fort. Der Eigentümer erwirbt damit, was nach dem allgemeinen § 889 BGB. zulässig ist, ein Recht an eigener Sache, es entsteht ein Eigentümer-Erbbaurecht, also ein ähnliches Rechtsverhältnis, wie wenn der Eigentümer an seinem eigenen Grundstück eine Eigentümerhypothek oder Eigentümergrundschuld erlangt (vgl. §§ 1163, 1177 BGB.). Der Eigentümer hat dann an dem gleichen Grundstück Eigentum und Erbbaurecht, seine Rechtslage ist also verschieden von der eines Grundstückseigentümers, dem gegenüber das Erbbaurecht des Berechtigten einfach erlischt; der Unterschied ist besonders praktisch hinsichtlich der Belastungen des Erbbaurechts (vgl. § 33 mit Bem.).

Der Eigentümer wird auch als Erbbauberechtigter im Erbbaugrundbuche einzutragen sein (zweifelnd Hallbauer in LZ. 1918 S. 743).

Hat der Grundstückseigentümer das Erbbaurecht sohin selbst erworben, so stehen ihm zwei Wege offen:

αα) Er kann das Heimfallrecht aufheben und im Grundbuche löschen lassen (s. § 875 BGB.), so daß Grundstück und Bauwerk wieder zu einer einheitlichen Sache werden. Wenn das Erbbaurecht belastet ist, so kann dies freilich nur mit Zustimmung der Berechtigten geschehen (s. § 876 BGB.). (Bedenken gegen diese Folgerung macht Hallbauer a. a. O. geltend.)

ββ) Er kann das Erbaurecht nach dem Erwerb durch sich (vgl. aber auch unten Bem. δ) an einen Dritten weiter übertragen (wegen der Form s. § 11 mit Bem. II, 2).

Bei solcher Weitervergebung darf aber ein dem Erbbaurecht auf dem belasteten Grundstück nachstehendes Recht nicht beeinträchtigt werden, z. B. eine nachstehende Hypothek; es darf das Erbbaurecht rechtlich nicht erweitert werden, z. B. durch Erhöhung des Erbbauzinses usw., denn sonst würde die nachstehende Hypothek dadurch verschlechtert (vgl. Pesl, Hirths-Ann. 1915 S. 269).

δ) Verlangt der Grundstückseigentümer bei Eintritt des Heimfallrechts von vornherein, daß das Erbbaurecht auf einen von ihm zu bezeichnenden Dritten übertragen wird (§ 3 Halbsatz 2), so wird bei solcher Uebertragung der Dritte nicht Rechtsnachfolger des Eigentümers, sondern unmittelbarer Rechtsnachfolger des bisherigen Erbbauberechtigten. Der Eigentümer kommt solchen Falles im Erbbaugrundbuche gar nicht weiter zur Erscheinung (vgl. Hallbauer a. a. O.). Vgl. auch Bem. I, c, δ zu § 33 wegen der persönlichen Haftung für eine bestehenbleibende Hypothek.

e) Macht der Eigentümer von seinem Heimfallrechte Gebrauch, so hat er dem Erbbauberechtigten eine angemessene Vergütung für das Erbbaurecht zu gewähren (§ 32 Abs. 1 Satz 1). Die Höhe dieser Vergütung und die Art ihrer Zahlung kann mit dinglicher Wirkung von vorneherein festgesetzt werden, ebenso der Ausschluß der Vergütung (§ 32 Abs. 1 Satz 2). Für den Fall, daß das Erbbaurecht zur Befriedigung des Wohnbedürfnisses minder bemittelter Bevölkerungskreise bestellt wurde, sind aber besondere Bestimmungen in Abs. 2 des § 32 aufgestellt.

f) Der Erbbauberechtigte darf beim Heimfall nicht das Bauwerk wegnehmen oder sich Bestandteile des Erbbaurechts aneignen (§ 34).

g) Ueber die Fortdauer der Belastungen s. die besondere Regelung in § 33 mit Bem.

h) Wegen der Miet- und Pachtverträge vgl. Bem. III zu § 33.

i) Ueber Verjährung des Heimfallanspruchs s. § 4 mit Bem.

k) In diesem Zusammenhange ist schließlich auch darauf hinzuweisen, daß dem Grundstückseigentümer auch ein Vorkaufsrecht durch Vertrag mit dem Erbbauberechtigten eingeräumt werden kann (vgl. §§ 504—514, sowie §§ 1094—1104 BGB., Pesl, Belastung des Erbbaurechts S. 55, ferner unten Bem. II, 7, f sowie Bem. I, 2, c zu § 11), für den Fall, daß der Erbbauberechtigte das Erbbaurecht an einen Dritten verkauft; Verdinglichung setzt Eintragung im Grundbuche voraus. Erwirbt der Grundstückseigentümer auf diesem Wege das Erbbaurecht, so entsteht, wie beim Heimfallrecht, ein Eigentümer-Erbbaurecht (§ 889 BGB.). Im übrigen sind natürlich Heimfallrecht und Vorkaufsrecht wesensverschieden.

5. **Nr. 5.** Vereinbarungen über eine Verpflichtung zur Zahlung von **Vertragsstrafen:**

Derartige Vereinbarungen werden sich hauptsächlich für geringere Vertragsverletzungen empfehlen, bei welchen die Vereinbarung des Heimfallrechts (Nr. 4) als eine zu schwere Folge erscheinen würde. Im übrigen besteht hier an sich keine allgemeine Einschränkung, Vertragsstrafen können also auch für die Erfüllung solcher Verbindlichkeiten vereinbart werden, die nicht zum Inhalte des Erbbaurechts gehören, auch für Ueberschreitung der Rechte des Erbbauberechtigten. Da Nr. 5 nur von „Zahlung" von Vertragsstrafen spricht, kann eine nicht in Geld bestehende Strafe nicht vereinbart werden (vgl. Günther Bem. 13 zu § 2).

Ueber Vereinbarung von Vertragsstrafen hinsichtlich des Erbbauzinses s. Bem. 4, g und 6, b zu § 9.

Für Vertragsstrafen gelten ferner allgemein die §§ 339 ff. BGB.; hinzuweisen ist dabei auch vom sozialen Standpunkt aus auf das richterliche Ermäßigungsrecht bei unverhältnismäßig hoher Vertragsstrafe nach Maßgabe des § 343.

Der Anspruch auf eine Vertragsstrafe ist einer besonderen Verjährung nach § 4 unterworfen.

6. **Nr. 6.** Vereinbarungen dahin, daß dem Erbbauberechtigten nach Ablauf des Erbbaurechts ein **Vorrecht** auf **Erneuerung** des Erbbaurechts eingeräumt wird.

a) Dadurch wird dem bisherigen Erbbauberechtigten die Rechtsmöglichkeit eröffnet, ohne weiteres als Berechtigter in den Bestellungsvertrag einzutreten, demzufolge der Grundstückseigentümer einem Dritten ein Erbbaurecht hinsichtlich des gleichen Grundstücks eingeräumt hat. Von dem bisherigen Erbbauberechtigten wird dadurch im Grunde das bisherige Erbbaurecht trotz seiner Beendigung fortgesetzt; juristisch aber stellt dies eine Erneuerung des Erbbaurechts dar; vgl. näher Bem. I zu § 31.

b) Die Einräumung eines derartigen Vorrechts wird in sozialer Hinsicht einen besonderen Ansporn zur guten Erbauung und Erhaltung des Erbbauhauses bedeuten. Dadurch wird zugleich der dem Erbbaurecht oft gemachte Vorwurf entkräftet, daß es Bodenständigkeit und Heimatsgefühl ausrotte; denn wenn eine Familie für eine ganze Erbbauperiode sich ansiedelt mit der rechtlich gesicherten Aussicht auf eine folgende zweite Periode, so bewirkt dies eine entsprechende Seßhaftigkeit (vgl. Erman, Handwörterbuch der Staatswissenschaften S. 1009 und Amtl. Erläut. z. Entw. zu §§ 25—33).

c) Die näheren Rechtsgrundsätze über dieses Erneuerungsrecht nach Art eines dinglichen Vorkaufsrechts werden in § 31 aufgestellt, s. Bem. hiezu.

Ueber ein dem Erbbauberechtigten hinsichtlich des Grundstücks eingeräumtes Vorkaufsrecht im eigentlichen Sinne vgl. unten Bem. 7, e.

d) Ueber die Frage, ob dieses Vorrecht auch auf dem Grundbuchblatte des Grundstücks einzutragen ist, vgl. Bem. III zu § 14.

e) Wegen der Erleichterung hinsichtlich Gebühren, Stempel und Umsatzsteuer vgl. § 39.

7. **Nr. 7.** Eine Verpflichtung des Grundstückseigentümers, das mit dem Erbbaurechte belastete Grundstück **an den jeweiligen Erbbauberechtigten zu verkaufen.**

a) Bei einer derartigen Vereinbarung hat der Erbbauberechtigte während der ganzen Dauer des Erbbaurechts das Recht, das mit dem Erbbaurechte belastete Grundstück zu kaufen.

Eine derartige Verpflichtung kann schlechthin festgesetzt werden oder aber auch unter bestimmten Bedingungen. Die Parteien können hier den Kaufpreis späteren Vereinbarungen vorbehalten, sie können ihn aber auch von vorneherein festlegen. Letzteres gilt z. B. beim sog. Halberstädter Erbbaurecht, bei dem als Kaufpreis der bei der Begründung des Erbbaurechts bestehende Marktwert des Grundstückes gilt; vgl. hierüber Pesl, HirthsAnn. 1915 S. 285, 286 und in „Um Grund und Boden" Bd. 2 (1914/15) S. 110 ff.; in diesem Falle liegt eine besondere Begünstigung für den Erbbauberechtigten darin, daß ihm bei späterem Kaufe der inzwischen gestiegene Bodenwert zugute kommt. Wurde kein Kaufpreis vereinbart, so gilt der angemessene Preis (vgl. RGZ. Bd. 57 S. 49).

Auf Grund solchen Kaufrechts kann der Erbbauberechtigte verlangen, daß ihm das Grundstück aufgelassen wird (wegen der Form der Auflassung s. § 925 BGB.).

b) Solange die Auflassung noch nicht vollzogen ist, muß die zum Inhalte des Erbbaurechts gemachte und im Grundbuch eingetragene Vereinbarung wie eine Vormerkung zur Sicherung des Anspruchs auf Auflassung wirken; Verfügungen, die nach der Eintragung über das Grundstück getroffen werden, sind daher insoweit unwirksam, als sie diesen Anspruch vereiteln oder beeinträchtigen würden (§ 883 BGB.). Die VO. schweigt zwar über die Rechtswirkung solcher Vereinbarung, es muß aber diese Rechtsfolge wohl angenommen werden (vgl. auch § 31 Abs. 4, sowie § 1098 Abs. 2 BGB.; übereinstimmend von der Pfordten a. a. O. S. 278).

Ueber die Frage, ob dieses Recht auch auf dem Grundbuchblatte des Grundstücks vermerkt werden muß, vgl. Bem. IV zu § 14.

c) Auch der Hypothekengläubiger des Erbbaurechts ist hier besonders gesichert, da er, falls der Erbbauberechtigte diesem gegenüber seinen Pflichten nicht nachkommt, das Erbbaurecht schlimmsten Falles selbst erwerben kann und damit zugleich das Recht erhält, das Grundstück selbst zu kaufen. Vgl. Pesl a. a. O.

d) Wegen der Erleichterung hinsichtlich Gebühren, Stempel und Umsatzsteuern vgl. § 39.

e) Der Anspruch des Erbbauberechtigten auf den Erwerb des Grundstücks kann auch auf den Fall beschränkt werden, daß der Eigentümer das Grundstück an einen Dritten verkauft. In solchem Falle liegt dann, die Eintragung im

Grundbuche vorausgesetzt, ein dingliches Vorkaufsrecht vor, das ausgeübt werden kann, sobald der Eigentümer einen Kaufvertrag mit einem Dritten über das Grundstück abschließt; der Kauf kommt dann zwischen dem Erbbauberechtigten und dem Grundstückseigentümer zustande, unter den Bestimmungen, die der Eigentümer mit dem Dritten vereinbart hat, vgl. §§ 504—514, sowie §§ 1094 bis 1104 BGB.; (ein gesetzliches Vorkaufsrecht wurde dem Erbbauberechtigten mit Rücksicht auf die Verschiedenheit der örtlichen Verhältnisse nicht eingeräumt, vgl. Begr. zu § 2 a. E.).

Auf diesen Fall bezieht sich auch § 39 hinsichtlich der Gebührenerleichterung.

f) Wenn das Grundstück dem Erbbauberechtigten aufgelassen wird, so geht das Erbbaurecht nicht unter, es bleibt vielmehr als Recht an der eigenen Sache nach Maßgabe des § 889 BGB. bestehen. Es entsteht sohin das gleiche Rechtsverhältnis, wie wenn beim Heimfalle der Eigentümer das Erbbaurecht erwirbt (vgl. oben in Bem. II, 4). Der Erbbauberechtigte kann es sodann weiter belasten. Er kann es aber auch gesondert veräußern oder mit Zustimmung der daran dinglich Berechtigten ganz aufheben.

g) Gemeinden bedürfen je nach dem Werte des Grundstücks unter Umständen der staatsaufsichtlichen Genehmigung, wenn sie dem Erbbauberechtigten ein Kaufrecht einräumen wollen; für Bayern vgl. Art. 159 Abs. 1 Ziff. 1 rechtsrh. GemO., Art. 91 Ziff. 1 pfälz. GemO. und von der Pfordten a. a. O. S. 279.

§ 3.

Der Heimfallanspruch des Grundstückseigentümers kann nicht von dem Eigentum an dem Grundstück getrennt werden; der Eigentümer kann verlangen, daß das Erbbaurecht einem von ihm zu bezeichnenden Dritten übertragen wird.

Vgl. die Bem. II, 4, a, α—δ und d zu § 2.

§ 4.

Der Heimfallanspruch sowie der Anspruch auf eine Vertragsstrafe (§ 2 Nr. 4 und 5) verjährt in sechs Monaten von dem Zeitpunkt an, in dem der Grundstückseigentümer von dem Vorhandensein der Voraussetzungen Kenntnis erlangt, ohne Rücksicht auf diese Kenntnis in zwei Jahren vom Eintreten der Voraussetzungen an.

Der Heimfallanspruch (§ 2 Nr. 4) und der Anspruch auf eine Vertragsstrafe (§ 2 Nr. 5) werden einer kurzen Verjährung (vgl. § 194 BGB. unterstellt).

a) Sie verjähren der Regel nach, soweit es sich um den einzelnen Anwendungsfall handelt, in zwei Jahren vom Eintritte dieser Voraussetzung an gerechnet.

b) Hat der Grundstückseigentümer aber von dem Vorhandensein der Voraussetzung Kenntnis erlangt, so verjährt der Anspruch bereits in sechs Monaten, gerechnet von dem Zeitpunkt an, in welchem diese Kenntnis erlangt wurde.

Die Beweislast hinsichtlich der Kenntnis trifft den Erbbauberechtigten.

Die Kenntnis als solche ist Tatfrage, vgl. hiezu RGZ. Bd. 61 S. 248, Bd. 74 S. 120, Bd. 88 S. 6.

c) Auch hier besteht die Wirkung der Verjährung nach der allgemeinen Vorschrift des § 222 BGB. nicht darin, daß der Anspruch völlig erlischt, dem Erbbauberechtigten erwächst nur das Recht, die Uebertragung des Erbbaurechts zu verweigern.

d) Die abgekürzte Verjährung des § 4 muß auch für Strafzinsen gelten, die in einer Erhöhung des Erbbauzinses bestehen (vgl. Bem. 4, g und 6, b zu § 9), übereinstimmend Sieskind Bem. II.

§ 5.

Als Inhalt des Erbbaurechts kann auch vereinbart werden, daß der Erbbauberechtigte zur Veräußerung des Erbbaurechts der Zustimmung des Grundstückseigentümers bedarf.

Als Inhalt des Erbbaurechts kann ferner vereinbart werden, daß der Erbbauberechtigte zur Belastung des Erbbaurechts mit einer Hypothek, Grund- oder Rentenschuld oder einer Reallast der Zustimmung des Grundstückseigentümers bedarf. Ist eine solche Vereinbarung getroffen, so kann auch eine Aenderung des Inhalts der Hypothek, Grund- oder Rentenschuld oder der Reallast, die eine weitere Belastung des Erbbaurechts enthält, nicht ohne die Zustimmung des Grundstückseigentümers erfolgen.

§ 6.

Ist eine Vereinbaruug gemäß § 5 getroffen, so ist eine Verfügung des Erbbauberechtigten über das Erbbaurecht und ein Vertrag, durch den er sich zu einer solchen Verfügung verpflichtet, unwirksam, solange nicht der Grundstückseigentümer die erforderliche Zustimmung erteilt hat.

Auf eine Vereinbarung, daß ein Zuwiderhandeln des Erbbauberechtigten gegen eine nach § 5 übernommene Beschränkung einen Heimfallanspruch begründen soll, kann sich der Grundstückseigentümer nicht berufen.

§ 7.

Ist anzunehmen, daß durch die Veräußerung (§ 5 Abs. 1) der mit der Bestellung des Erbbaurechts verfolgte Zweck nicht wesentlich beeinträchtigt oder gefährdet wird, und daß die Persönlichkeit des Erwerbers Gewähr für eine ordnungsmäßige Erfüllung der sich aus dem Erbbaurechtsinhalt ergebenden Verpflichtungen bietet, so kann der Erbbauberechtigte verlangen, daß der Grundstückseigentümer die Zustimmung zur Veräußerung erteilt. Dem Erbbauberechtigten kann auch für weitere Fälle ein Anspruch auf Erteilung der Zustimmung eingeräumt werden.

Ist eine Belastung (§ 5 Abs. 2) mit den Regeln einer ordnungsmäßigen Wirtschaft vereinbar, und wird der mit der Bestellung des Erbbaurechts verfolgte Zweck nicht wesentlich beeinträchtigt oder gefährdet, so kann der Erbbauberechtigte verlangen, daß der Grundstückseigentümer die Zustimmung zu der Belastung erteilt.

Wird die Zustimmung des Grundstückseigentümers ohne ausreichenden Grund verweigert, so kann sie auf Antrag des Erbbauberechtigten durch das Amtsgericht ersetzt werden, in dessen Bezirk das Grundstück belegen ist. Die Vorschriften des § 53 Abs. 1 Satz 1, Abs. 2 und des § 60 Abs. 1 Nr. 6 des Reichsgesetzes über die Angelegenheiten der freiwilligen Gerichtsbarkeit gelten entsprechend.

Aenderung des Inhalts I, 1, b; Arrestvollziehung II, d, α; Belastung I, 1; Dingliche Wirkung I, 1, d, II, a; Ersatz der Zustimmung III; Grundbuchamt II, b und d, β; Heimfall I, 3; Konkursverwalter II, d, α; Rechtswirkung derartiger Vereinbarungen II; Schuldrechtlicher Vertrag II, c; Schutz derartiger Vereinbarungen II; Veräußerung I, 1, 2; Vermietung, Verpachtung I, 1, d; Zustimmung des Eigentümers I, 1, II, b; Zwangsvollstreckung II, b, α.

I. Allgemeines:

1. Der Grundstückseigentümer wird vielfach verhindern wollen, daß der Erbbauberechtigte sein Recht zu Spekulationszwecken verkauft. Außerdem hat dieser

aber auch meistens ein lebhaftes Interesse daran, daß das Erbbaurecht nicht über Gebühr belastet wird, zumal bei einem vorzeitigen Heimfalle des Erbbaurechts die Belastungen des Erbbaurechts der Regel nach nicht erlöschen, sondern auf den Grundstückseigentümer mit übergehen (§ 33).

a) Es kann daher nach § 5 der Inhalt des Erbbaurechts selbst (also mit dinglicher Wirkung, vgl. unten d) noch erweitert werden durch eine Vereinbarung dahin, daß der Erbbauberechtigte der **Zustimmung** des **Grundstückseigentümers** bedarf:

α) zur **Veräußerung** des Erbbaurechts (§ 5 Abs. 1; unter Veräußerung ist dabei die Uebertragung des Erbbaurechts durch Rechtsgeschäft unter Lebenden zu verstehen);

β) zur **Belastung** des Erbbaurechts mit einer **Hypothek-, Grund-** oder **Rentenschuld** oder einer **Reallast** (§ 5 Abs. 2 Satz 1).

b) Im Falle letzterer Vereinbarung kann auch eine **Aenderung** des **Inhalts** der Hypothek, Grund- oder Rentenschuld oder der Reallast, die eine weitere Belastung des Erbbaurechts enthält, nicht ohne die Zustimmung des Grundstückseigentümers erfolgen (§ 5 Abs. 2 Satz 2), ohne daß diese Rechtsfolge noch einer besonderen Abmachung und Eintragung bedürfte. Eine Inhaltsänderung solcher Art (vgl. § 877 BGB. mit Bem.) liegt jeweils dann vor, wenn durch die neue Abmachung das Erbbaurecht stärker belastet würde; z. B. wenn das Hypothekenkapital selbst oder der Zinsfuß erhöht wird oder wenn die Kündigungsbestimmungen zum Nachteile des Erbbauberechtigten geändert werden sollen oder wenn die Zinszuschläge zur Kapitalsabtragung (Amortisationsquoten, vgl. Bem. II, 2 zu § 19) nachträglich erhöht werden sollen (vgl. auch von der Pfordten a. a. O. S. 280).

c) Eine derartige Beschränkung der Veräußerung kann sowohl für jeden Veräußerungsfall als auch nur für bestimmte Veräußerungsfälle (z. B. innerhalb einer bestimmten Frist oder nicht an andere als bestimmte Kreise oder nicht an Ausländer usw.) vereinbart werden.

d) Eine im Sinne des § 5 getroffene Vereinbarung hat dingliche Wirkung (s. Bem. II, a). Die Beteiligten können sich aber auch im Einzelfall auf eine bloß schuldrechtliche Abrede gleichen Inhalts beschränken, deren Wirkung dann aber über die Beziehungen der beiden Vertragsteile und deren Erben nicht hinausreicht; vgl. auch unten e.

e) Für die Belastung mit anderen Rechten als den in § 5 Abs. 2 angeführten, z. B. mit persönlichen Dienstbarkeiten (z. B. Nießbrauch usw.) oder hinsichtlich Vermietung oder Verpachtung kann eine Beschränkung des Erbbauberechtigten durch Bindung an die Zustimmung des Grundstückseigentümers im Wege des § 5, also mit dinglicher Wirkung nicht erfolgen (vom sozialen Gesichtspunkt aus ist dies zu beklagen, vgl. Michaelis, BayZfR. 1919 S. 170. Es verbleibt sonach für solche Fälle bei der allgemeinen Regel des § 137 BGB., d. h. es kann eine derartige Beschränkung des Erbbauberechtigten durch Bindung an die Zustimmung des Grundstückseigentümers oder einer anderen Person zwar vertragsmäßig erfolgen, eine derartige Vereinbarung äußert aber nur schuldrechtliche Wirkung; eine gegenteilige Verfügung ist also trotz der entgegenstehenden rechtsgeschäftlichen Bindung nach außen hin an sich wirksam, der Verfügende kann nur persönlich von dem in Anspruch genommen werden, dem gegenüber er sich verpflichtet hat, eine derartige Verfügung nicht vorzunehmen.

2. Bisher wurde mehrfach angenommen, daß die Bindung der Veräußerung an die Zustimmung des Grundstückseigentümers mit dem Grundsatze der Veräußerlichkeit des Erbbaurechts nicht vereinbar sei (vgl. z. B. Dietzsch, Praxis des Erbbaurechts S. 25, Wittmaack a. a. O. S. 45 Anm. 1). Es ist aber darauf hinzuweisen, daß es sich hiebei jeweils nicht um einen vollen Ausschluß der Veräußerlichkeit handelt, sondern nur um eine Beschränkung der Veräußerung, die an sich zulässig ist (s. auch Bem. IV, 1, a und b zu § 1); außerdem ist ja die Rechtslage nach der VO. auch nicht die, daß der Grundstückseigentümer jede Veräußerung schlechthin nach seinem Belieben unmöglich machen kann, vielmehr hat der Gesetzgeber gegen eine rein willkürliche oder schikanöse Ausübung der Rechte des Grundstückseigentümers entsprechend vorgesorgt. Vgl. näher § 7 mit Bem. III unten.

Immerhin aber liegt freilich in § 6, wornach der Erbbauberechtigte rechtsgeschäftlich in der Befugnis über sein grundsätzlich veräußerliches Recht nunmehr mit dinglicher Wirkung beschränkt werden kann, eine Durchbrechung des in § 137 Abs. 1 Satz 1 aufgestellten Grundsatzes, wonach die Verdinglichung eines rechtsgeschäftlichen Veräußerungsverbots bisher ausgeschlossen war und auch durch Eintragung im Grundbuche nicht herbeigeführt werden konnte, vgl. Dannenbaum, Erbbaurecht S. 18, Zeitler, BayNotZ. 1919 S. 135 Anm. 3 sowie oben Bem. 1, d und vgl. auch Bem. 2, a zu § 137 BGB. und Bem. IV, 2, a, γ zu § 892 BGB.

Ferner steht auch § 8 im Gegensatze zu § 1136 BGB. (Eine Vereinbarung, durch die sich der Eigentümer dem Gläubiger gegenüber verpflichtet, das Grundstück nicht zu veräußern oder nicht weiter zu belasten, ist nichtig); vgl. Rosenberg, DJZ. 1918 S. 479 und auch Erman, Jahrb. f. Bodenreform Bd. IV (1908) S. 292 ff.

Ueber wirtschaftliche Mißstände durch § 8 vgl. Bem. 3 hiezu.

3. Ein Heimfallanspruch des Grundstückseigentümers (vgl. § 2 Nr. 4 mit Bem. II, 4 zu § 2) kann aber mit einer Zuwiderhandlung gegen derartige Vereinbarungen nicht erzwingbar verbunden werden. Die VO. drückt dies in § 6 Abs. 2 — ähnlich wie in § 1 Abs. 4 — dahin aus: „Auf eine Vereinbarung, daß ein Zuwiderhandeln des Erbbauberechtigten gegen eine nach § 5 übernommene Beschränkung, einen Heimfallanspruch begründen soll, kann sich der Grundstückseigentümer nicht berufen." Auch hier wird in der Beziehung eine sog. echte Naturalobligation in dem Sinne anzunehmen sein, daß die Verbindlichkeit weder direkt noch indirekt rechtlich erzwungen werden kann; vgl. näher Bem. VII, 2, b zu § 1.

4. Mit Recht weist aber Pesl in „Um Grund und Boden" Bd. 6 S. 275, 276 darauf hin, daß die Bestimmungen der §§ 5—7 die Bewegungsfreiheit des Erbbauberechtigten sehr stark einschränken und unter Umständen dem Zwecke der Neuregelung zuwiderlaufen, die das Erbbaurecht anziehender machen und seine Beleihungsfähigkeit mitsteigern will. Bei ihrer Festsetzung soll daher mit Vorsicht verfahren werden. Die hier zugelassenen Einschränkungen sind zweifellos ganz am Platze, wenn z. B. eine Gemeinde oder eine gemeinnützige Körperschaft Erbbaurechte zugunsten bestimmter Personenkreise, z. B. für Arbeiter oder Beamte schafft; sie hindern dann, daß andere Personen in den Kreis der Berechtigten eintreten oder daß der Erbbauberechtigte sein Recht infolge leichtfertiger Wirtschaft zu stark belastet und schließlich verliert. In den Fällen aber, in denen die Grundstückseigentümer rein privatwirtschaftlich handeln, können solche Fesseln das Erbbaurecht leicht unbeliebt machen und vielfach zur Willkür führen. Vgl. aber auch § 7 mit Bem. III unten.

II. Rechtswirkung und Schutz derartiger Vereinbarungen:

a) Mit der Eintragung derartiger Vereinbarungen im Grundbuche des Erbbaurechts — wegen der Streitfrage, ob diese ihrem ganzen Inhalte nach eingetragen werden müssen oder ob nach § 874 BGB. auf die Eintragungsbewilligung Bezug genommen werden darf, s. Bem. II, 2 zu § 14 — tritt unmittelbar ihre dingliche Wirkung ein, so daß solche Vereinbarungen nunmehr auch dritten Personen gegenüber unmittelbar wirksam sind, ohne daß es also der besonderen Sicherung durch eine Vormerkung (§§ 883 ff. BGB.) bedarf; dies ergibt sich aus dem öffentlichen Glauben des Erbbaugrundbuchs (§ 892 BGB.); vgl. auch Bem. III, 2 zu § 14 und unten Bem. b.

b) Ist der Erbbauberechtigte in der Verfügung durch eine Vereinbarung nach § 5 beschränkt, so ist eine Veräußerung oder Belastung des Erbbaurechts im Sinne jener Vorschrift unwirksam, solange nicht der Grundstückseigentümer die erforderliche Zustimmung erteilt hat — **§ 6 Abs. 1** — (vgl. auch §§ 182 ff. BGB.; der Unterschied des rechtlich unwirksamen Rechtsgeschäfts im Verhältnis zum nichtigen Rechtsgeschäft liegt darin, daß bei letzterem die Nichtigkeit grundsätzlich unheilbar ist).

Die Zustimmung des Grundstückseigentümers bedarf an sich nicht der für das Rechtsgeschäft bestimmten Form (§ 182 BGB.). Da sie aber dem Grundbuchamte zum Zwecke einer Eintragung vorzulegen ist (vgl. § 15), so muß sie entweder vor dem Grundbuchamte zu Protokoll gegeben oder durch öffentliche oder öffentlich beglaubigte Urkunden nachgewiesen werden (§ 29 GBO.). Da auch öffentliche Urkunden zugelassen sind (vgl. auch § 415 ZPO.), können z. B. Behörden, Gemeinden usw. die Zustimmung selbst in einer Urkunde erklären, die von der vertretungsberechtigten Behörde usw. in der sonst für Willenserklärungen vorgeschriebenen Form hergestellt ist (s. auch Bem. II, 1, a, α zu § 11).

Wurde eine Veräußerung oder Belastung aus Versehen gleichwohl ohne solche Zustimmung eingetragen, so erwirbt der Dritte solange kein Recht, als nicht der Grundstückseigentümer seine Zustimmung nachträglich erteilt hat (s. § 184 Abs. 1 BGB.); auf den öffentlichen Glauben und seine Unkenntnis der Verfügungsbeschränkung kann sich der Dritte nicht berufen, weil ja die Beschränkung aus dem Grundbuch ersichtlich ist (vgl. oben Bem. a, sowie unten Bem. c u. d).

Die nachträgliche Zustimmung wirkt auf den Zeitpunkt der Vornahme des Rechtsgeschäfts zurück, soferne nichts anderes bestimmt wurde (§ 184 BGB.).

c) § 6 Abs. 1 enthält aber noch eine besondere weitere Einschränkung der Vertragsfreiheit: Es ist nämlich auch der schuldrechtliche Vertrag, durch den sich der Erbbauberechtigte dem Dritten gegenüber ohne Zustimmung des Grundstückseigentümers zu einer Veräußerung oder Belastung verpflichtet hat, unwirksam, solange nicht der Grundstückseigentümer die erforderliche Zustimmung erteilt hat. Daraus ergibt sich, daß dieser Dritte aus solchem Vertrage während der Schwebezeit keine Rechte gegen den Erbbauberechtigten ableiten, also weder auf Schadenersatz noch darauf klagen kann, daß der Erbbauberechtigte die Zustimmung zu erwirken habe.

Die Unwirksamkeit ist sohin eine absolute, die Verfügung oder der Vertrag haben zunächst für und gegen niemand Wirkung. Immerhin aber sind die Beteiligten selbst an das Rechtsgeschäft während der Schwebezeit gebunden; im Hinblick auf § 883 Abs. 1 Satz 1 BGB. wird der Dritte auch die Eintragung einer Vormerkung verlangen können, vgl. Günther Bem. 4, b zu § 6, KGJ. Bd. 37 A S. 282, Bd. 40 S. 124.

d) Ein weiterer besonderer gesetzlicher Schutz für derartige Vereinbarungen liegt ferner:

α) in § 8, wonach Verfügungen, die im Wege der Zwangsvollstreckung oder der Arrestvollziehung oder durch den Konkursverwalter erfolgen, insoweit unwirksam sind, als sie die Rechte des Grundstückseigentümers aus einer Vereinbarung nach § 5 vereiteln oder beeinträchtigen würden, s. näher die Bem. zu § 8;

β) in § 15, wonach der Grundbuchbeamte in den Fällen des § 5 den Rechtsübergang und die Belastung erst eintragen darf, wenn dem Grundbuchamte die Zustimmung des Grundstückseigentümers nachgewiesen ist, s. die Bem. zu § 15.

e) Wegen des Heimfallanspruchs vgl. oben Bem. I, 3.

f) Sobald die Zustimmung des Grundstückseigentümers oder ihr Ersatz (s. Bem. III) endgültig ausgefallen ist, erweist sich die Unwirksamkeit des Rechtsgeschäfts als dauernde Nichtigkeit, s. Günther Bem. 4, b zu § 6.

III. Ersatz der Zustimmung des Grundstückseigentümers zur Veräußerung oder Belastung des Erbbaurechts durch gerichtlichen Entscheid (§ 7).

Die VO. ermöglicht trotz einer entgegenstehenden Vereinbarung nach § 5 eine Durchführung von Veräußerungen oder Belastungen des Erbbaurechts gegen den Willen des Grundstückseigentümers. Diese Möglichkeit wurde geschaffen, um den Erbbauberechtigten im Rahmen jener Vereinbarungen nicht der Willkür des Grundstückseigentümers auszusetzen. Während aber der Entwurf dem Erbbauberechtigtigten einen im Prozeßwege geltend zu machenden Anspruch auf Erteilung der Zustimmung verleihen wollte, verlegt die VO. das einschlägige Verfahren in das Gebiet der freiwilligen Gerichtsbarkeit. (Dies geschah auf Anregung der Kritik, vgl. insbes. Dittrich, DRichtZ. 1918 S. 206, da das Prozeßverfahren zu langwierig wäre.) Die Zustimmung des Grundstückseigentümers kann hienach ersetzt werden durch eine Verfügung des zuständigen Amtsgerichts im Rahmen des Reichsgesetzes über die Angelegenheiten der freiwilligen Gerichtsbarkeit. Es stellt dies einen neuen Fall der Erledigung kontradiktorischer Angelegenheiten im Wege freiwilliger Gerichtsbarkeit dar; über ähnliche Fälle vgl. die Kommentare zu § 53 FGG.

1. Sachliche Voraussetzungen:

Als allgemeine Richtschnur wird aus den einschlägigen Bestimmungen zu entnehmen sein, daß die Verfügungsbeschränkungen den Grundstückseigentümer nur schützen sollen gegen eine spekulative Ausnützung des Erbbaurechts, die dieses seinem ursprünglichen Zwecke entfremdet (vgl. Lux, JW. 1919 S. 361). Im einzelnen sind folgende Voraussetzungen in der VO. herausgekehrt:

a) Bei Vereinbarungen über Beschränkung der Veräußerung des Erbbaurechts:

α) Der mit der Bestellung des Erbbaurechts verfolgte Zweck (z. B. die der Bestellung zugrunde liegende soziale Fürsorge für bestimmte Kreise; besondere Bedeutung kommt hiebei den Vereinbarungen über die Verwendung des Bauwerks [§ 2 Nr. 1] zu) darf durch die Veräußerung nicht wesentlich beeinträchtigt oder gefährdet werden. Eine Beeinträchtigung ist gegeben, wenn jener Zweck nicht mehr voll erreicht werden kann, eine Gefährdung, wenn eine Beeinträchtigung künftig zu besorgen ist; immer aber muß es sich um eine wesentliche Beeinträchtigung oder Gefährdung handeln. Im Streitfalle hat der Erbbauberechtigte das Fehlen oder die Unwesentlichkeit der Beeinträchtigung oder Gefährdung zu beweisen (ebenso Günther Bem. 4 zu § 7).

β) Die Persönlichkeit des neuen Erwerbers muß Gewähr bieten für eine ordnungsmäßige Erfüllung der sich aus dem gesamten Inhalte des Erbbaurechts ergebenden Verpflichtungen. Will z. B. der Erbbauberechtigte eines Arbeiterwohnhauses sein Recht einem anderen Arbeiter in geordneten Verhältnissen verkaufen, so wird der Eigentümer seine Zustimmung erteilen müssen (vgl. Lux, JW. 1919 S. 361). Soweit nur die Vermögenslage eine Rolle spielt, wird die geforderte Gewähr auch durch eine entsprechende Sicherheitsleistung geschaffen werden können, vgl. Günther Bem. 6 zu § 7.

b) Bei Vereinbarungen über Beschränkung der Belastung des Erbbaurechts:

α) Die Belastung muß mit den Regeln einer ordnungsmäßigen Wirtschaft vereinbar sein, also nach Maßgabe der wirtschaftlichen Verhältnisse im Rahmen des Erbbaurechts (vgl. auch §§ 1039, 1122 BGB.).

β) Auch hier (vgl. oben Bem. a, α) darf der mit der Bestellung des Erbbaurechts verfolgte Zweck durch die Belastung nicht wesentlich beeinträchtigt oder gefährdet werden.

γ) Soweit die Belastung zur Beschaffung von Geldmitteln zum Zwecke der Errichtung oder Instandhaltung des Bauwerks notwendig ist, anderseits auch mit dem Werte des Erbbaurechts vereinbar ist, wird sie im Normalfall auch den Regeln einer ordnungsmäßigen Wirtschaft entsprechen. Der Grundstückseigentümer wird hier nur widersprechen können, wenn sie eine wesentliche Beeinträchtigung oder Gefährdung des Erbbaurechtszweckes zur Folge haben würde (so zutreffend Günther Bem. 12 zu § 7).

2. Die **formellen Vorschriften**:

a) Zuständig ist das Amtsgericht, in dessen Bezirke das mit dem Erbbaurechte belastete Grundstück gelegen ist.

b) Das Verfahren wird eingeleitet durch einen Antrag des Erbbauberechtigten (vgl. § 11 FGG.). Die allgemeinen Vorschriften der §§ 1—34 FGG. werden entsprechend anzuwenden sein. Der Grundstückseigentümer wird zu hören und der Sachverhalt entsprechend zu ermitteln sein (§ 12 FGG.).

c) Die Vorschriften des § 53 Abs. 1 Satz 1, Abs. 2 und des § 60 Abs. 1 Nr. 6 FGG. gelten entsprechend nach der besonderen Vorschrift des Gesetzes (§ 7 Abs. 3 Satz 2): Hiernach tritt die gerichtliche Verfügung, welche die Zustimmung des Grundeigentümers ersetzt, erst mit der Rechtskraft in Wirksamkeit (§ 53 Abs. 1 Satz 1 FGG.), d. h. die Verfügung tritt nicht schon mit der Bekanntgabe an den Antragsteller (wie nach § 16 Abs. 1 FGG.), sondern erst dann in Wirksamkeit, wenn diese Verfügung dem die Zustimmung Weigernden zugestellt (§ 16 Abs. 2 und 3 FGG.) und entweder innerhalb der Notfrist eine Beschwerde nicht erhoben oder bei erhobener Beschwerde die weitere Beschwerde nicht erhoben ist oder die letzte Instanz gesprochen hat.

d) Die gegen die Verfügung zulässige Beschwerde ist die sofortige (dies ergibt die entsprechende Anwendung des § 60 Nr. 6 FGG.). Sie ist binnen einer Frist von zwei Wochen einzulegen, s. im übrigen §§ 22 ff. FGG.; vgl. auch § 18 Abs. 2 FGG.: „Zu der Aenderung einer Verfügung, die der sofortigen Beschwerde unterliegt, ist das Gericht nicht befugt."

Eine weitere Beschwerde gegen die Entscheidung des Beschwerdegerichts ist nach § 27 FGG. nur dann zulässig, wenn die Entscheidung auf einer Verletzung des Gesetzes beruht. (Vgl. hiezu die Kommentare zu § 27 FGG.).

e) Bei Gefahr im Verzug, d. h. wenn von dem Aufschub der Wirksamkeit bis zur Rechtskraft (vgl. oben) eine Gefährdung der Interessen des Erbbauberechtigten zu befürchten ist, kann das Gericht seine Verfügung mit sofortiger Wirksamkeit ausstatten (§ 53 Abs. 2 FGG.). Die Wirksamkeit tritt in diesem Falle bereits dann ein, wenn sie dem Antragenden bekannt gemacht ist. Die Pflicht des Gerichts, die Verfügung dem Antragsgegner, also hier dem Grundstückseigentümer zuzustellen, und dessen Recht, die sofortige Beschwerde einzulegen, gegebenenfalls vom Erstgericht oder vom Beschwerdegericht zu verlangen, daß es nach § 24 FGG. die Vollziehung der angeforderten Verfügung aussetze, wird aber dadurch nicht berührt (vgl. Carlebach Bem. 3 zu § 53 FGG.).

f) Ist der Aufenthalt des Grundstückseigentümers nicht bekannt, so bedarf es einer Bekanntgabe an ihn und der Bestellung eines Abwesenheitspflegers nicht. Der Ersatz der Zustimmung durch gerichtliche Verfügung bezweckt gerade, eine solche Abwesenheitspflegschaft überflüssig zu machen (vgl. Carlebach Bem. 1 zu § 53 FGG.).

3. Dem Erbbauberechtigten steht bei Vorliegen der sachlichen Voraussetzungen an sich ein privatrechtlicher Anspruch auf Zustimmung zu. Wenn der Grundstücks-

eigentümer die Zustimmung weigert, hat aber der Erbbauberechtigte nicht etwa die Wahl zwischen einer *Klage* auf Zustimmung oder einem *Antrage* nach Abs. 3 im Wege der freiwilligen Gerichtsbarkeit, er kann vielmehr, wie aus der Fassung der VO. zu entnehmen ist, *nur* den letzteren Weg einschlagen.

Die Zustimmung kann nur für den einzelnen Fall verlangt werden, denn die Persönlichkeit des Erwerbers oder die aufzunehmende Belastung muß bereits bekannt sein. Dagegen wird nicht erforderlich sein, daß der betr. Vertrag bereits besteht.

4. Abs. 1 Satz 2 bestimmt, daß dem Erbbauberechtigten auch *für weitere Fälle ein Anspruch auf Erteilung der Zustimmung eingeräumt* werden kann. Diese Bestimmung gilt jedoch nur für den Veräußerungsfall, nicht auch für den Belastungsfall, wie aus ihrer Stellung in Abs. 1 zu entnehmen ist.

Die nähere Auslegung dieser Vorschrift ist freilich nicht bedenkenfrei. Man wird sie aber dem ganzen Zusammenhange nach nur in dem Sinne verstehen dürfen, daß eine *Verpflichtung des Eigentümers zur Zustimmung* besonders geregelt und auch *zum vertragsmäßigen Inhalte des Erbbaurechts* gemacht werden kann, so daß sie also für *jeden* Erbbauberechtigten gegen *jeden* Grundstückseigentümer wirkt (ebenso Günther Bem. 10 zu § 7); ohne solche Auslegung würde die Vorschrift nur etwas Selbstverständliches besagen, da ja die Gültigkeit derartiger Abreden mit bloß schuldrechtlicher Wirkung keiner besonderen gesetzlichen Feststellung bedurfte.

§ 8.

Verfügungen, die im Wege der Zwangsvollstreckung oder der Arrestvollziehung oder durch den Konkursverwalter erfolgen, sind insoweit unwirksam, als sie die Rechte des Grundstückseigentümers aus einer Vereinbarung gemäß § 5 vereiteln oder beeinträchtigen würden.

1. Allgemeines:

a) § 8 dient dem besonderen Schutze der Vereinbarungen im Sinne des § 5, wenn also die *Veräußerung* oder die *Belastung des Erbbaurechts* oder *beide* Arten von Verfügungen an die *Zustimmung des Grundstückseigentümers* gebunden sind. Verfügungen, die im Wege der **Zwangsvollstreckung** oder der **Arrestvollziehung** oder durch den **Konkursverwalter** erfolgen, sollen hiernach insoweit *unwirksam* sein, als sie die *Rechte des Grundstückseigentümers aus solchen Vereinbarungen vereiteln oder beeinträchtigen* würden. Durch diese Bestimmung soll nach der amtlichen Begründung insbesondere die Möglichkeit einer *Umgehung* der durch den Erbbaurechtsnehmer übernommenen vertraglichen Beschränkungen ausgeschaltet werden.

Die Vorschrift ist dem § 883 Abs. 2 BGB. (Vormerkung) nachgebildet, vgl. auch § 161 Abs. 1 Satz 2 BGB., sowie § 135 Abs. 1 Satz 2 BGB. (hier ist aber der Konkursfall nicht hereingezogen).

§ 8 steht seinerseits im Gegensatze zu §§ 137, 1136 BGB. (vgl. Bem. I, 2 zu §§ 5—7).

b) Im Rahmen des § 8 kommen nur solche Verfügungen in Betracht, die das *Erbbaurecht selbst* oder seine *wesentlichen Bestandteile* betreffen, Verfügungen über unwesentliche Bestandteile oder Zubehörstücke fallen daher nicht unter § 8 (ebenso Günther Bem. 1 zu § 8).

c) Die durch § 8 ausgesprochene Unwirksamkeit besteht nur, insoweit durch die Verfügung die *Rechte des Grundstückseigentümers* im Sinne einer Vereinbarung nach § 5 vereitelt oder beeinträchtigt werden. *Vollstreckungshandlungen des Grundstückseigentümers* selbst sind dagegen stets zulässig.

d) Zu den *Verfügungen im Wege der Zwangsvollstreckung* sind im Allgemeinen nur solche Zwangsvollstreckungsakte zu rechnen, die zur *Beitreibung von Geldforderungen* (s. §§ 864 ff. ZPO.) erfolgen; Verfügungen durch ein Urteil (s. §§ 894 ff. ZPO.) sind dagegen als rechtsgeschäftliche zu behandeln; vgl. Günther Bem. 2 zu § 8.

e) Fraglich ist, ob die hier ausgesprochene *Unwirksamkeit* der Verfügungen eine *absolute* ist und bleibt, vorausgesetzt, daß keine Zustimmung des Eigentümers erfolgt, oder ob diese Unwirksamkeit — ähnlich wie bei einer Vormerkung (s. § 883 Abs. 2 BGB.; vgl. auch § 135 und § 2115 BGB.) — *jeweils nur dem Grundstückseigentümer* gegenüber besteht, so daß es im Einzelfall erst darauf ankäme, ob dieser wirklich seine Rechtsbehelfe gegen die Verfügungen geltend macht. § 8 steht aber im engen Zusammenhange mit § 6, der von *absoluter* Unwirksamkeit der zuwiderlaufenden Verfügungen ausgeht (vgl. insbes. Bem. II, c zu §§ 5—7), und infolgedessen wird man wohl diese Rechtswirkung auch im Rahmen des § 8 anzunehmen haben (übereinstimmend Günther Bem. 5, b zu § 8, abweichend hinsichtlich der Zwangs- und Arresthypothek Kretzschmar, SächsArchR. 1918 S. 156; a. M. ferner Glaß-Scheidt Bem. II). Solange die erforderliche Zustimmung nicht nachgeholt oder im Wege des § 7 ersetzt ist, bleibt die betreffende Verfügung voll unwirksam.

Aus dieser absoluten Unwirksamkeit der hier vermeinten Verfügungen wird ferner zu folgern sein, daß auch schon die sie einleitenden Vollstreckungshandlungen, wie z. B. Anordnung der Zwangsversteigerung usw. (vgl. hiezu näher unten Bem. 2, a) nicht vorgenommen werden dürfen. Der Grundstückseigentümer kann mit Erinnerungen nach § 766 ZPO. oder mit Widerspruchsklage nach § 771 ZPO. vorgehen; vgl. auch § 28 ZVG.: „Wird dem Vollstreckungsgericht ein aus dem Grundbuch ersichtliches Recht bekannt, welches der Zwangsversteigerung oder der Fortsetzung des Verfahrens entgegensteht, so hat das Gericht das Verfahren entweder sofort aufzuheben oder unter Bestimmung einer Frist, binnen welcher der Gläubiger die Hebung des Hindernisses nachzuweisen hat, einstweilen einzustellen. Im letzteren Falle ist das Verfahren nach dem Ablaufe der Frist aufzuheben, wenn nicht inzwischen der Nachweis erbracht ist“; vgl. ferner § 83 Nr. 6 ZVG. über Versagung des Zuschlags in solchen Fällen. Dadurch, daß der Grundstückseigentümer übrigens im Falle einer Zwangsversteigerung nach § 24 der VO. als Beteiligter im Sinne des § 9 ZVG. zu gelten hat, ist es ihm ohnehin ermöglicht, seine Rechte von vorneherein entsprechend wahrzunehmen, insbesondere seinen Widerspruch zu verfolgen.

2. **Einzelnes:**

a) Den Verfügungen des Erbbauberechtigten werden hiernach gleichgestellt (wie im § 135 BGB.) Verfügungen Dritter, die im Wege der Zwangsvollstreckung (vgl. auch oben Bem. 1, d) oder der Arrestvollziehung (vgl. §§ 928 ff., 936 ff. ZPO.) erfolgen.

α) Zwangsvollstreckungen in das Erbbaurecht (vgl. Bem. 2 zu § 24), das hier als Grundstück gilt (vgl. § 11 Abs. 1 Satz 1 der VO. mit § 864 Abs. 1 ZPO.), können sich nach Maßgabe des § 870 Abs. 1 ZPO. und des § 866 Abs. 1 ZPO. nach drei Richtungen bewegen:

αα) durch Eintragung einer Sicherungshypothek; sie ist nur zulässig, wenn ein vollstreckbarer Schuldtitel über einen höheren Betrag als 300 Mk. vorliegt, s. § 866 Abs. 3 ZPO.,

ββ) durch Zwangsversteigerung (vgl. ZVG. vom 24. März 1897),

γγ) durch Zwangsverwaltung (vgl. §§ 146 ff. ZVG.).

Der Gläubiger kann auch verlangen, daß eine dieser Maßregel allein oder neben den übrigen ausgeführt werde (Abs. 2 des § 866 ZPO.).

β) Für die Rechtswirkung des § 8 kommt es hier aber weiter darauf an, ob die Veräußerung oder die Belastung oder beide Arten von Verfügungen an die Zustimmung des Grundstückseigentümers gebunden sind.

Ist nur die Veräußerung als solche an die Zustimmung des Grundstückseigentümers gebunden, so wird der Dritte unbestritten die Eintragung einer Sicherungshypothek und die Zwangsverwaltung frei von der Einwirkung des § 8 betreiben können.

Fraglich aber ist, ob und inwieweit in diesem Falle auch eine Zwangsversteigerung des Erbbaurechts vom Gläubiger betrieben werden kann? Man wird hier (mit Kretzschmar in den Bem. zu § 8 und Günther Bem. 6, b zu § 8) zu unterscheiden haben, ob die Versteigerung betrieben wird auf Grund einer Belastung des Grundstücks (Hypothek, Grundschuld, Reallast) oder aber wegen eines persönlichen Anspruchs oder vom Konkursverwalter (§ 126 KO.; §§ 172—174 ZVG.) oder von dem Erben nach § 175 ZVG. oder von einem Miterben auf Aufhebung der Erbengemeinschaft (§ 180 ZVG.). Nur im ersteren Falle wird eine nach § 5 Abs. 1 getroffene Vereinbarung einer Zwangsversteigerung für die Regel nicht im Wege stehen und zwar dann, wenn der Grundstückseigentümer der Belastung, für die nunmehr die Zwangsversteigerung betrieben wird, im Sinne des § 5 Abs. II der VO. zugestimmt hat, in diesem Falle ist nämlich die Zustimmung zur zwangsweisen Veräußerung regelmäßig in der Zustimmung zur Belastung enthalten, da ja die Vollstreckung durch Zwangsversteigerung mit zum gesetzlichen Inhalt der Hypothek usw. gehört. In allen anderen Fällen aber steht eine nach § 5 Abs. 1 getroffene Vereinbarung der Zwangsversteigerung entgegen, es ist daher vor der Einleitung des Verfahrens die Zustimmung des Grundstückseigentümers zu erfordern oder, wenn dem Vollstreckungsgerichte die Vereinbarung erst nach der Einleitung der Zwangsversteigerung bekannt wird, so hat es nach § 28 ZVG. zu verfahren, vgl. oben Bem. 1, e, sowie auch § 83 Nr. 6 ZVG. wegen Versagung des Zuschlags; wegen § 128 ZVG. s. unten γ.

Ist nur die Belastung an solche Zustimmung gebunden, so stehen dem Dritten die Wege der Zwangsversteigerung und der Zwangsverwaltung offen. Sind Veräußerung und Belastung an die Zustimmung des Grundstückseigentümers geknüpft, so ist der Dritte an sich auf den Weg der Zwangsverwaltung beschränkt; wegen der Zwangsversteigerung gilt das oben Gesagte.

γ) Wenn nur die Belastung an die Zustimmung des Grundstückseigentümers gebunden ist, und daher eine Zwangsversteigerung zulässig ist, kann fraglich werden, ob hier im Zwangsversteigerungsverfahren gleichwohl eine Sicherungshypothek im Sinne des § 128 ZVG. angängig ist. Da es sich hierbei um eine besondere Art von Sicherungshypothek im Rahmen der an sich zulässigen Zwangsversteigerung handelt, wird solche Hypothek trotz des § 8 als zulässig gelten dürfen. Bei der Verneinung der Frage würde der Hypothekengläubiger nach durchgeführter Zwangsversteigerung auch gegen den Ersteher, der es unterläßt, den Steigerungspreis zu zahlen, die Rechte aus § 128 nicht haben, könnte also in die Lage kommen, daß er weder wegen seiner Forderung befriedigt wäre, noch eine Hypothek besäße (vgl. Dannenbaum, Erbbaurecht S. 18; a. M. aber Günther in Bem. 6 zu § 8).

b) Auch die Verfügungen des Konkursverwalters dürfen die Rechte des Grundstückseigentümers aus einer Vereinbarung im Sinne des § 5 nicht vereiteln oder beeinträchtigen, wobei es gleichgültig ist, ob der Konkursverwalter solche freihändig vornimmt oder im Wege der Zwangsvollstreckung (§ 126 KO.), vgl. auch oben unter a, β.

3. Wirtschaftlich kann § 8 freilich insofern üble Folgen zeitigen, als durch die darin liegende Beschränkung der Vollstreckungsmöglichkeit für den Hypothekengläubiger die Beleihungsfähigkeit des Erbbaurechts — vgl. Rosenberg, DJZ. 1918 S. 479 unter Nr. II, 6, dagegen aber Lux, JW. 1919 S. 361 — wieder herabgedrückt wird. Es ist eben der VO. nicht geglückt, die Beleihungsfrage voll befriedigend zu lösen (vgl. auch von der Pfordten a. a. O. S. 282).

3. Erbbauzins.

§ 9.

Wird für die Bestellung des Erbbaurechts ein Entgelt in wiederkehrenden Leistungen (Erbbauzins) ausbedungen, so finden die Vorschriften des Bürgerlichen Gesetzbuchs über die Reallasten entsprechende Anwendung. Die zugunsten der Landesgesetze bestehenden Vorbehalte über Reallasten finden keine Anwendung.

Der Erbbauzins muß nach Zeit und Höhe für die ganze Erbbauzeit im voraus bestimmt sein. Der Anspruch des Grundstückseigentümers auf Entrichtung des Erbbauzinses kann in Ansehung noch nicht fälliger Leistungen nicht von dem Eigentum an dem Grundstück getrennt werden.

Zahlungsverzug des Erbbauberechtigten kann den Heimfallanspruch nur dann begründen, wenn der Erbbauberechtigte mit dem Erbbauzinse mindestens in Höhe zweier Jahresbeträge im Rückstand ist.

Ablösungssumme 1;
Abminderung 4, b;
Begriff des Erbbauzinses 1, 2;
Bestimmtheit n. Zeit u. Höhe 4;
Eintragung 2, b;
Einzelleistungen 5, a ff.;
Erhöhung 4, b;
Heimfall 5, e; 6;
Landesgesetzliche Vorbehalte 3 und 5, e;
Persönliche Haftung 5, b;
Rang 2, e;
Rechtsfolgen der reallastartigen Regelung 5;
Vertragsstrafe 4, g; 6, b;
Wirtschaftliche Gesichtspunkte 4, e;
Wohnungskommissar 7;
Zahlungsverzug 6;
Zwangsvollstreckung 2, f, g.

1. Für die Bestellung des Erbbaurechts kann ein Entgelt bestellt werden, sie kann aber natürlich auch unentgeltlich erfolgen. Das Entgelt kann ein einmaliges sein, es kann aber auch in wiederkehrenden Leistungen bestehen für die ganze Dauer des Erbbaurechts.

Im letzteren Falle spricht die VO. (im Einklang mit dem bisherigen Sprachgebrauch) von **Erbbauzins.** Die Vereinbarung eines solchen Erbbauzinses ist aber nicht wesentlich für den Begriff des Erbbaurechts (vgl. Bem. VI zu § 1).

In der Praxis der Erbbauverträge hat es sich eingebürgert, die Zahlung eines Erbbauzinses auch in jenen Fällen zu vereinbaren, in denen die Bestellung des Erbbaurechts unentgeltlich erfolgte, damit den Beteiligten während der ganzen Dauer das Bestehen des Erbbaurechts im Bewußtsein bleibt (sog. Anerkennungszins); vgl. Bem. VI zu § 1.

Es kann auch eine bestimmte Ablösungssumme von vorneherein vereinbart werden, vgl. hiezu auch RGZ. Bd. 85 S. 244.

2. Im bisherigen Rechte machte mangels einer besonderen Regelung die dingliche Sicherung des Erbbauzinses rechtliche Schwierigkeiten, man behalf sich durch Eintragung einer besonderen Reallast an dem Erbbaurecht oder durch Festsetzung einer auflösenden Bedingung für den Fall der Nichtentrichtung oder durch Eintragung einer Vormerkung auf Rückübertragung (vgl. M. z. BGB. Bd. III S. 468).

Der Standpunkt der VO. geht dahin, daß, wenn ein Erbbauzins ausbedungen wird, auf ihn die Vorschriften des BGB. über die Reallasten entsprechende Anwendung finden sollen.

a) Diese Fassung der VO. hat Zweifel hervorgerufen (vgl. z. B. Wild a. a. O. S. 130). Die VO. wird aber wohl in dem Sinne verstanden werden dürfen, daß, wenn die Beteiligten die Entrichtung eines fortlaufenden Entgelts im Sinne eines Erbbauzinses ausbedingen, solche Vereinbarung mangels besonderer gegenteiliger Anhaltspunkte als rechtsgeschäftliche Begründung einer reallastartigen Verpflichtung aufzufassen ist (selbstverständlich können die Beteiligten sich auch auf rein schuldrechtliche Beziehungen zwischen dem ersten Grundstückseigentümer und dem ersten Erbbauberechtigten beschränken, praktisch ist ein solches Verfahren jedoch nicht, vgl. Günther Bem. 4 zu § 9).

b) Es muß aber natürlich zu der Vereinbarung, die an sich als Einigung im Sinne des § 873 BGB. keiner besonderen Form bedarf, die Eintragung im Grundbuche kommen. Zur Eintragung im Grundbuche bedarf es jedoch nach §§ 19, 29 GBO. der Eintragungsbewilligung des Erbbauberechtigten, die entweder vor dem Grundbuchamte zu erklären oder durch öffentliche oder öffentlich beglaubigte Urkunden nachzuweisen ist. Der Eintragungsantrag (§ 13 Abs. 2 GBO.) kann vom Grundstückseigentümer oder vom Erbbauberechtigten gestellt werden; er bedarf an sich keiner Form, wird aber regelmäßig mit der Eintragungsbewilligung verbunden.

Im übrigen wird die Vereinbarung der Beteiligten über Erbbauzins am besten zusammen mit der Bestellung des Erbbaurechts getroffen werden.

Der Eintragung im Erbbaugrundbuche bedarf nur das Recht als solches, wegen des näheren Inhalts aber, insbesondere hinsichtlich des Betrags und der Fälligkeit der einzelnen Leistungen, sowie wegen einer etwa festgesetzten Ablösungssumme kann auf die Eintragungsbewilligung Bezug genommen werden (§ 874 BGB.). Ueber die Stelle der Eintragung im Grundbuche s. für Preußen § 4 Abs. 3 der Allg. Vfgg. vom 25. März 1919 JMBl. S. 138 (Abt. II des Erbbaugrundbuchs).

c) Der Erbbauzins kann nur zugunsten des jeweiligen Grundstückseigentümers eingetragen werden; dies ergibt sich zwingend aus Abs. 2 Satz 2 (subjektiv-dingliche Reallast § 1105 Abs. 2); damit fällt zugleich die Anwendbarkeit des § 1111 fort.

d) Die Unterwerfung des Erbbauberechtigten mit Wirkung für die Rechtsnachfolger unter die sofortige Zwangsvollstreckung ist hier nicht statthaft, solche wird nach der herrschenden Meinung für Reallasten überhaupt nicht zugelassen; vgl. Bem 2, b zu § 1107.

e) Die VO. gibt keine besondere Vorschrift darüber, welchen Rang der Erbbauzins einzunehmen hat, es ist dies also der Vereinbarung der Beteiligten überlassen; vgl. aber auch unten Bem. 4, a wegen der Mündelhypothek.

f) Für den eingetragenen Erbbauzins haftet das Erbbaurecht und seine Bestandteile (vgl. unten Bem. 5, a). Die Befriedigung des Grundstückseigentümers hat im Wege der Zwangsvollstreckung in das Erbbaurecht zu erfolgen (vgl. Bem. 2 zu § 24 der VO.). Der jeweilige Erbbauberechtigte haftet überdies auch persönlich für die während der Dauer seines Rechtes fällig werdenden Leistungen (s. unten Bem. 5, b). Durch eine Zwangsversteigerung in das Erbbaurecht wegen rückständiger Einzelleistungen kommt das ganze Recht auf den Erbbauzins zum Erlöschen, sofern nicht nach Maßgabe des § 59 Abs. 3 ZVG. sein Bestehenbleiben als Versteigerungsbedingung gesetzt wird; vgl. § 92 ZVG., Kretzschmar Bem. 1 zu § 9 der VO., s. auch RGZ. Bd. 85 S. 244 für den Fall einer Ablösungssumme.

g) Der Erbbauzins als Recht sowie der Anspruch auf die noch nicht fälligen Leistungen gehört gemäß § 96 BGB. zu den wesentlichen Bestandteilen des Grundstücks; er untersteht daher nicht einer selbständigen Zwangsvollstreckung; auch eine Pfändung nach Maßgabe des § 857 Abs. VI ZPO. ist nicht angängig (ebenso Günther Bem. 10 zu § 9; vgl. Stein Bem. II, 5 zu § 857 ZPO.). Eine Zwangsvollstreckung in das Grundstück aber umfaßt auch diese Rechte. Vgl. auch unten Bem. 5, c.

h) Fraglich ist, ob der in dieser Weise begründete und eingetragene Erbbauzins mit zum dinglichen Inhalte des Erbbaurechts gehört oder nicht, wonach die Zinspflicht zu ihrer dinglichen Sicherung der Eintragung als besonderer Belastung bedarf. Aus der Fassung der VO. wird die Verneinung dieser Frage zu entnehmen sein (a. M. für das bisherige Recht insbes. Wittmaack a. a. O. S. 86 ff. und Sohm in Jahrb. d. Bodenreform Bd. IV S. 243, welche die Frage bejahen, da die Zinspflicht stets als eine ihrer Natur nach den Inhalt des Erbbaurechts mindernde Beschränkung der erbbaurechtlichen Befugnisse zu erachten sei; wie hier aber Glaß-Scheidt Bem. II, 1 zu § 9).

3. Die **zugunsten der Landesgesetze** bestehenden **Vorbehalte** über Reallasten finden **keine** Anwendung (**Abs. 1 Satz 2**):

In dieser Hinsicht kommen aus dem EG. z. BGB. in Betracht: Art. 113 (Ablösung, Umwandlung, Einschränkung von Reallasten), Art. 115 (der bestimmt, daß die landesgesetzlichen Vorschriften unberührt bleiben, welche die Belastung eines Grundstücks [und damit auch eines Erbbaurechts] mit Reallasten untersagen oder beschränken und welche den Inhalt und das Maß solcher Rechte bestimmen), sowie auch Art. 120 Abs. 2 Ziff. 2 (Entbehrlichkeit der Zustimmung Drittberechtigter bei einer Aufhebung einer Reallast).

Auf Grund der zu diesen Art. ergangenen Ausführungsgesetze sind z. B. Reallasten in Baden untersagt; in Hessen, Sachsen-Meiningen usw. sind Reallasten nur in beschränktem Umfange zulässig; in anderen Staaten, z. B. in Bayern können Reallasten abgelöst werden (vgl. hiezu auch Art. 85 BayAG. z. BGB. und Dienstanw. f. Grundbuchämter § 384 Nr. II). Das Verhältnis dieser Landesgesetze zu einer Bestellung der Zinspflicht beim Erbbaurechte hatte einerseits verschiedene Streitpunkte aufgerührt (vgl. hierüber Pesl, HirthsAnn. 1915 S. 259), anderseits wäre es den Landesgesetzen damit freigestellt, eine reallastartige Zinsverpflichtung praktisch wieder lahm zu legen. Infolgedessen hat die VO. die Anwendbarkeit derartiger landesgesetzlicher Vorschriften auf die nunmehr normierte Regelung der Zinspflicht als Reallast völlig ausgeschlossen.

4. Der Erbbauzins muß **nach Zeit und Höhe für die ganze Erbbauzeit im Voraus** bestimmt sein (**Abs. 2 Satz 1**).

a) Diese Vorschrift ist erfolgt im Interesse einer günstigen Beleihbarkeit des Erbbaurechts, da die Zulassung einer nachträglichen Erhöhung des Erbbauzinses eine zutreffende Wertberechnung und damit auch eine Beleihung des Erbbaurechts unmöglich macht; vgl. Pesl in HirthsAnn. 1915 S. 261 zum v. Pechmannschen Entwurf Art. X und v. Pechmann in den Verhandlungen des 31. Deutschen Juristentages, Berlin 1913, Bd. III S. 78). Dabei ist auch auf § 19 Abs. 2 hinzuweisen, wonach bei der Berechnung der Mündelsicherheit ein der Hypothek im Range vorgehender Erbbauzins zu kapitalisieren und von ihr in Abzug zu bringen ist; vgl. auch § 21 Nr. 3.

b) Während der Dauer des Erbbaurechts sind nach der Amtl. Begründung Erhöhungen der anfänglich bezahlten Zinsbeträge nur zulässig, wenn und soweit sie von vorneherein vertraglich festgelegt und ihrer Höhe nach ziffermäßig genau bestimmt sind. Dies wird (mit Kretzschmar in Bem. 3) in dem Sinne zu verstehen sein, daß eine nachträgliche Erhöhung des Zinses nur mit Einwilligung der nachstehenden Berechtigten zulässig ist (ebenso auch Glaß-Scheidt Bem. III, 1 zu § 9).

Eine Abstufung der Zinse nach Zeitabschnitten ist nicht ververboten und wirtschaftlich vielfach veranlaßt (vgl. unten Bem. e).

Eine nachträgliche Abminderung des Erbbauzinses durch besondere neue Uebereinkunft ist zulässig; ein Ausspruch hierüber war nicht veranlaßt; es finden aber hierauf die §§ 877, 876 Satz 2 BGB. entsprechende Anwendung (vgl. Kretzschmar Bem. 3).

Erfolgen die Herabminderungen nur zugunsten eines bestimmten Erbbauberechtigten, so genügt hiezu ein einfacher Vertrag; sollen sie aber solange dauern, als das Erbbaurecht besteht, dann bedarf die Ermäßigung des Zinses der Eintragung im Grundbuche (s. Pesl, HirthsAnn. 1915 S. 261).

c) „Zeit" bedeutet hier die Fälligkeit der einzelnen Leistungen (vgl. die Amtl. Begründung).

d) Da die VO. ausspricht, daß der Erbbauzins im Voraus „bestimmt" sein muß, so kann hierunter nur eine ziffermäßige Bestimmtheit verstanden werden (vgl. Amtl. Erl. z. Entw.); es erscheint also nicht mehr angängig, nur eine Bestimmbarkeit aus anderen Momenten aufzustellen, z. B. 2% des von 10 zu 10 Jahren neu festzustellenden Bodenwertes (für die bisherigen Verträge kommt § 38 in Betracht). Die Kritik verfocht zum Teil eine andere Fassung der VO. (vgl. Dittrich, DRichterZ. 1918 S. 207). Auch eine Vereinbarung, daß eine Neufestsetzung nach so und soviel Jahren erfolgen soll, ist nicht mehr angängig.

e) **Als wirtschaftliche Gesichtspunkte** bei der Bemessung des Erbbauzinses (vgl. insbesondere die Ausführungen bei Dietzsch, Praxis des Erbbaurechts S. 35 ff., Pesl, Erbbaurecht S. 75 ff., in HirthsAnn. 1915 S. 261 ff. und in „Um Grund und Boden" Bd. 6 S. 277 ff., Erman, Jahrbuch d. Bodenreform Bd. IV S. 265 und Dittrich in „Der Waffenschmied" September 1918 S. 18) sind hervorzuheben:

Die Höhe des Erbbauzinses wird sich selbstverständlich in erster Linie nach den Zwecken des Erbbaurechts zu richten haben:

Handelt es sich um soziale Zwecke des Erbbaurechts, so muß das Bestreben der Grundeigentümer sein, einen im Verhältnis geringen Erbbauzins zu erheben, jedenfalls einen viel geringeren als die Verzinsung des etwaigen Grundstückskaufpreises ausmachen würde; dafür können aber dem Erbbauberechtigten zum Ausgleich entsprechende Auflagen sozialer Art gemacht werden (vgl. Dietzsch a. a. O. S. 42, 75 und 79), der im allgemeinen einen Zins zwischen 2 und 3% des Bodenwertes (zur Zeit der Bestellung des Erbbaurechts) als den Verhältnissen angemessen erachtet. Der Staat oder die Gemeinden aber, die in den meisten Fällen die Besteller des Erbbaurechts sein werden, müssen gerade hier ein Opfer dadurch bringen, daß sie den Erbbauzins so niedrig als möglich festsetzen; denn eine wesentliche Verringerung des erforderlichen Eigenkapitals — und damit zugleich eine bessere Einführung des Erbbaurechts und eine gedeihliche Hebung der Wohnungsnot mit allen ihren schlimmen Folgen — wird beim Erbbaurechtshaus gegenüber dem Haus auf Volleigentum nur dann eintreten, wenn der Erbbauzins erheblich geringer ist als die Normalverzinsung (vgl. auch Sommerbrodt, BankArch. 1918/19 S. 14).

Wenn dagegen das Privatkapital als Grundeigentümer auftritt und das Erbbaurecht zugunsten gewinnversprechender industrieller oder sonstiger gewerblicher Unternehmungen bestellt wird, so wird der Erbbauzins entsprechend höher zu bemessen sein, da hier das wirtschaftliche Moment vorherrschend ist. Hier werden unter Umständen auch entsprechende nunmehr von Anfang an ziffermäßig festzulegende Steigerungen für fernere Zeitabschnitte veranlaßt erscheinen.

Im allgemeinen wird es aber im Interesse einer gedeihlichen Entwicklung des Erbbaurechts, insbesondere im Hinblick auf dessen Beleihbarkeit und Marktfähigkeit gelegen sein, daß der Erbbauzins möglichst unsteigerlich bleibt; denn durch solche Erhöhungen gehen regelmäßig die Vorteile des Erbbaurechts verloren. Vgl. insbesondere die Ausführungen bei Pesl in „Um Grund und Boden" Bd. 6 S. 278 ff., Ermann a. a. O. S. 267, v. Pechmann in den Verhandlungen des 31. Deutschen Juristentages Bd. III S. 78; a. M. Oertmann, HirthsAnn. 1904 S. 566.

f) Vereinbarungen, die gegen die Vorschrift des Abs. 2 Satz 1 verstoßen, sind nichtig, gleichviel, ob sie persönlich oder dinglich sind; es entsteht hieraus kein Recht, auch wenn auf Grund solcher Vereinbarungen ein Erbbauzins ins Grundbuch eingetragen würde (vgl. von der Pfordten a. a. O. S. 311).

g) Eine Erhöhung des Erbbauzinses als Vertragsstrafe kann mit dinglicher Wirkung gegen jeden Erbbauberechtigten nach § 2 Ziff. 5 der VO. vereinbart werden, eine dingliche Sicherung durch die Reallast genießt ein derartiger Strafausspruch aber nicht (so mit Recht Günther in Bem. 8); vgl. auch unten Bem. 6, b, sowie Sieskind Bem. B zu § 2 Nr. 5; wegen der Verjährung vgl. Bem. d zu § 4.

5. **Als weitere Rechtsfolgen dieser Regelung** sind hier hervorzuheben:

a) Auf die **Einzelleistungen** des Erbbauzinses finden die für die **Zinsen** einer **Hypothekenforderung** geltenden Vorschriften entsprechende Anwendung, s. § 1107 BGB. und vgl. über Einzelheiten die Bem. zu § 1107 BGB. Der Kreis der für den Erbbauzins weiter haftenden Gegenstände richtet sich infolge dieser Regelung nach § 1120—1131 BGB., vgl. aber auch Bem. I, 2, α zu § 18. Ueber Verjährung s. unten Bem. d. Verzugszinsen sind von Rückständen nicht zu zahlen, s. § 289 BGB.

b) Der Erbbauberechtigte haftet ferner für die während der Dauer des Erbbaurechts fällig werdenden Leistungen auch persönlich, soweit nicht ein anderes im Erbbauvertrag oder in einer gesonderten Vereinbarung bestimmt ist (§ 1108 BGB.), vgl. über Einzelheiten die Bem. zu § 1108 BGB.

c) Die VO. spricht in **Abs. 2 Satz 2** gesondert aus, daß der Anspruch des Grundstückseigentümers auf Entrichtung des Erbbauzinses in Ansehung noch nicht fälliger Leistungen von dem Eigentum am Grundstücke nicht getrennt werden kann. (Im Entwurfe fehlte diese Bestimmung, sie wurde erst auf Anregung der Kritik eingefügt, vgl. Dittrich, DRichtZ. 1918 S. 207.) Im übrigen entspricht die Vorschrift dem Rechtsgedanken des § 1110 BGB. bei der Reallast; die Untrennbarkeit ist aber ausdrücklich beschränkt auf die noch nicht fälligen Leistungen.

Durch die Vorschrift werden zugleich Vorausverfügungen des Grundstückseigentümers über den noch nicht fälligen Erbbauzins verhindert, auch Pfändungen sind insoweit nicht möglich (vgl. § 851 ZPO., Günther, JW. 1919 S. 358 Nr. 1 mit Anm. 10, RGZ. Bd. 12 S. 202 und RGRKomm. zu § 1110 BGB.). Auch ist die Bestimmung den Interessen der Hypothekengläubiger des Grundstücks dienlich; vgl. § 1126 BGB. Der Anspruch auf fällige Leistungen ist dagegen abtretbar und kann daher auch verpfändet und gepfändet werden (vgl. §§ 398, 1107, 1159, 1280 BGB., sowie §§ 829, 835 ZPO.).

Im Falle einer Veräußerung des Grundstücks, auch im Wege der Zwangsversteigerung (§ 865 Abs. 1 ZPO.; §§ 20 Abs. 2, 90 Abs. 2 ZVG.), geht der Anspruch in Ansehung der noch nicht fälligen Leistungen ohne weiteres auf den Erwerber (Ersteher) über.

d) Der Anspruch auf die einzelne Leistung verjährt im Hinblick auf §§ 197, 201, 902 Abs. 1 Satz 2 BGB. in vier Jahren, gerechnet vom Schlusse des Jahres an, in dem er entstanden ist, vgl. Bem. 6 zu § 197; wegen der Verjährung der Strafzinsen, die in einer Erhöhung des Erbbauzinses bestehen, s. aber § 4 mit Bem. d.

e) Wenn sich beim Heimfall (s. § 2 Nr. 4) das Erbbaurecht mit dem Grundstückseigentum vereinigt, so erlischt die Reallast des Erbbauzinses selbst nach Maßgabe des § 889 BGB. nicht, wohl aber die dingliche Haftung des Erbbaurechts für Zinsrückstände, soweit nicht Dritte hieran berechtigt sind, vgl. § 1178 Abs. 1 BGB. und Günther Bem. 3 zu § 9.

f) Die Vorschrift, daß die landesrechtlichen Vorbehalte über Reallasten keine Geltung haben (Abs. 1 Satz 2), gilt natürlich auch hier.

6. **Abs. 3: Beschränkung** des **Heimfallanspruchs** im Rahmen des **Zahlungsverzugs beim Erbbauzins:**

a) Der Anspruch des Grundstückseigentümers auf Bezahlung des Erbbauzinses kann, wie andere Ansprüche beim Erbbaurechte, gesichert werden durch Verbindung mit einem Heimfallanspruche des Grundstückseigentümers (s. § 2 Nr. 4 mit Bem. II, 4 zu § 2) als Rechtsfolge einer Verletzung der Zinspflicht.

α) Um jedoch den Erbbauberechtigten gegen eine allzu strenge Handhabung der Heimfallrechtsklausel solchen Falles zu schützen, bestimmt die VO. in Abs. 3, daß ein Zahlungsverzug des Erbbauberechtigten in Ansehung des fälligen Erbbauzinses (s. §§ 284 ff. BGB.) einen Heimfallanspruch des Grundstückseigentümers nur dann begründet, wenn der Erbbauberechtigte mit dem Erbbauzinse mindestens in Höhe zweier Jahresbeträge im Rückstande ist.

β) Zu beachten ist, daß die VO. nicht sagt: „mit zwei Jahresbeträgen" (vgl. § 554 BGB.), sondern „in Höhe zweier Jahresbeträge". Darnach ist z. B. der Heimfallanspruch auch dann begründet, wenn der Erbbauberechtigte drei Jahre lang nur teilweise gezahlt hat und die Summe der Rückstände nunmehr die Höhe von zwei Jahresbeträgen erreicht hat (vgl. von der Pfordten a. a. O. S. 251 mit Anm. 25).

γ) Da die Leistung des Erbbauzinses nach der gesetzlichen Regelung immer nach Zeitabschnitten im Voraus bestimmt sein muß (Abs. 2 Satz 1), so bedarf es keiner besonderen Mahnung des Grundstückseigentümers, um den Verzug des Erbbauberechtigten herbeizuführen (§ 284 Abs. 2 Satz 1 BGB.).

δ) Ueber Schadensersatzpflicht des Erbbauberechtigten s. § 286 BGB.; wegen der Verzugszinsen s. §§ 288, 289 BGB.

b) Der Anspruch des Grundstückseigentümers auf den Erbbauzins kann übrigens auch dinglich gesichert werden durch Vereinbarung einer Vertragsstrafe im Sinne des § 2 Nr. 5 (s. §§ 339 ff. BGB.). Im Rahmen solcher Vereinbarung besteht eine Einschränkung im Sinne des Abs. 3 nicht. Unter Umständen kann hier aber das richterliche Ermäßigungsrecht nach Maßgabe des § 343 BGB. eingreifen. Wegen Erhöhung des Erbbauzinses als Vertragsstrafe vgl. oben Bem. 4, g.

e) Eine Aufgabe des Erbbaurechts seitens des Erbbauberechtigten mit Löschung im Grundbuche kann als erzwingbare Rechtsfolge einer Verletzung der Zahlungspflicht nicht bedungen werden, s. § 1 Abs. 4 mit Bem. VII, 2 zu § 1.

7. Darüber, daß der Wohnungskommissar nach Maßgabe der VO. vom 15. Januar 1919 zur Behebung der dringendsten Wohnungsnot den Erbbauvertrag festsetzen und dabei den Erbbauzins bestimmen darf, s. in Vorbem. B a. E. vor § 1.

4. Rangstelle.

§ 10.

Das Erbbaurecht kann nur zur ausschließlich ersten Rangstelle bestellt werden; der Rang kann nicht geändert werden. Rechte, die zur Erhaltung der Wirksamkeit gegenüber dem öffentlichen Glauben des Grundbuchs der Eintragung nicht bedürfen, bleiben außer Betracht.

Durch landesrechtliche Verordnung können Bestimmungen getroffen werden, wonach bei der Bestellung des Erbbaurechts von dem Erfordernisse der ersten Rangstelle abgewichen werden kann, wenn dies für die vorhergehenden Berechtigten und den Bestand des Erbbaurechts unschädlich ist.

Rang des Erbbaurechts auf dem belasteten Grundstücke.

1. Das Erbbaurecht kann **nur zur ausschließlichen ersten Rangstelle** auf dem mit dem Erbbaurechte zu belastenden Grundstücke bestellt werden, also weder hinter anderen Rechten noch im gleichen Rang mit einem anderen Rechte; dieser Rang kann auch **nachträglich nicht geändert** werden (**Abs. 1 Satz** 1).

a) Auch diese Vorschrift ist im Interesse einer günstigen Beleihbarkeit des Erbbaurechts erfolgt und bildet eine der wichtigsten Grundlagen in dieser Hinsicht. Es wird dadurch insbesondere das Erbbaurecht dagegen geschützt, daß ein vorgehender Berechtigter die Zwangsversteigerung betreibt und daß es dadurch erlischt; auf diese Weise wird also das ungestörte Fortbestehen des Erbbaurechts während der ganzen vertragsmäßigen Dauer entsprechend gewährleistet. Im Zusammenhang damit steht auch die Vorschrift des § 25, wornach bei einer zwangsweisen Versteigerung des Grundstücks das Erbbaurecht auch dann bestehen bleibt, wenn es bei der Feststellung des geringsten Gebots nicht berücksichtigt ist (vgl. Bem. zu § 25). Da das Erbbaurecht an erster Stelle stehen muß, wird es bei der Zwangsversteigerung ohnehin regelmäßig vom geringsten Gebote gedeckt sein; es ist aber auch der allerdings seltene Fall möglich, daß infolge einer im Wege der zulässigen Ausnahmen des Abs. 1 Satz 2 und Abs. 2 (vgl. Bem. 2) vorgehenden Belastung eine Zwangsversteigerung erfolgen könnte.

b) Die Vorschrift dient ferner aber auch dem Schutze der schon vorhandenen Rechte auf dem mit dem Erbbaurechte zu belastenden Grundstücke, da im Hinblick auf § 12 Abs. 1 Satz 3 das Bauwerk nicht mehr haften würde, wenn das Erbbaurecht im Grundbuch eingetragen ist. Wenn bereits Rechte auf dem Grundstücke lasten, so müssen diese dem Erbbaurecht im Range ausweichen. Hiezu bedarf es der Zustimmung der Beteiligten (§ 880 BGB.), die im Hinblick auf § 29 GBO. entweder vor dem Grundbuchamte zu erklären oder durch öffentliche oder öffentlich beglaubigte Urkunden nachzuweisen ist.

c) Unzulässig ist eine spätere Rangänderung, die das Erbbaurecht hinter oder neben ein anderes Recht stellen würde (§ 880 BGB.). Auch ein Vorbehalt dahin ist unzulässig, später ein anderes Recht mit dem Range vor dem Erbbaurecht eintragen zu lassen (§ 881 BGB.).

d) Aus dem Zwecke des § 10 und seiner Fassung muß geschlossen werden, daß § 10 nicht nur eine Ordnungsvorschrift enthält, die dem Grundbuchamte verbietet, anders lautende Vereinbarungen zu vollziehen, sondern daß auch eine Einigung unmittelbar nichtig ist, die dem Erbbaurecht eine nach § 10 unzulässige Rangstelle zuweist. Man wird sogar annehmen dürfen, daß eine nicht an erster Stelle vollzogene Eintragung ihrem Inhalte nach unzulässig ist und deshalb nach § 54 Abs. 1 Satz 2 GBO. von Amts wegen zu löschen ist (s. von der Pfordten a. a. O. S. 242, Günther Bem. 1 und vgl. auch RGRKomm. Bem. 3 zu § 1114; Kretzschmar Bem. 6 läßt nur die Eintragung eines Widerspruchs in solchem Falle gemäß § 54 Abs. 1 Satz 1 GBO. zu).

Auch eine Vormerkung zur Sicherung des Anspruchs auf Einräumung eines Erbbaurechts wird nur eingetragen werden dürfen, wenn die durch § 10 festgelegten Voraussetzungen für die Eintragung des Rechtes selbst nachgewiesen sind (Kretzschmar Bem. 5).

e) Im Nachgange zum Erbbaurechte können natürlich seitens des Grundstückseigentümers auch späterhin weitere Belastungen auf das Grundstück gelegt werden.

2. Ausnahmen von dem Erstrange:

a) Rechte, die zur Erhaltung der Wirksamkeit gegenüber dem öffentlichen Glauben des Grundbuchs der Eintragung nicht bedürfen, sollen durch die Vorschrift des § 10 nicht berührt werden. **Abs. 1 Satz 2.** (Diese Ausnahme ist nach der Begründung angeordnet, weil Rechte, die der Eintragung nicht bedürfen, leicht übersehen werden können.) Dazu gehören die nicht eintragungsfähigen Rechte und Rechtsverhältnisse (vgl. Bem. IV zu § 873 BGB.), ferner die Ueberbau- und Notwegrenten (§§ 914, 917 Abs. 2 BGB.), die öffentlichen Lasten des Grundstücks (vgl. § 436 BGB. mit Bem., § 10 Abs. 1 Nr. 3 ZVG.), sowie speziell für Bayern die Grundgefälle (Bodenzinse) des Staates und der Ablösungskasse nach Art. 128 BayAG. z. BGB.; außerdem Verfügungsbeschränkungen, die nicht bloß den Schutz bestimmter Personen betreffen, wie z. B. die im öffentlichen Interesse verhängten, vgl. Bem. IV, 2 zu § 892 BGB.; wegen der Verfügungsbeschränkungen auf rechtsgeschäftlicher Grundlage vgl. Bem. IV, 2, a, γ zu § 892. Vgl. ferner auch Bem. II, 1, a, β zu § 12. Es kommen ferner in Betracht ältere Grunddienstbarkeiten, soweit nicht das Landesrecht anderes bestimmt (vgl. Art. 187 EG. z. BGB., sowie Kretzschmar Bem. 1, b zu § 10); auch das Vorkaufsrecht der Siedelungsunternehmen und Landlieferungsverbände zählt hieher (s. §§ 4 ff., 14 ff. des Reichssiedlungsgesetzes vom 11. August 1919). Das Landesrecht kann den Kreis der ausgenommenen Rechte erweitern nach Maßgabe der Vorbehalte in Art. 67, 109, 114, 188 EG. z. BGB.

b) Durch **landesherrliche** Verordnung kann eine **Befreiung** von dem **Erfordernis der ersten Rangstelle** für bestimmte Fälle vorgesehen werden. Nach der Begründung ist hierbei hauptsächlich an die Verfügungsbeschränkungen **des** Eigentümers bei gebundenem Grundbesitz (also insbesondere bei den unveräußerlichen Gütern, bei Fideikommissen, Stamm- und Lehengütern) und an voreingetragene Rechte zu denken, die den Bestand des Erbbaurechts nicht gefährden können. Die näheren Grundsätze für solche Befreiung sind aufzubauen auf der bewährten Einrichtung der Unschädlichkeitszeugnisse nach Maßgabe des Art. 120 EG. z. BGB. (vgl. die Bem. hiezu). Die Unschädlichkeit muß sowohl für den Bestand des Erbbaurechts als auch für die vorgehenden Berechtigten dargetan sein.

Zu beachten ist hiebei, daß die vorgehenden Berechtigten durch die Eintragung eines Erbbaurechts in doppelter Hinsicht berührt werden:

Einmal erlischt für ihre Rechte mit der Eintragung des Erbbaurechts die Haftung des auf dem Grundstücke vorhandenen, nun einen wesentlichen Bestandteil des Erbbaurechts bildenden Bauwerkes (s. § 12 Abs. 1 Satz 3); anderseits muß das Erbbaurecht bei einer Zwangsversteigerung des Grundstücks, selbst wenn sie von einem der vorgehenden Berechtigten betrieben wird, unter allen Umständen bestehen bleiben (s. § 25 und vgl. Dittrich, DRichterZ. 1918 S. 208 sowie Zeitler, BayNotZ. 1919 S. 137 mit Anm. 1). Im Hinblick auf jene Rechtsfolge des § 12 Abs. 1 Satz 3 wird bei Feststellung der Unschädlichkeit insbesondere auch zu prüfen sein, ob das Grundstück auch ohne das Bauwerk für vorgehende Rechte noch hinreichende Sicherheit gewährt (vgl. Bem. II, 1, a, β zu § 12).

Die Unschädlichkeit ist von der landesrechtlich für zuständig erklärten Behörde festzustellen; die Ausdrucksweise der VO. ist freilich hier nicht klar, es ergibt sich dies aber aus dem in der Begründung erwähnten Art. 120 EG. z. BGB.

Für Preußen vgl. die VO., betr. die Rangstelle von Erbbaurechten, vom 30. April 1919 (GS. 88); hierin ist bestimmt, daß die Verfügungsbeschränkungen der im Art. 15 Abs. 1 des AG. z. GBO. vom 26. September 1899 (GS. 307 ff.) gedachten Art sowie die Verfügungsbeschränkungen durch die Ernennung eines Testamentsvollstreckers gegenüber der Vorschrift, daß das Erbbaurecht nur zur ersten Rangstelle bestellt werden darf, außer Betracht zu bleiben haben, und daß das gleiche für die Verfügungsbeschränkung durch das Recht eines Nacherben gilt, falls der Nacherbe der Bestellung des Erbbaurechts zugestimmt hat; für Bayern s. die ähnlichen Vorschriften in der VO. vom 7. Oktober 1919 GVBl. S. 691.

5. Anwendung des Grundstücksrechts.

§ 11.

Auf das Erbbaurecht finden die sich auf Grundstücke beziehenden Vorschriften mit Ausnahme der §§ 925, 927, 928 des Bürgerlichen Gesetzbuchs sowie die Vorschriften über Ansprüche aus dem Eigentum entsprechende Anwendung, soweit sich nicht aus dieser Verordnung ein anderes ergibt. Eine Uebertragung des Erbbaurechts, die unter einer Bedingung oder einer Zeitbestimmung erfolgt, ist unwirksam.

Auf einen Vertrag, durch den sich der Grundstückseigentümer verpflichtet, ein Erbbaurecht zu bestellen, findet der § 313 des Bürgerlichen Gesetzbuchs entsprechende Anwendung.

Aenderung des Inhalts II, 2; Anwendbare Vorschriften I, 1, a—c; Aufgebot II, 4, c, α; Aufhebung II, 4, b; Bedingungen II, 1, a, δ u. 2, b; Beendigung II, 4; Belastungen I, 2, c; Bestandteil I, 2, e; Einigung II, 1, a, α u. b, β; Eintragung II, 1, a, ε; Eintragungsantrag II, 1, a, β; Eintragungsbewilligung II, 1, a, α; Genehmigung der Aufsichtsbehörde II, 1, c; Grundbuchamt II, 1, a, γ; Grundbuchblatt I, 2, a; Heimfallanspruch II, 3, c; Mängelhaftung I, 1, e; Mehrheit von Berechtigten I, 2, h; Reale Teilung I, 2, i; Schuldrechtlicher Vertrag II, b; Schutzmittel III; Tabularersitzung II, 1, g; Tarifstempel II, 1, f; Uebertragung II, 1, b, γ u. 3; Verbindung mit anderen Rechten I, 2, b; Verzicht II, 4, β; Vormund II, 1, d; Zeitbestimmungen II, 1, a, δ u. 2, b; Zuschreibung I, 2, e; Zwangsvollstreckung IV.

I. **Abs. 1 Satz 1** entspricht im allgemeinen dem bisherigen § 1017 BGB.; neu ist aber, daß die Vorschriften der §§ 925, 927, 928 BGB. von der entsprechenden Anwendung ausdrücklich ausgenommen werden (vgl. hiezu unten Bem. II, 1 und 3).

Obwohl das Erbbaurecht nur ein beschränktes Recht an einem Grundstück ist (vgl. Bem. I, 2 zu § 1), sollen gleichwohl im allgemeinen die sich **auf Grundstücke beziehenden Vorschriften** darauf Anwendung finden mit besonderer Ausnahme der §§ 925, 927, 928 BGB. und der weiteren aus dieser VO. sich ergebenden Abweichungen. Ferner sollen die Vorschriften über **Ansprüche aus dem Eigentum** entsprechende Anwendung finden, soweit nicht aus dieser VO. selbst Abänderungen zu entnehmen sind.

Dadurch ergibt sich zugleich die Folge, daß das Erbbaurecht im Verkehr dem Eigentum sehr ähnlich erscheint (vgl. Bem. I, 5, f zu § 1).

1. Bestritten war bisher schon die nähere Bedeutung dieser Gleichstellung des Erbbaurechts mit den Grundstücken (vgl. die eingehende Zusammenstellung der verschiedenen Anschauungen bei Delitzsch, Erbbaurecht und Bauwerk S. 3 ff.). Es ist anzunehmen, daß damit nicht etwa der Gegenstand des Erbbaurechts, das Bauwerk oder der Grund und Boden, soweit er vom Erbbaurecht ergriffen wird, den Grundstücken gleichgestellt ist, sondern das Erbbaurecht selbst als solches hat insoweit Grundstücksnatur erhalten, es gilt insoweit nicht nur als bloßes Recht, sondern zugleich auch als Sache, als juristisches Grundstück (so auch Fuchs, Grundbuchrecht zu § 1017 BGB., Tosetti, ArchBürgR. Bd. 38 S. 128, Wolff, SR. § 104, IV, Pesl, Belastung des Erbbaurechts S. 21 ff., Biermann, Bem. 2, a und Planck Bem. 1 zu § 1017 BGB., Predari Bem. 2 zu § 7 GBO., Dennler, BayNotZ. 1914 S. 12, 87 ff., abweichend aber insbesondere Oertmann, ArchBürgR. Bd. 20 S. 190 ff.). Mit dieser Anschauung verträgt sich auch am besten die nunmehr dem § 12 zugrunde liegende Rechtsauffassung; vgl. Bem. I, 1 und 2 zu § 12.

a) Im allgemeinen gelten alle auf Grundstücke sich beziehenden Vorschriften für das Erbbaurecht, nicht bloß die speziell sachenrechtlichen Vorschriften für Grundstücke.

b) Fraglich erscheint aber, ob nur die im BGB. selbst und dem EG. z. BGB enthaltenen Vorschriften hieher zählen oder ob ohne weiteres alle übrigen reichs- oder landesgesetzlichen Vorschriften hierunter zu verstehen sind. Mit Fuchs (s. Bem. 3, b zu § 1017 BGB.) dürfte ersteres anzunehmen sein, was insbesondere aus § 20 GBO. (auch in seiner neuen Fassung durch VO. § 37) zu folgern ist. Die Gleichstellung in Ansehung aller übrigen Reichs- und Landesgesetze wird nur dann gelten können, wenn und soweit sie darin ausdrücklich festgesetzt ist. Dies trifft z. B. für das ZVG. zu, da die §§ 864, 870 Abs. 1, 932 ZPO. ausdrücklich bezüglich der Zwangsvollstreckung und des Arrestes in ein Grundstück die Berechtigungen, für welche die sich auf Grundstücke beziehenden Vorschriften gelten, den Grundstücken gleichstellen. (And. A. Planck in Bem. 2 und Biermann in Bem. 1 sowie Glaß-Scheidt Bem. I, 2, c zu § 11; zustimmend aber RGRKomm. Bem. 1 a. E., Wittmaack a. a. O. S. 13). Die zum BGB. erlassenen Ausführungsgesetze der Einzelstaaten werden aber unmittelbar durch § 11 getroffen werden, vgl. Wittmaack a. a. O.

c) Die sich auf Grundstücke beziehenden Vorschriften können aber nur insoweit Anwendung finden, als nicht eine Gleichstellung der Grundstücke und des Erbbaurechts mit dem Wesen des Erbbaurechts unverträglich ist oder die VO. selbst besondere Ausnahmen schafft.

Unanwendbar ist daher z. B. § 98 Nr. 2; strittig ist die Anwendung des § 905, vgl. hiezu Wittmaack S. 13, RGZ. Bd. 72 S. 305, Planck Bem. 2 zu § 1017 BGB. und Pesl, Belastung des Erbbaurechts S. 6 und 7; das Recht des Erbbauberechtigten auf den Erdkörper unter der Oberfläche des Grundstücks wird sich nicht weiter erstrecken können, als dieser Raum für das Bauwerk, das er „haben" darf, erforderlich ist, hinsichtlich des tiefer liegenden Raumes aber hat er kein Benutzungsrecht; hat der Erbbauberechtigte nur das Recht, einen Keller unter der Oberfläche eines Grundstücks zu haben, so ist sein Recht natürlich insoweit von vorneherein beschränkt.

Besonders ausgeschlossen von der Anwendung sind die §§ 925 927, 928, vgl. unten Bem. II, 1 und II, 4, c.

Wegen § 313 s. unten Bem. II, 1, b.

Wegen §§ 94, 95 und auch § 93 s. § 12 der VO. mit Bem.

Von den anwendbaren Vorschriften sind noch besonders hervorzuheben:

§§ 416, 435 ff., 444, 446, 449, 468, 477, 503; wegen der Vorschriften in §§ 505—510, 513, 514 s. nunmehr § 31 Abs. 3 dieser VO., §§ 537, 551, 556, 559 ff., 565, 571 ff., vgl. hiezu aber auch § 30 dieser VO., ferner §§ 648, 753, 836, 867, 873 ff., 903 ff., insbes. § 906 (vgl. Bem. V, a zu § 906), 907 (vgl. aber auch RGZ. Bd. 72 S. 304), 909, 910, 911, 912 ff. (vgl. Bem. I, 1, d zu § 12 d. VO.), 917 ff. (vgl. Bem. I, 3 zu § 917 und RGZ. Bd. 19 S. 118), 919 (vgl. Bem. I, 2 zu § 919); zu dem ganzen hier einschlägigen Gebiete über das Verhältnis des Erbbaurechts zu den Nachbargrundstücken vgl. insbes. Wittmaack a. a. O. S. 115 ff.; ferner § 946, wegen § 951 s. Bem. 2 zu § 34 der VO., wegen § 997 s. Bem. 1 zu § 34 der VO., ferner §§ 1009, 1010, 1018 ff., 1030 ff., 1090 ff., 1094 ff. (s. auch § 31 Abs. 4 dieser VO.), 1105 ff. (vgl. hiezu oben § 9), 1113 ff., 1287 Satz 2 (vgl. hiezu Wittmaack a. a. O. S. 145 ff.), 1378, 1423, 1445, 1663, wegen § 1807 vgl. nunmehr §§ 18—20 dieser VO.

2. **Im einzelnen** ist über die **Grundstücksnatur** des Erbbaurechts noch folgendes hervorzuheben:

a) Hinzuweisen ist zunächst auf § 14, wornach nunmehr für das Erbbaurecht nicht bloß auf Antrag, sondern in jedem Falle ein besonderes Grundbuchblatt (Erbbaugrundbuch) anzulegen ist. Vgl. die Bem. zu § 14.

b) Subjektiv-dingliche Rechte können mit dem Erbbaurechte wie mit einem Grundstücke verbunden werden, sie gelten dann als Bestandteile des Erbbaurechts nach § 96 BGB. und unterliegen damit den Belastungen des Erbbaurechts. Als solche Rechte kommen in Betracht: Grunddienstbarkeiten, Vorkaufsrechte (in dieser Hinsicht vgl. aber auch § 2 Nr. 6 mit § 31, sowie Bem. II, 4, k und 7, e zu § 2), Reallasten, ferner auch die Notweg- und Ueberbaurenten (s. §§ 916 ff. BGB., Pesl, Belastung des Erbbaurechts S. 58, 59, sowie oben in Bem. 1, c).

c) Das Erbbaurecht kann wie ein Grundstück belastet werden (vgl. hiezu näher Pesl, Belastung des Erbbaurechts S. 29 ff.), also mit Dienstbarkeiten, Reallasten (vgl. hiezu aber auch § 9), Vorkaufsrechten (vgl. auch Bem. II, 7, e zu § 2; ein Vorkaufsrecht kann übrigens auch dem Grundstückseigentümer vertragsmäßig eingeräumt werden, vgl. Pesl, Belastung des Erbbaurechts S. 55 und Bem. II, 4, k zu § 2), sowie mit Hypotheken, Grundschulden und Rentenschulden (vgl hiezu näher Bem. I zu § 19); wegen der Mündelhypotheken s. näher §§ 18—20, wegen der Sicherheitsgrenze für sonstige Beleihungen s. § 21, sowie § 22 wegen der landesrechtlichen Vorschriften). Auf die Belastung eines Erbbaurechts mit einem Nießbrauch findet, da es sich um einen Sachnießbrauch handelt, § 873 BGB. Anwendung (also nicht §§ 1069) und auf dessen Beendigung §§ 875, 876, 889 BGB. (nicht § 1072 BGB.).

Auch Vormerkungen, Verfügungsbeschränkungen und Widersprüche können auf dem Erbbaurechte gebucht werden. Ueber eine Belastung nach § 1010 BGB., wenn das Erbbaurecht mehreren im Miteigentum zusteht, vgl. Pesl, Belastung des Erbbaurechts S. 59ff.

Ueber das Eigentümer-Erbbaurecht vgl. Bem. II, 4, d zu § 2.

Ein Pfandrecht an einem Erbbaurecht im Sinne der §§ 1273ff. BGB. ist im Hinblick auf seine Grundstücksnatur ausgeschlossen.

Ein Erbbaurecht an einem Erbbaurecht ist nicht zulässig, vgl. Pesl, Belastung des Erbbaurechts S. 55ff. und in HirthsAnn. 1915 S. 246ff., Predari Bem. 2 zu § 7 BBO., RGRKomm. Bem. 1, Wittmaack a. a. O. S. 25, 148ff., dafür aber Planck und Biermann zu § 1017; praktisch hat diese Frage wohl überhaupt keine Bedeutung.

Die Belastungen des Erbbaurechts gehen unter bei Beendigung des Erbbaurechts durch Aufhebung und Zeitablauf (vgl. §§ 26, 27ff.), nicht aber der Regel nach beim Heimfalle des Erbbaurechts (s. näher § 33).

Bei einer Zwangsversteigerung des Grundstücks bleiben das Erbbaurecht und damit auch seine Belastungen stehen, selbst wenn das Erbbaurecht bei der Feststellung des geringsten Gebots nicht berücksichtigt ist (§ 25).

d) Ein Erbbaurecht kann Zubehörstücke haben wie ein Grundstück (vgl. Wolff, SR. § 104, IV).

e) Das Erbbaurecht und seine Bestandteile können auch zum Bestandteil eines anderen Grundstücks im Sinne des § 890 Abs. 2 gemacht werden (vgl. näher Pesl, Belastung des Erbbaurechts S. 8 und 9, zum Teil gegen Wittmaack a. a. O. S. 27, s. aber auch § 1131 BGB. und Art. 119 Abs. 1 Ziff. 3 EG. z. BGB.). Auch eine bloße Zuschreibung im Sinne des § 890 Abs. 1 BGB. ist möglich; vgl. Pesl a. a. O. S. 8 und Planck in Vorbem. 6 vor § 1012.. Die Verbindung eines Grundstücks mit einem Erbbaurecht ist aber im Gegensatze zu der Verbindung eines subjektiv-dinglichen Rechtes mit dem herrschenden Grundstücke (vgl. §§ 1103, 1110 BGB.) lösbar; vgl. Tosetti, ArchBürgR. Bd. 38 S. 123ff., Planck a. a. O., Wolff, SR. § 104, III, Wittmaack S. 26ff. und S. 47, OLG. (KG.) Bd. 15 S. 360

f) Wegen § 313 BGB. vgl. unten Bem. II, 1, b.

g) Auf einen durch einen Erbbauberechtigten errichteten Ueberbau über die Grenze des belasteten Grundstücks finden die §§ 912 ff. Anwendung (vgl. Bem I, 1, d zu § 12).

h) Ueber ein Erbbaurecht für eine Mehrheit von Personen vgl. näher Bem. I, 4, a zu § 1.

i) Zweifelhaft kann sein, ob ein Erbbaurecht wie ein Grundstück auch real geteilt werden kann. Ein Anwendungsfall für diese Frage liegt z. B. dann vor, wenn das Erbbaurecht einem Verein an einem umfangreichen Grundstücke zur Errichtung einer größeren Anzahl von Wohngebäuden bestellt ist und eine Abveräußerung erfolgen soll. Solchen Falles wird wohl, um eine Abveräußerung zu ermöglichen, das Grundstück von vorneherein zergliedert und das Erbbaurecht an den damit erhaltenen Trennstücken bestellt werden müssen (so zutreffend Kretzschmar Bem. 8 zu § 11; diese Auffassung liegt auch dem Erbbauvertrage zwischen dem Preußischen Fiskus und dem Beamten-Wohnungsverein in Berlin zugrunde, abgedruckt bei Dietzsch, Praxis des Erbbaurechts S. 80ff. und bei Wittmaack a. a. O. S. 244; a. M. dagegen Wittmaack a. a. O. S. 165).

II. Begründung, Aenderung des Inhalts, Uebertragung und **Aufhebung** eines Erbbaurechts:

1. Die **Begründung** des Erbbaurechts:

a) Die Form für die rechtsgeschäftliche Begründung des Erbbaurechts ist seiner Rechtsnatur entsprechend (vgl. Bem. I, 2 zu § 1) die der Belastung eines Grundstücks mit einem begrenzten Rechte, also nicht mehr die Form für die Veräußerung von Grundstücken (Auflassung); § 925 BGB. (und damit mittelbar auch § 926 BGB.) ist nunmehr ausdrücklich von der entsprechenden Anwendung ausgeschlossen (**Abs. 1 Satz 1**) — im Gegensatze zu den bisherigen §§ 1015 und 1017 Abs. 2 BGB.

α) Es genügt daher gemäß § 873 BGB. die Einigung des Grundstückseigentümers und des Erbbaurechtserwerbers über die Bestellung des Erbbaurechts, sowie die Eintragung der Rechtsänderung im Grundbuch. Die gleichzeitige Anwesenheit beider Teile vor dem Grundbuchamt (§ 925 BGB.) ist nicht mehr erforderlich. Da jedoch § 20 GBO. (wenn auch neu gefaßt durch § 37 Abs. 1 der VO.) in Kraft bleibt, so muß dieser Gesetzesvorschrift gemäß die Einigung beider Teile dem Grundbuchamte nachgewiesen werden, es genügt also nicht (wie z. B. bei der Bestellung einer Hypothek) die einseitige Eintragungsbewilligung des Grundstückseigentümers allein (vgl. Amtl. Erläut. zu § 11, sowie § 37 d. VO. mit Bem.).

Die Erklärungen können vor dem Grundbuchamte zu Protokoll gegeben oder durch öffentliche Urkunden oder durch öffentlich (in Bayern notariell) beglaubigte Urkunden nachgewiesen werden (§ 29 GBO.). Der Grundstückseigentümer wird mit der Erklärung über die Einigung zweckmäßig die weiter notwendige Eintragungsbewilligung (s. § 19 GBO. und vgl. Zeitler, BayNotZ. 1919 S. 138 Nr. 3) verbinden, sie ist in der gleichen Form abzugeben. Da auch öffentliche Urkunden (vgl. § 415 ZPO.) zugelassen sind, brauchen z. B. Behörden, Gemeinden usw. ihre Erklärungen über die Einigung und die Eintragungsbewilligung nicht notariell beurkunden oder beglaubigen zu lassen, sie können diese Erklärungen vielmehr selbst in einer Urkunde anfertigen, die von der vertretungsberechtigten Behörde usw. in der sonst für deren Willenserklärungen vorgeschriebenen Form hergestellt ist (für Bayern vgl. auch § 148 Abs. II der DAnw. für die Grundbuchämter, Henle-Schmitt, Grundbuchwesen S. 91 und von der Pfordten, BayGemZ. 1919 S. 246).

Der durch Art. 143 EG z. BGB. für die Landesgesetzgebung geschaffene Vorbehalt (vgl. z. B. für Bayern Art. 81 und 82 BayAG. z. BGB.) ist nunmehr, soweit das Erbbaurecht in Betracht kommt, gegenstandslos geworden (s. Zeitler a. a. O. S. 138 mit Anm. 2).

β) Zur Einigung und Eintragungsbewilligung muß nach allgemeiner Vorschrift auch der (für den Regelfall formlose) Eintragungsantrag hinzukommen, der das Grundbuchamt in Tätigkeit setzt (s. § 13 und § 30 GBO.). Dieser kann sowohl vom Grundstückseigentümer wie auch vom Erbbauberechtigten ausgehen und ist an sich an keine Form gebunden; es empfiehlt sich aber der Einfachheit halber, ihn mit der Eintragungsbewilligung zu verbinden. Der Notar, der die Einigung oder Eintragungsbewilligung beurkundet oder beglaubigt hat, gilt nach § 15 GBO. ohne weiteres als ermächtigt, die Eintragung zu beantragen.

γ) Nach dem BayAG. z. GBO. Art. 12, der auf dem Vorbehalte des § 98 GBO. fußt, soll das Grundbuchamt die Erklärung einer Auflassung nur entgegennehmen, wenn ihm zugleich der schuldrechtliche Veräußerungsvertrag vorgelegt wird.

Bisher war zweifelhaft, ob diese Vorschrift auch für die Bestellung eines Erbbaurechts gelte (vgl. einerseits Henle-Schmitt, Grundbuchwesen in Bayern S. 283, anderseits Güthe Bem. 2 zu § 98 GBO.). Da nunmehr aber durch Abs. 1 Satz 1 die entsprechende Anwendung des § 925 BGB. über die Auflassung beim Erbbaurecht ausgeschlossen ist, wird sich ohne weiteres die Folge ergeben, daß das Grundbuchamt die Vorlage des schuldrechtlichen Vertrages nicht mehr verlangen kann (ebenso von der Pfordten a. a. O. S. 247, dagegen Zeitler a. a. O. S. 139, 140, der aber zugleich mit Recht darauf hinweist, daß die Streitfrage nunmehr insofern an praktischer Bedeutung verloren hat, weil jetzt die zahlreichen Vereinbarungen der Parteien über ihre gegenseitigen Rechte und Pflichten ohnehin zum vertragsmäßigen Inhalte des Erbbaurechts gehören; s. insbesondere § 2 u. a.).

δ) Ueber Bedingungen und Zeitbestimmungen vgl. näher Bem. IV zu § 1. Abs. 2 des § 925 BGB. ist nicht mehr anwendbar, auflösende Bedingungen sind aber nach § 1 Abs. 4 allgemein nicht mehr zulässig.

ε) Außerdem muß natürlich entsprechend den allgemeinen Vorschriften des § 873 Abs. 1 BGB. die Eintragung der Rechtsänderung im Grundbuche hinzutreten, vgl. hierüber näher die Bem. zu § 14.

b) **Abs. 2.** Auf einen Vertrag, durch den sich der Grundstückseigentümer schuldrechtlich verpflichtet, ein Erbbaurecht zu bestellen, findet § 313 BGB. entsprechende Anwendung (dies war bisher bestritten).

α) Ein solcher Vertrag bedarf daher der gerichtlichen oder notariellen Beurkundung. In Bayern muß er notariell beurkundet werden, weil die Gerichte hier zur Beurkundung von Verträgen im allgemeinen nicht zuständig sind (Art. 15 Abs. 2 Satz 2 BayAG. z. GVG. in der Fassung des Art. 167 BayAG. z. BGB. und Art. 1 NotG.).

Das Formerfordernis wird — trotz des engeren Wortlauts — auch für den Fall gelten, daß sich jemand vertraglich verpflichtet, ein Erbbaurecht an einem fremden Grundstücke zu bestellen (so zutreffend Günther Bem. 9); vgl. ferner unten Bem. γ.

β) Ein ohne Beobachtung dieser Form geschlossener Vertrag wird aber seinem ganzen Inhalte nach gültig, wenn die Eintragung des Erbbaurechts in das Grundbuch erfolgt ist. Dies ergibt die entsprechende Anwendung des Satz 2 des § 313 BGB. Diese Gesetzesvorschrift spricht hier allerdings zugleich von einer Auflassung; die sinngemäße Anwendung, die § 11 Abs. 2 der VO. vorschreibt, muß jedoch ergeben, daß an Stelle der Auflassung, die jetzt beim Erbbaurechte nicht mehr zur Anwendung kommt (vgl. oben Bem. II, 1 a), die Einigung als solche tritt; hätte der Gesetzgeber diese Folge nicht gewollt, so hätte der Abs. 2 des § 313 BGB. ausdrücklich ausgeschlossen werden müssen (ebenso von der Pfordten a. a. O. S. 247 mit Anm. 18, Michaelis, BayZR. 1919 S. 170 und Kretzschmar Bem. III, 5). Im übrigen werden die Beteiligten gut tun, sich nicht auf die Anwendbarkeit dieser Gesetzesbestimmung zu verlassen, vielmehr im Hinblick auf die lange Dauer und die Eigentümlichkeit des ganzen Rechtsverhältnisses alle Vereinbarungen möglichst genau und sicher im Vertrage selbst festzulegen.

γ) Auch auf einen Vertrag, durch den sich der Erbbauberechtigte zur Uebertragung eines bereits bestehenden Erbbaurechts schuldrechtlich verpflichtet, ist § 313 BGB. anzuwenden; dies ergibt sich aus Abs. 1 Satz 1 (diese Rechtsfolge wurde auch schon bisher aus den analogen §§ 1015, 1017 BGB. gezogen, vgl. Bem. 1, d zu § 1015 in der Erläuterung B zu § 38 der VO.).

Für die Verpflichtung zu einer bloßen Inhaltsänderung wird dagegen die Geltung des § 313 BGB. nicht anzunehmen sein (ebenso Günther Bem. 9).

δ) Der rechtsgültig abgeschlossene Vertrag verpflichtet den Besteller zur Beschaffung des Rechtes, wobei dieser insbesondere auch den Vorschriften des § 10 der VO. zu entsprechen hat (vgl. hiezu auch Kretzschmar Bem. III, 3).

c) Fraglich ist, ob die Vorschriften, welche die Veräußerung der städtischen oder ähnlicher Grundstücke an die Genehmigung einer Aufsichtsbehörde knüpfen, auf die Bestellung eines Erbbaurechts anwendbar sind. Das Kammergericht (s. KJB. Bd. 21 A S. 127 = OLG. Bd. 4 S. 66) verneint für Preußen die Frage; s. dagegen aber Dernburg, BR. Bd. III § 162 Anm. 13, André, JBl. 1907 S. 3 und Planck Bem. 2, e zu § 1017 BGB. In Bayern bedürfen Gemeinden der staatsaufsichtlichen Genehmigung von Erbbaurechten nicht (vgl. von der Pfordten a. a. O. S. 246); die früher in Gemeinden mit städtischer Verfassung notwendige Zustimmung der Gemeindebevollmächtigten ist aber mit der Beseitigung dieses Organs hinfällig geworden (vgl. Art. 6 Abs. II des BayG. über die Selbstverwaltung vom 22. Mai 1919).

d) Der Vormund und der Inhaber der elterlichen Gewalt bedürfen zu dem Vertrage der Genehmigung des Vormundschaftsgerichts s. §§ 1821 Abs. 1 Nr. 3, 1643, 1686, 1829 Abs. 2 BGB.

e) Wenn ein Erbbaurecht an einem bereits bebauten Grundstücke bestellt wird, so haftet der Besteller im Falle der Entgeltlichkeit des Vertrags für Mängel des Gebäudes; s. §§ 459 ff., 493 BGB.

f) Wegen des Tarifstempels vgl. für Preußen RGZ. Bd. 61 S. 1 ff.

g) Wegen der sog. Tabularersitzung vgl. Bem. IX, 1, c zu § 1.

2. Die **Aenderung des Inhalts** eines bereits bestehenden Erbbaurechts hat sich nach § 877 BGB. zu richten, da es sich hiebei um die Aenderung des Inhalts eines Rechtes an einem Grundstücke handelt; es haben also die §§ 873, 874, 876 BGB. hierauf Anwendung zu finden. Zufolge der Neu-Fassung des § 20 GBO. in § 37 Abs. 1 der VO. ist § 20 GBO. auch im Falle der Aenderung des Inhalts eines Erbbaurechts anzuwenden; es muß also auch hier, wie bei einer Begründung oder Uebertragung eines Erbbaurechts, die Einigung beider Teile dem Grundbuchamte bei Eintragung des Rechtes

in der grundbuchmäßigen Form (vgl. oben Bem. 1, a, α) nachgewiesen werden (bisher war strittig, ob die Auflassungsform auch für die Aenderung des Inhalts eines Erbbaurechts anzuwenden sei, vgl. Bem. 1, b zu § 37 der VO.). Diejenigen, denen dingliche Rechte an dem Erbbaurechte zustehen, müssen ihre besondere Zustimmung zur Aenderung geben, s. § 876 BGB. Wegen der Eintragung s. näher Bem. II, 1, a und 2, f zu § 14. Wegen des schuldrechtlichen Vertrags vgl. oben Bem. 1, b, γ.

3. Die **Uebertragung** eines bestehenden Erbbaurechts:

a) Auch die rechtsgeschäftliche Uebertragung des Erbbaurechts steht nicht mehr unter den Grundsätzen einer Uebertragung des Eigentums an Grundstücken (Ausschluß des § 925 BGB. durch Abs. 1 im Gegensatze zu dem bisherigen § 1015 Abs. 2 BGB.), sondern der Uebertragung einer Belastung des Grundstücks entsprechend der wahren Natur des Erbbaurechts.

Es genügt also auch hier, wie bei der Bestellung, die Einigung des Berechtigten und des Erwerbers, sowie die Eintragung der Rechtsänderung im Grundbuch. Die Einigung beider Teile ist aber auch hier dem Grundbuchamte nachzuweisen; vgl. hierüber näher oben Bem. II, 1, a.

Wegen des schuldrechtlichen Vertrags s. oben 1, b, γ.

b) Unter einer Bedingung oder Zeitbestimmung kann die Uebertragung rechtswirksam schlechthin nicht mehr erfolgen (**Abs. 1 Satz 2**). Hierin liegt freilich insofern ein gewisser Widersinn, weil anderseits die Bestellung des Erbbaurechts unter einer aufschiebenden Bedingung und unter Zeitbedingungen zulässig ist; vgl. Michaelis, BayZR. 1919 S. 171).

c) Ueber das bei Ausübung des Heimfallanspruchs (Uebertragung des Erbbaurechts auf den Grundstückseigentümer) entstehenden Eigentümer-Erbbaurecht vgl. Bem. II, 4, d zu § 2.

4. Die **Beendigung** des Erbbaurechts:

a) Vgl. zunächst die allgemeine Bem. IX, 3 zu § 1.

b) Zur rechtsgeschäftlichen Aufhebung eines dinglich belasteten Erbbaurechts ist nunmehr erforderlich:

α) Die Erklärung des Erbbauberechtigten, daß er das Recht aufgebe, und zwar gegenüber dem Grundbuchamt oder demjenigen, zu dessen Gunsten sie erfolgt;

β) die Zustimmung der am Erbbaurechte dinglich Berechtigten, die dem Grundbuchamt oder demjenigen gegenüber abzugeben ist, zu dessen Gunsten sie erfolgt;

γ) die Zustimmung des Grundstückseigentümers, die gegenüber dem Erbbauberechtigten oder gegenüber dem Grundbuchamte zu erklären ist;

δ) die Löschung des Erbbaurechts im Grundbuch.

Vgl. näher Bem. 2 zu § 26.

c) Ferner ist hier einschlägig die ausdrückliche Ausnahme der §§ 927, 928 BGB. von der entsprechenden Anwendung durch Abs. 1 Satz 1.

α) Ein Erlöschen des Rechtes des zum Erbbaurechte wirklich Berechtigten durch Aufgebot zugunsten des nur tatsächlich besitzenden Erbbauberechtigten im Wege des § 927 BGB. ist nicht angängig (damit ist eine in dieser Richtung bestehende Streitfrage erledigt); eine derartige Vorschrift besteht auch nicht bei anderen begrenzten dinglichen Rechten.

β) Der Ausschluß des § 928 BGB. von der entsprechenden Anwendung hat zur Folge, daß ein einseitiger Verzicht des Erbbauberechtigten auf sein Recht nicht zulässig ist (bisher war die Anwendbarkeit bestritten). Durch den Ausschluß dieser Vorschrift soll der Bestand des Erbbaurechts gesichert und der Hypothekengläubiger des Erbbaurechts vor einer in der Willkür des Erbbaurechts stehenden Gefährdung seiner Hypothek geschützt werden (Amtl. Erläut.).

III. Schutzmittel des Erbbauberechtigten:

Dem Erbbauberechtigten sollen zu seinem Schutze in rechtsähnlicher Anwendung dieselben Ansprüche wie einem Eigentümer zustehen (Abs. 1 Satz 1). Hierher zählen nicht nur der negatorische (§ 1004 BGB.), sondern auch der vindikatorische (§§ 985 ff. BGB.) Anspruch; bei Gegenansprüchen des Eigentümers wird § 965 BGB. praktisch.

Dem Erbbauberechtigten sind auch die nachbarrechtlichen Ansprüche zuzusprechen (insbes. §§ 906 ff. BGB.), vgl. oben in Bem. 1, c zu § 11, sowie die Ausführungen bei Wittmaack S. 115 ff. über das Verhältnis des Erbbaurechts zu den Nachbargrundstücken; aus diesem Gebiete s. ferner wegen seiner Ansprüche auf die Ueberbau- und Notwegrente §§ 916, 917 BGB. und RGZ. Bd. 79 S. 118, wegen der Abmarkung s.

§ 919 BGB. und Wittmaack a. a. O. S. 118 ff., wegen Anwendbarkeit des § 905 vgl. Bem. 1, c zu § 11, über Geltendmachung eines Mit-Erbbaurechts s. § 1011.

Als unmittelbarer Besitzer (vgl. Bem. III, 2 zu § 868) genießt der Erbbauberechtigte selbstverständlich auch Besitzesschutz; vgl. näher Bem. I, 5, g zu § 1 und die eingehenden Ausführungen bei Wittmaack a. a. O. S. 180 ff.

IV. Ueber **Zwangsvollstreckung** in ein **Erbbaurecht** s. Bem. 2 zu § 24, sowie auch § 8 mit Bem.

6. Bauwerk. Bestandteile.

§ 12.

Das auf Grund des Erbbaurechts errichtete Bauwerk gilt als wesentlicher Bestandteil des Erbbaurechts. Das gleiche gilt für ein Bauwerk, das bei der Bestellung des Erbbaurechts schon vorhanden ist. Die Haftung des Bauwerkes für die Belastungen des Grundstücks erlischt mit der Eintragung des Erbbaurechts im Grundbuch.

Die §§ 94 und 95 des Bürgerlichen Gesetzbuchs finden auf das Erbbaurecht entsprechende Anwendung; die Bestandteile des Erbbaurechts sind nicht zugleich Bestandteile des Grundstücks.

Erlischt das Erbbaurecht, so werden die Bestandteile des Erbbaurechts Bestandteile des Grundstücks.

Bauwerk I;
Belastungen II, 1, a;
Bestandteile II, 1, b, 2; IV, 1;
Eigentum am Bauwerk I, 1, a, e, f, g, 2;
Eigentum a. Grundstück I, a. A.;
Erlöschen des Erbbaurechts IV;
Erzeugnisse des Grundstücks II, 2, a;
Haftung des Bauwerkes II, 1;
Heimfall IV, 1, a, b;
Schatz V;
Schutz vorhandener Rechte II, 1, a, β;
Sonderverfügung über das Bauwerk I, 1, e, g, 2, c;
Ueberbau II, 1, d;
Uebertragung I, 1, h;
Unterhaltungspflicht III;
Untergang d. Bauwerkes IV, 2;
Veränderungen am Bauwerk I, 1, c und 2, b;
Verhältnis des Bauwerkes zum Erbbaurecht I, 1, a;
Zubehörstücke II, 2, a; IV, 1, e;
Zwangsversteigerung IV, 3.

I. § 12 regelt die **Rechtsverhältnisse** am **Bauwerk** (über den Begriff s. Bem. II zu § 1), insbesondere die **Rechtsbeziehungen des Bauwerkes zum Erbbaurecht**. Die praktische Seite der hier behandelten Rechtsfrage liegt vor allem darin, ob und inwieweit das Bauwerk für die Erbbaurechtshypotheken haftet. Die VO. hat hier mit kühnem Griffe durchweg einheitliches Recht geschaffen im Gegensatze zu den bisher bestandenen Streitfragen.

Das Eigentumsrecht am Grund und Boden wird durch das Erbbaurecht selbstverständlich nicht unmittelbar berührt; darüber, daß aus dem Ausdruck „ein Bauwerk haben" in § 1 für die Eigentumsfragen überhaupt nichts gefolgert werden kann, vgl. Bem. I, 2 zu § 1.

Absatz 1 behandelt nur die rechtlichen Beziehungen, in denen das Bauwerk selbst zu dem Erbbauberechtigten steht. Im Hinblick auf § 1 Abs. 1 kann aber das Erbbaurecht auch auf einen für das Bauwerk nicht erforderlichen Teil erstreckt werden (vgl. Bem. III, c zu § 1); für letzteren Fall greift Abs. 2 ein.

1. **Verhältnis des von dem Erbbauberechtigten errichteten Bauwerkes zum Erbbaurecht:**

a) Wenn der Erbbauberechtigte das Bauwerk in Ausübung des Erbbaurechts selbst errichtet, so wird er Sondereigentümer des Bauwerkes; dieses wird im Hinblick auf § 95 Abs. 1 Satz 2 BGB. nicht Bestandteil des bebauten Grundstücks. Darüber bestand schon bisher Einigkeit (vgl. auch Bem. I, 5 zu § 1).

Strittig aber war, in welches Verhältnis das Bauwerk zu dem Erbbaurechte selbst tritt. Eine überwiegende Meinung erachtete es als wesentlichen Bestandteil des Erbbaurechts, so insbes. KGJ. Bd. 39 B S. 87, RJA. Bd. 14 S. 187, Biermann Bem. 2, a, α, Fuchs Bem. 2 und 5, b, Kretzschmar Bem. 4 und Planck Bem. 3, b, γ zu § 1017 BGB., Wittmaack a. a. O. S. 67 ff., Wilutzky, GruchotsBeitr. Bd. 49 S. 539, Tosetti, ArchBürgR. Bd. 38

S. 129 ff., Pesl in HirthsAnn. 1915 S 235 ff., andere aber als nicht wesentlichen Bestandteil, so insbesondere Goldmann-Lilienthal Bd. II § 55 Anm. 25, Sohm, Jahrb. der Bodenreform 1908 S. 244; nach einer dritten Meinung sollte es dessen Zubehör sein, so insbes. Gierke II § 141 Anm. 13, Wolff SR. § 104, II, 1, a; Delitzsch, Erbbaurecht und Bauwerk S. 18 ff. erklärt das Erbbaurecht und das Bauwerk für eine untrennbare sachenrechtliche Einheit, für einen Vermögenskomplex; gegen diese Ansichten wieder Salomon, Hypothekarische Belastung des Erbbaurechts S. 25 ff.).

Die VO. schafft nunmer eine einheitliche Rechtsauffassung dadurch, daß sie (im Anschluß an die bisher überwiegende Meinung) das auf Grund des Erbbaurechts errichtete Bauwerk für die Dauer des Erbbaurechts als **wesentlichen Bestandteil des Erbbaurechts selbst** erklärt — **Abs. 1 Satz 1.** (Die VO. wählt hiebei die Ausdrucksweise: „gilt als wesentlicher Bestandteil" und nicht „ist", weil nach dem regelmäßigen Sprachgebrauche nur eine Sache ein Bestandteil einer Sache sein kann.)

Es mag in gewissem Sinne ein logischer Widersinn in der Auffassung liegen, daß ein Recht als abstrakter Begriff körperliche Bestandteile haben kann; ein derart erweiterter Bestandteilsbegriff liegt aber bereits in § 96 BGB. vor, worin Rechte, die mit dem Eigentum an einem Grundstücke verbunden sind. für Bestandteile des Grundstücks erklärt werden; außerdem aber ergibt sich diese Folge auch aus der Gleichstellung des Erbbaurechts mit Grundstücken in § 11: wie das Grundstück wesentliche Bestandteile haben kann, soll auch das einem Grundstücke gleichgestellte Erbbaurecht selbst einen wesentlichen Bestandteil haben, nämlich das Bauwerk; vgl. Pesl, Belastung des Erbbaurechts S. 21 ff. und in HirthsAnn. 1915 S. 236 ff., sowie in „Um Grund und Boden" Bd. 6 S. 282 ff., Michaelis, ZBlFG. Bd. 19 S. 15, Wittmaack a. a. O. S. 69, Planck in Bem. 3, b, γ zu § 1012 BGB. und Kohler, ArchBürgR. Bd. 26 S. 202. (Oertmann suchte im ArchBürgR. Bd. 20 S. 190 ff. und HirthsAnn. 1904 S. 563 ff. den Ausweg aus dem logischen Widerstreit durch die Erklärung zu finden, daß in § 1017 BGB. nicht das Erbbaurecht als abstraktes Gedankending den Grundsätzen über die Rechtsstellung unterworfen werde, es müßten vielmehr aus der Gesamtheit der Qualitäten des Grundstücks die dem Erbbaurecht unterworfenen gewissermaßen als ausgeschieden angesehen werden, nicht auf das Erbbaurecht als Recht, sondern auf die insoweit verselbständigten Qualitäten des Grundstücks sei die Gleichstellung in § 1017 BGB. zu beziehen, so auch die frühere Auflage dieses Kommentars; gegen diese Auffassung vgl. aber insbes. Klein, Die Rechtsformen der Gebrauchsleihe im BGB. S. 33 Anm., Wittmaack a. a. O. S. 68 Anm. 1, Dennler, BayNotZ. 1914 S. 1 ff., Pesl in „Um Grund und Boden" Bd. 6 S. 283 und Belastung des Erbbaurechts S. 20 ff.; Wieland, Komm. z. Sachenrecht im schweizerischen ZivGB. S. 267, hat dagegen die Auffassung Oertmanns angenommen).

Das österreichische Baurechtsgesetz erklärt in § 6 das auf Grund des Baurechts erworbene oder hergestellte Bauwerk als Zubehör des Erbbaurechts.

b) Vorausgesetzt wird aber für diese Rechtsfolge, daß das Erbbaurecht bereits begründet ist. Wird der Bau begonnen, bevor der Bauende als Erbbauberechtigter eingetragen ist, so wird eine solche vorweggenommene Ausübung der Ausübung eines bestehenden Erbbaurechts nicht gleichzustellen sein (abw. Wolff, SR. § 104, II, 1).

c) Diese Rechtsfolge wird ferner auch dann eintreten, wenn der Erbbauberechtigte anders baut, als er nach dem Inhalte des Erbbauvertrags bauen darf, z. B. einen Stock höher (vgl. Wolff a. a. O. § 104, II, 1, a Anm. 11, Wittmaack a. a. O. S. 75, 76, Michaelis, ZBlFG. Bd. 19 S. 6 und 7, Glaß-Scheidt Bem. II, a zu § 12); denn man wird annehmen dürfen, daß ein Gebäude, bei dessen Errichtung von den Bestimmungen des Erbbauvertrags abgewichen ist, immerhin noch als ein „auf Grund des Erbbaurechts" errichtetes Bauwerk gelten darf. Insoweit freilich der Verstoß gegen den Vertrag zugleich einen widerrechtlichen Eingriff in das Eigentum des Grundstückseigentümers darstellt, wird letzterer Abänderung oder Beseitigung verlangen können (vgl. Michaelis a. a. O.).

d) Baut der Erbbauberechtigte über den zum Bau bestimmten Teil des Grundstücks hinaus, so werden die Grundsätze über Ueberbau (§§ 912 ff. BGB.) entsprechend anzuwenden sein; vgl. Wolff a. a. O. und Planck Bem. 2, g zu § 1017.

e) Eine Sonderverfügung des Erbbauberechtigten über das (von ihm errichtete) Bauwerk allein ohne das Erbbaurecht während der Dauer dieses

Rechtes muß allgemein als ausgeschlossen gelten, da ja das Bauwerk wesentlicher Bestandteil des Erbbaurechts selbst ist (s. § 93 BGB. mit Bem.).

Die Frage, ob der Erbbauberechtigte das Bauwerk getrennt von dem Grundstücke veräußern darf, hat übrigens wohl nur praktische Bedeutung für den Fall, daß der Grundstückseigentümer das Bauwerk zu erwerben wünscht. Im Hinblick auf § 93 BGB. ist aber folgerichtig davon auszugehen, daß auch der Eigentümer das dem Erbbauberechtigten gehörige Bauwerk nicht erwerben kann, solange das Erbbaurecht bestehen bleibt (ebenso Wittmaack a. a. O. S. 70, Planck in Bem. 3, b, γ a. E. zu § 1012; a. M. Biermann Bem. 3, a zu § 1012 BGB.). Wenn der Eigentümer des Grundstücks Eigentümer des Bauwerkes allein werden soll, ohne daß das Recht des Erbbauberechtigten an dem Grundstück und dem Bauwerk aufhört, so ist dies nur auf dem Wege möglich, daß das Erbbaurecht gelöscht, das Eigentum an dem Gebäude dem Grundstückseigentümer übertragen und ein neues Erbbaurecht an dem Grundstücke mit dem nunmehr dem Grundstückseigentümer gehörigen Gebäude bestellt wird (s. Wittmaack a. a. O.). Im übrigen ist das Interesse des Grundstückseigentümers am Erwerbe des Bauwerkes bei Beendigung des Erbbaurechts nunmehr entsprechend durch § 34 der VO. gewahrt, wonach der Erbbauberechtigte nicht berechtigt ist, beim Heimfall oder beim Erlöschen des Erbbaurechts das Bauwerk wegzunehmen oder sich Bestandteile des Bauwerkes anzueignen (vgl. Bem. zu § 34); wegen der Entschädigung für das Bauwerk s. Bem. 2 zu § 34. Insoweit besteht auch kein Bedürfnis mehr, den späteren Erwerb des Bauwerkes durch den Grundstückseigentümer etwa durch eine Vormerkung sichern zu wollen, wie dies bisher vielfach zugelassen wurde (vgl. hiezu übrigens auch unten Bem. g).

f) Eine gewisse Anomalie besteht hier freilich insofern, als das vom Erbbauberechtigten errichtete Bauwerk einesteils im Sondereigentume des Erbbauberechtigten steht, anderntteils jedoch als wesentlicher Bestandteil des Erbbaurechts zu gelten hat und damit dem § 93 BGB. untersteht, der im Grundsatze Sonderrechte, also auch ein Sondereigentum an dem wesentlichen Bestandteile nicht zuläßt (vgl. auch Marcuse, LZ. 1919 S. 580, wozu aber zu bemerken ist, daß dieser Widerspruch nicht erst durch die VO. in die Erscheinung getreten ist, sondern schon nach bisherigem Rechte bestand, insofern die herrschende Meinung schon bisher das vom Erbbauberechtigten errichtete Bauwerk als wesentlichen Bestandteil des Erbbaurechts und das Bauwerk als im Sondereigentume des Erbbauberechtigten stehend erachtete, vgl. oben Bem. a). Der Ausgleich wird darin liegen, daß ja dieses Sondereigentum als solches keine besonderen Rechtswirkungen äußern kann, solange das Erbbaurecht aufrecht ist, vielmehr durch das Erbbaurecht und dessen Rechtsfolgen insolange völlig zurückgedrängt und beherrscht wird. (Die Ansicht Sauerländers, LZ. 1919 S. 580 zu dieser Frage, daß das Recht des Erbbauberechtigten an dem Bauwerk überhaupt nicht Eigentum sei, sondern Erbbaurecht, ist nicht zu billigen, vgl. auch Kretzschmar, LZ. 1919 S. 1005).

g) Hier schlägt auch die Frage ein, ob das vom Erbbauberechtigten errichtete Bauwerk, das in dessen Sondereigentum steht, zu den beweglichen oder zu den unbeweglichen Sachen zu rechnen ist, s. näher Bem. 4 zu § 95 BGB. Alle Vorschriften des Immobiliarrechts, welche das Bestehen der Grundbucheinrichtung zur Voraussetzung haben, werden auf dieses Bauwerk keine Anwendung finden können, es gilt vielmehr in allen diesen Beziehungen (z. B. hinsichtlich Uebertragung, soweit man solche überhaupt zuläßt, s. oben Bem. e, Verpfändung, Pfändung usw.) als bewegliche Sache. Demnach ist also z. B. auch die Eintragung einer Vormerkung zur Sicherung des Anspruchs auf Ueberlassung des Bauwerkes rechtlich unzulässig (s. RJA. Bd. 14 S. 187, Wittmaack a. a. O. S. 71 und RGZ. Bd. 55 S. 273); in denjenigen Beziehungen aber, in denen das Grundbuch keine Rolle spielt (vgl. §§ 196 Nr. 6, 197, 477, 565 Abs. 1, 1378 BGB., §§ 93, 207 HGB), wird es als unbewegliche Sache gelten müssen. Vgl. die in Bem. 4 zu § 95 BGB. angegebene Literatur, ferner Pesl in ArchBürgR. Bd. 41 S. 397 und in HirthsAnn. 1915 S. 235 ff., Wittmaack a. a. O. S. 62 ff. und S. 70, Wolff, SR. § 104 II, 1, a und Grenzüberbau S. 81, Erman, Erbbaurecht und Kleinwohnungsbau S. 9 und RGZ. Bd. 59 S. 20.

h) Das Bauwerk wird von allen Verfügungen über das Erbbaurecht voll ergriffen. Durch eine Uebertragung des Erbbaurechts, gleichviel, ob diese durch Rechtsgeschäft (vgl. auch Bem. II, 3 zu § 11) oder im Wege der Zwangsvollstreckung oder sonst erfolgt, erwirbt der Erwerber des Erbbaurechts auch das Eigentum an dem Bauwerk (ebenso Planck in Bem. 3, b, γ a. E. zu

§ 1012 BGB. und Wittmaack a. a. O. S. 70, 71). **Auch** wird das Bauwerk, wenn über das Vermögen des Erbbauberechtigten **Konkurs** eröffnet ist, in die Konkursmasse fallen (vgl. Wittmaack a. a. O.).

Darüber, daß alle Belastungen des Erbbaurechts das Bauwerk mit treffen, s. unten Bem. II, 1.

i) Nach der feststehenden Rechtsprechung des Reichsgerichts (vgl. RGZ. Bd. 50 S. 241, Bd. 62 S. 410, Bd. 63 S. 420, Bd. 69 S. 153) ist ein Eigentumsvorbehalt an einem Gegenstande, der zum wesentlichen Bestandteil einer Sache wird, unwirksam; diese Grundsätze werden hier entsprechend anzuwenden sein, so daß auch im Rahmen des Erbbaurechts ein Eigentumsvorbehalt an dem Bauwerk oder den zu dessen Herstellung eingefügten Sachen unwirksam sein muß, vgl. auch Glaß-Scheidt Bem. II, a zu § 12.

2. Ist das **Bauwerk bei Begründung des Erbbaurechts bereits vorhanden** (praktisch der seltenere Fall), so verbleibt es an sich im Eigentume des Grundeigentümers (dies wurde schon bisher nach der überwiegenden Meinung angenommen; abweichend aber insbesondere Delitzsch a. a. O. S. 24 ff.). Das Eigentum des Grundstückseigentümers wird nur beschränkt durch die Bestellung des Erbbaurechts.

a) Die VO. (der Entwurf enthielt diese Bestimmung noch nicht) schafft aber auch hier eine einheitliche Rechtsauffassung dadurch, daß auch in diesem Falle, wie unter 1, für die Dauer des Erbbaurechts **das Bauwerk als wesentlicher Bestandteil des Erbbaurechts** selbst zu gelten hat (**Abs. 1 Satz 2**). Damit steht also auch in diesem Falle die Haftung des Bauwerkes für die Belastungen des Erbbaurechts während der Dauer des Erbbaurechts fest (vgl. unten Bem. II, 1). Dies war bisher bestritten; vgl. z. B. Biermann Bem. 2, a, α zu § 1017 BGB.

b) Der Erbbauberechtigte darf in diesem Falle (vgl. Bem. I, 2, c zu § 1) mit dem Bauwerke nach Belieben verfahren. Wenn er körperliche Veränderungen vornimmt, so wird das, was er dem Bau hinzufügt (z. B. ein weiteres Stockwerk, das er aufbaut), Bestandteil des Bauwerkes und fällt in das Eigentum des Grundstückseigentümers. § 95 BGB. (s. Abs. 2 Halbsatz 1 des § 12 der VO. und unten Bem. II, 2) steht hier nicht entgegen; denn die einem Gebäude eingefügten Sachen werden nur dann nicht Bestandteile, wenn die Einfügung zu vorübergehendem Zwecke geschah.

Wenn er das Bauwerk niederlegt, so werden allerdings die Materialien nicht sein Eigentum, er muß aber als Ausfluß seines Rechtes für befugt gelten, solche zur Herstellung eines neuen Gebäudes zu verwenden. Das Recht, die Materialien zu veräußern, um aus dem Erlöse neues Baumaterial anzuschaffen, ist dem Erbbauberechtigten aber nicht zuzusprechen. Vgl. Bem. 2, c, β zu § 13.

c) Die Frage, ob das dem Eigentümer gehörige in Erbbaurecht gegebene Bauwerk allein dem Erbbauberechtigten zu Eigentum übertragen werden kann, wird zu verneinen sein, denn im Hinblick auf § 94 BGB. ist das Bauwerk ein wesentlicher Bestandteil des Grundstücks und kann als solcher nicht Gegenstand besonderer Rechte sein (ebenso Wittmaack a. a. O. S. 61, Turnau-Förster Vorbem. I, 2 vor § 1012 BGB., Planck Bem. 3, b, α zu § 1012 BGB., Pesl, HirthsAnn. 1915 S. 239 u. a.).

II. Weitere Rechtsfolgen dieser Regelung:

1. Von dem Augenblicke der Eintragung des Erbbaurechts an **haftet** das **Bauwerk** — gleichviel, ob es vom Erbbauberechtigten selbst errichtet wurde oder schon vorhanden ist — **für alle dinglichen Belastungen des Erbbaurechts bis zur Beendigung des Rechtes** (in letzterer Hinsicht s. unten Bem. IV). Diese Haftung ist die unmittelbare Folge der Eigenschaft des Bauwerkes als eines wesentlichen Bestandteils des Erbbaurechts (vgl. Bem. II, A zu § 1120 BGB., sowie die §§ 1120 ff. BGB.).

a) Eine Haftung des Bauwerkes für die Belastungen des **Grundstücks erlischt** mit der Eintragung des Erbbaurechts in das Grundbuch — **Abs. 1 Satz 3**. Das Bauwerk haftet sohin während der Dauer des Erbbaurechts ausschließlich für die Belastungen des Erbbaurechts allein. Diese Rechtsgestaltung ist besonders wesentlich für eine günstige Beleihbarkeit des Erbbaurechts.

α) Diese Rechtsfolge, daß das Bauwerk von jenem Zeitpunkt ab für die bisherigen Belastungen des Grundstücks nicht mehr haftet, tritt automatisch kraft Gesetzes ohne weiteres ein (vgl. Zeitler a. a. O. S. 140).

β) Der wirksame Schutz der bereits vorhandenen Rechte am Grundstücke gegenüber dieser Vorschrift, die anscheinend den Charakter einer teilweisen „Entrechtung" trägt, liegt in folgendem:

Im § 10 ist strikte vorgeschrieben, daß die Eintragung des Erbbaurechts grundsätzlich nur zur ausschließlichen ersten Rangstelle erfolgen darf. Bestehen an dem mit dem Erbbaurechte zu belastenden Grundstücke bereits Rechte, so kann eine Eintragung des Erbbaurechts überhaupt nur erfolgen, wenn diese dem Erbbaurecht im Range ausweichen, also freiwillig ihre Zustimmung zum Vorgange des Erbbaurechts geben (vgl. Bem. 1, b zu § 10). Jene Rechte, die nach der Ausnahme in § 10 Abs. 1 Satz 2 dem Erbbaurecht im Range vorgehen dürfen, sind regelmäßig ihrer Natur nach im Verhältnis zum Werte des Grundstücks nicht so hoch zu bewerten, daß ihre Sicherheit gefährdet würde, wenn für sie die Haftung des Bauwerkes erlischt (vgl. Bem 2, a zu § 10). Soweit ferner das Landesrecht im Wege der nach § 10 Abs. 2 zulässigen weiteren Ausnahme die Eintragung des Erbbaurechts im Range nach bereits eingetragenen Rechten zuläßt, kommt in Betracht, daß solche Eintragung nur geschehen darf, wenn sie für die vorgehenden Beteiligten unschädlich ist und wenn diese Unschädlichkeit von der zuständigen Behörde ausdrücklich festgestellt ist (vgl. Bem. 2, b zu § 10). Gerade mit Rücksicht auf die Rechtsfolge des Abs. 1 Satz 3 wird eine Feststellung der Unschädlichkeit hier nur dann erfolgen können, wenn das Grundstück auch ohne das Bauwerk für die vorhergehenden Rechte noch hinreichende Sicherheit gewährt (vgl. Zeitler a. a. O. S. 141).

b) Damit im Zusammenhang steht auch die weitere Vorschrift in **Abs. 2 Halbsatz 2: Die Bestandteile des Erbbaurechts sind nicht zugleich Bestandteile des Grundstücks** (s. auch unten Bem. 2). Dadurch ist die vollständige Abtrennung der Bestandteile des Erbbaurechts von jenen des Grundstücks während der Dauer des Erbbaurechts durchgeführt.

2. Die **§§ 94 und 95 BGB.** haben auf das Erbbaurecht entsprechende Anwendung zu finden (**Abs. 2 Halbsatz** 1).

a) Infolge der entsprechenden Anwendung des § 94 gehören zu den wesentlichen Bestandteilen des Erbbaurechts „die mit dem Grund und Boden fest verbundenen Sachen, insbesondere Gebäude"; dies deckt sich ohnedies mit dem Begriff Bauwerk (vgl. Bem. II zu § 1).

Nach § 94 sind zu den wesentlichen Bestandteilen auch die Erzeugnisse des Grundstücks, also die organischen Produkte zu rechnen, solange sie mit dem Boden zusammenhängen; Samen wird mit dem Aussäen, eine Pflanze wird mit dem Anpflanzen wesentlicher Bestandteil (§ 94 Abs. 1). Die Anwendung dieser Bestimmung wird übrigens nur von praktischem Werte sein, soweit das Erbbaurecht im Rahmen des Abs. 2 des § 1 auf einen für das Bauwerk nicht erforderlichen Teil des Grundes sich erstreckt und soweit ein Anbau hierauf (z. B. ein Nutzgarten) im Sinne jener Vorschrift sich mit dem Erbbaurechte wirtschaftlich verträgt. Das Bauwerk muß wirtschaftlich die Hauptsache bleiben, vgl. Bem. III, c zu § 1.

Das Bauwerk kann für sich selbst wieder wesentliche und nicht wesentliche Bestandteile sowie Zubehörstücke haben. Von der unmittelbaren Verbindung mit dem Erbbaurecht im Sinne des § 12 werden an sich nur die wesentlichen Bestandteile des Bauwerkes betroffen (dazu gehören auch die zur Herstellung des Bauwerkes eingefügten Sachen (§ 94 Abs. 2; über die nähere Umgrenzung des letzteren Begriffs vgl. die Bem. zu § 94); die nicht wesentlichen Bestandteile des Bauwerkes und die Zubehörstücke unterliegen aber der Haftung für die auf dem Erbbaurechte lastenden Hypotheken nach Maßgabe der §§ 1120, 1121 BGB.

Beim Erlöschen des Erbbaurechts oder beim Heimfall gehen die Zubehörstücke des Bauwerkes nicht in das Eigentum des Grundstückseigentümers über, wohl aber die wesentlichen und nicht wesentlichen Bestandteile des Bauwerkes, vgl. § 34 mit Bem.

b) Die entsprechende Anwendung des § 95 ergibt folgendes:

Darüber, daß das vom Erbbauberechtigten in Ausübung seines Rechtes errichtete Bauwerk sein Sondereigentum wird, s. oben Bem. I, 1, a, auch Bem. I, 5 zu § 1.

Zu den Bestandteilen (weder zu den wesentlichen noch zu unwesentlichen) des Erbbaurechts gehören jedoch solche Sachen nicht, die nur zu einem vorübergehenden Zwecke mit dem (mit dem Erbbaurechte belasteten) Grundstücke verbunden wurden (Abs. 1 Satz 1 des § 95), z. B. Bretterbuden, Waschpfähle usw. Das gleiche gilt von einem Gebäude oder einem Bauwerke, das in Ausübung eines Rechtes an dem Erbbaurechte, z. B. einer Dienstbarkeit am Erbbaurechte (vgl. Bem. I, 2, c zu § 11) mit dem Grundstücke verbunden wurde (Abs. 1 Satz 2 des § 95).

Sachen, die nur zu einem vorübergehenden Zwecke in das Bauwerk eingefügt wurden, gehören nicht zu seinen Bestandteilen (Abs. 2 des § 95); vgl. die Bem. zu § 95.

Ueber den Fall, daß bei einem Bauwerke, das zur Zeit der Bestellung des Erbbaurechts bereits vorhanden war, der Erbbauberechtigte Sachen einfügt, z. B. ein Stockwerk aufsetzt, s. oben in Bem. I, 2, b.

III. Wegen der Pflicht zur **Unterhaltung des Bauwerkes** während der Dauer des Erbbaurechts vgl. Bem. VIII, 1, b zu § 1, sowie § 2 Nr. 1 mit Bem. II, 1, b hiezu.

IV. Rechtsverhältnisse beim Erlöschen des Erbbaurechts:

1. Erlischt das Erbbaurecht, so werden die Bestandteile des Erbbaurechts und damit insbes. das Bauwerk (nebst seinen wesentlichen und unwesentlichen Bestandteilen, vgl. auch unten f; wegen der Zubehörstücke s. unten e) Bestandteile des belasteten Grundstücks (**Abs. 3**).

a) Der Erbbauberechtigte verliert damit das Eigentum am Bauwerke, dieses geht im Wege eines Erwerbs durch Akzession auf den Grundstückseigentümer über (vgl. Günther Bem. 12 zu § 12), es bedarf also hiezu keiner Einigung oder Uebergabe. Der Grundstückseigentümer hat aber, sofern nichts abweichendes bestimmt ist, eine Entschädigung für das Bauwerk nach Maßgabe des § 27 zu leisten; über die Sicherung dieser Entschädigungsforderung s. § 28 mit Bem.

b) Damit erlischt zugleich auch die Haftung des Bauwerkes für Belastungen des Erbbaurechts endgültig, und zwar gleichviel, ob das Bauwerk vom Erbbauberechtigten errichtet wurde oder zur Zeit der Begründung des Erbbaurechts schon bestand und daher noch im Eigentume des Grundstückseigentümers stand (gerade für den letzteren Fall bestanden hier Streitfragen, vgl. unten Bem. I, 2, g zu § 1017 BGB. in der Erläuterung B zu § 38 und Delitzsch a. a. O. S. 38). Den Realgläubigern werden aber als gewisser Entgelt entsprechende Befriedigungsrechte an der Entschädigungsforderung des Erbbauberechtigten für das Bauwerk nach Maßgabe des § 29 zugewiesen.

c) Unter Erlöschen des Erbbaurechts ist seine Beendigung durch Zeitablauf (s. § 27) zu verstehen, eine Beendigung durch auflösende Bedingungen kommt im Hinblick auf § 1 Abs. 4 nicht mehr in Frage. Eine Beendigung durch Aufhebung (§ 26) wird nicht hieher zu rechnen sein, da diese kein Erlöschen im engeren Sinne ist (die VO. gebraucht den Ausdruck „erlöschen" nur bei Beendigung durch Zeitablauf, s. § 27, der allgemeine Ausdruck wäre „Beendigung"), anderseits auch § 34, der mit § 12 in Wechselbeziehung steht, auf diesen Fall nicht zu erstrecken ist, s. Bem. 1 und 1, a zu § 34 und unten Bem. d.

Für den Heimfall des Erbbaurechts (§§ 2 Ziff. 4, 3, 5) gelten für das Erlöschen der Belastungen des Erbbaurechts die besonderen Vorschriften des § 33, vgl. Bem. hiezu, sowie auch Bem. II, 4 zu § 2.

Bei einer Erneuerung des Erbbaurechtes (§§ 31 ff.) wird an der bisherigen Haftung des Bauwerkes nichts geändert.

d) Weder beim Heimfalle noch beim Erlöschen des Erbbaurechts ist der Erbbauberechtigte berechtigt, das Bauwerk wegzunehmen oder sich Bestandteile des Bauwerkes anzueignen (s. § 34 mit Bem.); vgl. auch oben c.

e) Die Zubehörstücke des Bauwerkes werden durch Abs. 3 nicht getroffen, ebensowenig durch § 34 (vgl. Bem. 1 zu § 34).

f) Abs. 3 spricht zwar von Bestandteilen des Erbbaurechts schlechthin, so daß darunter an sich auch Rechte im Sinne des § 96 BGB. (z. B. mit dem Erbbaurechte verbundene Grunddienstbarkeiten) oder ein nach § 890 Abs. 2 als Bestandteil zugeschriebenes Grundstück verstanden werden könnten. Da aber sowohl Abs. 1 wie Abs. 2 sich nur auf das Bauwerk und andere bewegliche körperliche Gegenstände beziehen, die zu wesentlichen Bestandteilen des Erbbaurechts erklärt werden, so wird auch Abs. 3 nur auf solche zu beziehen sein (so auch Kretzschmar Bem. 4, mißverständlich Günther Bem. 11).

2. Dadurch, daß das Bauwerk untergeht, erlischt das Erbbaurecht nicht (s. § 13 und vgl. näher die Bem. zu § 13), wohl aber durch den Untergang des Grundstücks selbst.

3. Bei einer Zwangsversteigerung des mit dem Erbbaurechte belasteten Grundstücks bleiben das Erbbaurecht und damit auch seine wesentlichen Bestandteile nebst den darauf ruhenden Belastungen unverändert bestehen, auch wenn das Erbbaurecht bei der Feststellung des geringsten Gebots nicht berücksichtigt ist (§ 25).

Wegen der Zwangsvollstreckung in das Erbbaurecht vgl. Bem. 2 zu § 24.

V. Ueber die Rechtsverhältnisse beim Fund eines **Schatzes** s. Bem. VIII, 3 zu § 1.

§ 13.

Das Erbbaurecht erlischt nicht dadurch, daß das Bauwerk untergeht.

1. Die Vorschrift des § 13 entspricht dem bisherigen § 1016 BGB.

Der **Untergang** des **Bauwerkes** soll der gesetzlichen Regel nach das Erlöschen des Erbbaurechts nicht nach sich ziehen. Die Bestimmung ist eine Rechtsfolge aus dem Wesen des Erbbaurechts (§ 1), das darin besteht, ein Bauwerk auf oder unter der Oberfläche des Grundstücks zu haben (vgl. Planck, Bem. 1 zu § 1016, auch Bem. I, 2 und 5 zu § 1).

2. Als weitere Folgerungen ergeben sich aus diesem Rechtsgrundsatze:

a) Der Erbbauberechtigte ist berechtigt, das Bauwerk auf seine Kosten wieder zu errichten; dies muß auch dann gelten, wenn das Bauwerk zur Zeit der Begründung des Erbbaurechts bereits bestand (vgl. M. z. BGB. Bd. III S. 473). Die Fragen, ob der Erbbauberechtigte verpflichtet ist, das Bauwerk wieder herzustellen, oder ob anderseits der Grundstückseigentümer hiezu verpflichtet ist, im Falle das Bauwerk diesem gehört, sind zunächst nach dem Bestellungsvertrag und dessen Auslegung zu entscheiden (vgl. in dieser Hinsicht nunmehr auch § 2 Nr. 2). Für den Regelfall ist mangels einer dahin lautenden oder auszulegenden Bestimmung im Bestellungsvertrag eine derartige Verpflichtung nicht anzunehmen (ebenso Biermann, Kretzschmar, Planck zu § 1016).

b) Wegen der Versicherung des Bauwerkes vgl. § 2 Nr. 2 und § 23 mit Bem.

c) Die Baumaterialien werden beim Zerfalle des Bauwerkes bewegliche Sachen:

α) wenn das Bauwerk im Eigentume des Erbbauberechtigten stand (vgl. Bem. I, 5, c zu § 1), so gehören sie diesem (§ 953 mit 95 Abs. 1 Satz 2 BGB.); s. aber auch unten Bem. 3 mit § 34, sowie Bem. II, 1 zu § 27.

β) Wenn das Bauwerk aber im Eigentume des Grundstückseigentümers stand (vgl. Bem. I, 5, d zu § 1), so gehören die Materialien letzterem (s. § 955 BGB.); sie werden aber durch den Untergang des Bauwerkes dem fortwährenden dinglichen Rechte des Erbbauberechtigten nicht entzogen (vgl. M. z. BGB. a. a. O.). Der Erbbauberechtigte kann sie auch zum Wiederaufbau verwenden, wenn er diesen selbst aufführt. Zu ihrer Veräußerung ist er aber ohne Einwilligung des Grundstückseigentümers nicht befugt, auch nicht zu dem Zwecke, um neue Baumaterialien dafür zu erwerben (vgl. Wolff, SR. § 104 Anm. 17, Biermann und Planck zu § 1016 BGB., abw. zum Teil Wittmack S. 79 ff.).

3. Die Bestimmung des § 13 ist an sich als eine dispositive Vorschrift aufzufassen (wie § 1016 BGB. nach der herrschenden Meinung). Die Parteien können daher an sich ein Anderes verabreden. Als auflösende Bedingung kann aber der Unternehmer des Bauwerkes im Hinblick auf § 1 Abs. 4 nicht mehr rechtswirksam gesetzt werden. Ueber die strittige Frage, ob der Untergang des Bauwerkes als Endtermin im Sinne einer Endigung durch Zeitablauf rechtswirksam vertragsmäßig gesetzt werden kann, s. näher Bem. IV, 3, b zu Bem. 1.

Den Fall des Untergangs des Bauwerkes mit einem Heimfallanspruche des Grundstückseigentümers (§§ 2 Nr. 4, 3, 4, 32 ff.; vgl. insbesondere Bem. II, 4 zu § 2) zu verknüpfen, muß an sich zulässig sein; praktischer ist es aber jedenfalls, einen solchen Heimfallanspruch nur für den Fall aufzustellen, daß der Erbbauberechtigte das Bauwerk nicht entsprechend wieder aufführt (vgl. § 2 Nr. 4 mit Nr. 2).

4. Ueber die Rechtsverhältnisse am Bauwerke beim Erlöschen des Erbbaurechts selbst vgl. Bem. IV zu § 12 und insbesondere § 34 der VO, wonach der Erbbauberechtigte beim Heimfall oder beim Erlöschen des Erbbaurechts nicht berechtigt ist, das Bauwerk wegzunehmen oder sich Bestandteile des Bauwerkes anzueignen.

5. Im Falle das mit dem Erbbaurecht belastete Grundstück selbst untergeht, müßte das Erbbaurecht erlöschen (vgl. Bem. IX, 3, h zu § 1).

II. Grundbuchvorschriften.

§ 14.

Für das Erbbaurecht wird bei der Eintragung in das Grundbuch von Amts wegen ein besonderes Grundbuchblatt (Erbbaugrundbuch) angelegt. Im Erbbaugrundbuch soll auch der Eigentümer und jeder spätere Erwerber des

Grundstücks vermerkt werden. Bei der Eintragung im Grundbuch des Grundstücks ist zur näheren Bezeichnung des Inhalts des Erbbaurechts auf das Erbbaugrundbuch Bezug zu nehmen.

Das Erbbaugrundbuch ist für das Erbbaurecht das Grundbuch im Sinne des Bürgerlichen Gesetzbuchs. Die Eintragung eines neuen Erbbauberechtigten ist unverzüglich auf dem Blatte des Grundstücks zu vermerken.

Berichtigung des Grundbuchs II, 5; Bestand des Erbbaurechts II, 1, a, 3, a; Dauer des Erbbaurechts II, 1, a; Erbbaugrundbuch II, 2; Grundstücksblatt II, 1; Inhalt des Erbbaurechts II, 2, b, f; Löschung II, 1, a; Oeffentlicher Glaube II, 2, c, 3, a; Prüfung des Grundbuchamts II, 4; Veräußerungsverbote II, 2, f, 3, b; Vormerkungen II, 3, b, III; Widerspruch II, 3, a, b.

I. Als Grundbuchvorschrift war für das Erbbaurecht bisher in erster Reihe § 7 GBO. maßgebend. Hiernach war bei der Bestellung eines Erbbaurechts ein besonderes Grundbuchblatt nur auf Antrag anzulegen, von Amts wegen war dies vorgeschrieben, wenn das Erbbaurecht veräußert oder belastet werden sollte. Nach § 7 Abs. 2 GBO. war die Anlegung auf dem Blatte des Grundstücks zu vermerken. Bei der Anwendung des § 7 GBO. entstand aber eine Reihe von Zweifeln und Unzuträglichkeiten, insbesondere war strittig, ob das besondere Grundbuchblatt des Erbbaurechts die Funktion besitzt, die Existenz und den Inhalt des Erbbaurechts zum öffentlichen Glauben darzutun. Die Hauptpunkte der Neuregelung liegen darin, daß nunmehr in Zukunft für jedes Erbbaurecht bei seiner Eintragung in das Grundbuch von Amts wegen ein besonderes Grundbuchblatt anzulegen ist, und daß dieses (das Erbbaugrundbuch) für das Erbbaurecht als das Grundbuch im Sinne des BGB. zu gelten hat.

§ 7 GBO. ist durch § 35 der VO. außer Kraft gesetzt worden, die Bezugnahme auf § 7 GBO. in § 84 GBO. ist durch § 37 Abs. 2 der VO. gestrichen worden; der in Abs. 2 des § 7 GBO. vorgeschriebene Vermerk über die Anlegung eines besonderen Blattes auf dem Blatte des Grundstücks ist nunmehr gegenstandslos geworden, da sich für das neurechtliche Erbbaurecht die Anlegung eines solchen Blattes von selbst versteht.

II. Das Erbbaurecht ist nunmehr in jedem Falle und ohne besonderen Antrag der Beteiligten von Amts wegen **doppelt** einzutragen:

1. Im Grundbuche des mit dem Erbbaurechte zu belastenden Grundstücks.

2. Zugleich aber ist bei dieser Eintragung (1) für jedes Erbbaurecht ein besonderes Grundbuchblatt (Erbbaugrundbuch) anzulegen. (**Abs. 1 Satz** 1).

Zu 1. **Das Grundbuch des belasteten Grundstücks:**

a) Die in der Bestellung des Erbbaurechts (vgl. hiezu näher Bem. IX, 1, a zu § 1 und insbes. Bem. II, 1, a zu § 11) liegende Rechtsänderung besteht der rechtlichen Natur des Erbbaurechts zufolge (vgl. Bem. I, 2 zu § 1) in einer Belastung des Grundstücks mit diesem Rechte; durch die in Abs. 1 Satz 1 aufgestellte Formalschrift wird an dem materiellrechtlichen Grundsatze des § 873 BGB. über die Belastung eines Grundstücks mit einem Rechte nichts geändert. Das Erbbaurecht ist daher in der Lastenabteilung des für das Grundstück bestehenden Grundbuchblattes einzutragen.

Diese Eintragung ist einerseits unbedingt notwendig zur Entstehung des Rechtes im Hinblick auf § 873 BGB., anderseits an sich aber auch genügend. M. a. W.: Diese Eintragung auf dem Blatte des Grundstücks hat konstitutive Wirkung für die Entstehung und den rechtlichen Weiterbestand des Erbbaurechts (übereinstimmend Zeitler, BayNotZ. 1919 S. 142, Günther Bem. 3 vor § 14, Kretzschmar Bem. 1, Glaß-Scheidt Bem. II). Die Eintragung auf dem Grundstücksblatt ist daher maßgebend für die Feststellung der Existenz des Erbbaurechts im Rahmen des damit belasteten Grundstücks, sowie für das Rangverhältnis des Erbbaurechts zu den anderen Rechten am Grundstück (§ 10). Das gleiche muß weiter gelten für die Löschung des Erbbaurechts; auch diese kann rechtswirksam nur auf dem Blatte des Grundstücks erfolgen, wenngleich sie nach § 16 der VO. grundbücherlich auch durch Schließung des besonderen Blattes zum Ausdruck kommt. Auch die Aenderungen in der Dauer des Erbbaurechts werden der Eintragung auf diesem

Blatte bedürfen, da sie zu dem allgemeinen Rahmen des Bestandes des Rechtes zu zählen sein werden (ebenso Günther a. a. O.).

Damit erschöpft sich aber die Bedeutung des Grundstücksblattes für das Erbbaurecht (ebenso Günther und Kretzschmar a. a. O.).

Gleichzeitig mit der Eintragung des Erbbaurechts auf dem Blatte des Grundstücks ist das Erbbaugrundbuch anzulegen, das für alles weitere, insbes. auch für den näheren Inhalt des Erbbaurechts das maßgebende Grundbuch bildet, s. näher unten Bem. 2.

Wenn ein Erbbaurecht an einem dem Buchzwange nach § 90 GBO. nicht unterliegenden und nicht gebuchten Grundstücke begründet werden soll, so muß zunächst für dieses Grundstück ein Grundbuchblatt eröffnet werden, vgl. Turnau-Förster Bem. III zu § 1017 BGB.

b) Anders als bisher ist das Erbbaurecht auf dem Blatte des belasteten Grundstücks aber nunmehr ganz im allgemeinen einzutragen: Erbbaurecht für N. N. sowie eine vereinbarte Dauer (nicht aber ein Heimfallrecht; vgl. Kretzschmar Bem. 2). Zur näheren Bezeichnung des Inhalts des Rechtes ist auf das anzulegende besondere Erbbaugrundbuch Bezug zu nehmen, also kurz zu verweisen auf die Stelle, an der das besondere Erbbaublatt steht — **Abs. 1 Satz 3**; vgl. für Preußen AV. vom 25. März 1919 über die Eintragung von Erbbaurechten, JMBl. S. 138 § 1. (Zeitler a. a. O. S. 142 hält dafür, daß der für Bayern in § 398 der DAnw. f. d. GBAemter angeordnete Vermerk aufrecht erhalten bleibe.) Damit ist zugleich die Vorschrift in § 7 Abs. 2 GBO. überflüssig geworden (vgl. oben Bem. I).

Zweifel können bestehen, ob diese Verweisungsvorschrift als Mußvorschrift oder nur im Sinne einer Ordnungsvorschrift (ähnlich wie § 28 GBO.) in Anwendung kommt. Man wird sich für letzteres zu entscheiden haben, zumal ihre Nichtbeachtung den Bestand des Rechtes ja nicht berührt (ebenso Zeitler a. a. O. S. 142, a. M. Günther Bem. 9).

c) Eine neue Sondervorschrift trifft **Abs. 2 Satz 2**, wonach die Eintragung eines neuen Erbbauberechtigten unverzüglich auf dem Blatte des Grundstücks zu vermerken ist (nach Henle-Schmidt, Grundwesen in Bayern Anm. VII zu § 7 GBO. hatte dies z. B. in Bayern bisher zu unterbleiben).

Zu 2. Das besondere Blatt für das Erbbaurecht — **Erbbaugrundbuch**.

a) Die Anlegung eines besonderen Blattes für das Erbbaurecht steht im allgemeinen damit im Zusammenhang, daß auf das Erbbaurecht regelmäßig die für Grundstücke geltenden Vorschriften anzuwenden sind (s. § 11 Abs. 1 Satz 1 und Bem. I, 2, a zu § 11).

Für die Einrichtung dieses besonderen Blattes gelten die allgemeinen Vorschriften. Die VO. selbst gibt hiefür keine näheren formellen Vorschriften mit Ausnahme der in Abs. 1 Satz 2 (s. unten Bem. c); für Preußen vgl. die AV. vom 25. März 1919 JMBl. 138, für Bayern vgl. auch Zeitler a. a. O. 142, 143.

Es wird sohin hiefür das gewöhnliche Formular verwendet und das Blatt bekommt die in der Reihenfolge nächste offene Nummer und zwar für denselben Grundbuchbezirk, zu dem das belastete Grundstück zählt (vgl. Biermann Bem. 2 zu § 1012 BGB.).

Das Erbbaurecht bildet hier den Bestand (für Preußen unter „Verzeichnis der Grundstücke", für Bayern unter „Titel" einzutragen) des dafür angelegten Blattes; der Erbbauberechtigte ist in die Abteilung einzutragen, in die sonst der Eigentümer eingetragen wird. Die Eintragungsbewilligung mit dem Eintragungsantrag und dem mit überreichten Erbbauvertrag bilden die Grundakten für das Erbbaurecht.

b) Zweifelhaft ist, ob auch hier im Rahmen des Erbbaugrundbuchs (wegen des belasteten Grundstücks s. oben 1, b) von der Befugnis des § 874 BGB. Gebrauch gemacht werden kann, wonach bei der Eintragung eines Rechtes, mit dem ein Grundstück belastet wird, zur näheren Bezeichnung des Inhalts des Rechtes auf die Eintragungsbewilligung Bezug genommen werden darf. Die sinngemäße Anwendbarkeit dieser Vorschrift wird aber hier im Rahmen des Erbbaugrundbuchs um deswillen versagen müssen, da ja hier das Erbbaurecht nicht das belastende Recht im Sinne des § 874 BGB. bildet, vielmehr die Stelle des zu belastenden Grundstücks in jener Vorschrift hier selbst auszufüllen und zu vertreten hat, um dessen näheren Rechtsinhalt es sich in diesem Falle handelt. Die Folge dieser Rechtsauffassung ist, daß ohne Bezugnahme auf die Eintragungsbewilligung im Bestandsverzeichnis (Titelblatt usw. des Blattes der nähere maßgebliche Inhalt des Erbbaurechts vollständig (wenn auch entsprechend gekürzt) zu vermerken ist, wozu insbes. eine entsprechende Wiedergabe von Vereinbarungen im Sinne der §§ 2, 5, 7 Abs. 1 Satz 2, 27 Abs. 1 Satz 2, 32 Abs. 1 Satz 2 der VO. gehört (freilich liegt hierin u. U. eine schwere Belastung des Grundbuchs, der Gesetzgeber hätte besser getan, hier eine besondere erleichternde Vorschrift zu erlassen). Von dieser Rechtsmeinung geht auch die Preuß. AV. a. a. O. § 3 aus, der die hier notwendige Eintragung des näheren behandelt; übereinstimmend auch Michaelis, BayZR. 1919 S. 173, Günther Bem. 6 zu § 14, Glaß-Scheidt Bem. III, 2; abweichend dagegen Kretzschmar, SächsArch. 1919 S. 68, 70, 74 und in Bem. 2 zu § 14 und Sieskind Bem. III, die auch hier eine entsprechende Anwendung des § 874 BGB. als zulässig erachten.

c) Eine Sonderbestimmung trifft hier nur **Abs. 1 Satz 2** dahin, daß im Erbbaugrundbuch auch der Eigentümer und jeder spätere Erwerber des Grundstücks vermerkt werden sollen. Diese Vorschrift bezeichnet Zeitler a. a. O. S. 142, 143 sowohl als überflüssig wie als störend für die Grundbucheinrichtung: überflüssig deshalb, weil das jeweilige Eigentümer-Recht durch Verweisung auf das Blatt für das Grundstück (wie sie bisher z. B. in Bayern vorgeschrieben war) festgestellt werden kann, und störend für die Grundbucheinrichtung aus dem Grunde, weil das besondere Blatt für das Erbbaurecht, auf das ja nach § 11 der VO. auch die formellen Vorschriften über Grundstücke Anwendung zu finden haben, keine besondere Abteilung für den Vermerk des Eigentümers enthält; denn in die für den Eigentümer des Grundstücks bei Grundstücken bestimmte Abteilung ist beim Erbbaugrundbuche ja entsprechend der Erbbauberechtigte und seine Rechtsnachfolger einzutragen (vgl. oben Bem. b). So muß man den Eigentümer wohl oder übel in einer der vorhandenen Abteilungen unterbringen, die hiefür am geeignetsten erscheint. Zeitler erachtet hiefür die Lastenabteilung als die geeignete, weil die Rechte des Eigentümers eine Beschränkung des Erbbaurechts darstellen. Die PrVO. § 3 dagegen verweist zutreffender diesen Vermerk in das Bestandverzeichnis I des Erbbaugrundbuchs nach der Wiedergabe des Inhalts des Erbbaurechts (vgl. oben b).

Die Anordnung dieses Vermerks bildet nur eine Ordnungsvorschrift. An dem öffentlichen Glauben des Grundbuchs nimmt dieser Vermerk nicht teil, da die für das Grundeigentum maßgebende Eintragung jene auf dem Blatte des Grundstücks ist (ebenso Günther Bem. 7). Das entsprechende Gegenstück dieser Vorschrift für das Grundeigentum liegt in der Bestimmung in Abs. 2 Satz 2 (s. oben 1, c).

d) In Bayern ist das Erbbaurecht auch in das sog. Verzeichnis der Rechte (Anhang zum Sachregister) einzutragen, außer wenn es schon mit eigener Sternplannummer im Sachregister selbst eingetragen ist, s. § 195 und auch § 191 Abs. II der DAnw. f. GBAemter.

e) Ueber den Fall, daß nur ein realer Grundstücksteil mit dem Erbbaurechte belastet werden soll, s. § 6 GBO. und Bem. III, b zu § 1.

Ueber den Fall des § 1 Abs. 2 (Erstreckung des Erbbaurechts auf einen für das Bauwerk selbst nicht erforderlichen Teil des Grundstücks) vgl. näher Bem. III, c und d zu § 1.

f) Das besondere Blatt ist für das Erbbaurecht das Grundbuch im Sinne des BGB. Es sind daher nach seiner Anlegung auch alle das Recht betreffenden späteren Rechtsänderungen einzutragen, also nicht nur die Uebertragungen und Belastungen des Erbbaurechts, sondern auch seine Inhaltsänderungen (vgl. Begründung zu § 14, Kretzschmar Bem. 3, Günther Bem. 3, b vor § 14). Die Inhaltsänderungen sind hiebei an derselben Stelle im Erbbaugrundbuch einzutragen, wo der bisherige Inhalt eingetragen wurde; vgl. oben Bem. b.

Der gemäß § 8 Abs. 1 GBO. zulässige Vermerk eines mit dem Erbbaurechte verbundenen subjektiv-dinglichen Rechtes (vgl. Bem. I, 2, b zu § 11) gehört gleichfalls in das Erbbaugrundbuch.

Ebenso sind Verfügungsbeschränkungen des Erbbauberechtigten (vgl. auch § 15), einschließlich des Zwangsversteigerungs- und Zwangsverwaltungsvermerks (vgl. Wittmaack a. a. O. S. 174) im Erbbaugrundbuch einzutragen; vgl. auch unten 3, b.

Wegen Widersprüche und Vormerkungen s. unten 3, b.

Der sog. Bauvermerk (§ 61 BaufG., s. auch Bem. I, 2, b zu § 33) ist gleichfalls im Erbbaugrundbuch einzutragen.

3. **Die Rechtsbeziehungen zwischen den beiden Grundbuchblättern:**

a) Durch die getroffene Regelung ergibt sich eine eigenartige Trennung der sich auf das Erbbaurecht beziehenden Eintragungen. Dabei ist festzuhalten (s. insbes. oben Bem. II, 1, a und II, 2, f), daß das Blatt des Grundstücks für den Bestand des Rechtes einschließlich der Person des Erbbauberechtigten und der Dauer des Rechtes maßgebend ist, während der nähere Inhalt des Erbbaurechts, also seine Ausgestaltung im einzelnen mit Einschluß der Aenderungen seines ursprünglichen Inhalts, die Belastungen des Rechtes und alle übrigen das Recht berührenden Rechtsvorgänge mit Ausnahme der Löschung durch das Erbbaugrundbuch maßgebend ausgewiesen werden.

Bei einem Widerspruche zwischen dem Inhalte des Grundstücksblattes und jenem des Erbbaugrundbuchs entscheidet also der erstere darüber, ob und wielange überhaupt das Erbbaurecht besteht, während das letztere ausschlaggebend ist für den Inhalt des Erbbaurechts und die daran bestehenden Rechte. Darnach richten sich auch die Rechtsvermutung des § 891 BGB. und der Schutz des rechtsgeschäftlichen Erwerbs nach Maßgabe der §§ 892 ff. BGB. (übereinstimmend Kretzschmar Bem. 4 und Günther Bem. 3, c vor § 14). Wenn z. B. das Erbbaurecht aus Versehen auf dem Grundstücksblatte gelöscht wurde und ein Dritter, der das Bestehen des Erbbaurechts nicht gekannt hat, das Grundstück rechtsgeschäftlich erwirbt, so überkommt er es frei von dem Erbbaurecht. Wer das Erbbaurecht durch Uebertragung oder ein Recht an dem Erbbaurecht erwerben will, muß daher auch das Grundbuchblatt darauf einsehen, ob das Erbbaurecht darauf noch eingetragen und nicht etwa gelöscht ist in den übrigen Beziehungen aber kann er sich auf das Erbbaugrundbuch verlassen.

b) Widersprüche und Vormerkungen sind auf jenem Blatte einzutragen, auf dem die Eintragung, die durch diese Maßnahmen getroffen werden soll, maßgebend steht. Ein Widerspruch in der Richtung gegen die Eintragung des Erbbaurechts oder seine Löschung ist daher z. B. auf dem Grundstücksblatt einzutragen; zum Erbbaublatte gehören dagegen z. B. Vormerkungen zur Sicherung des Anspruchs auf Uebertragung des Rechtes und Veräußerungsverbote, die sich gegen die Verfügungsberechtigung des Erbbauberechtigten richten.

4. Ueber den Gegenstand der Prüfung des Grundbuchamtes bei Eintragung eines Erbbaurechts s. Bem. III, c, δ zu § 1, Bem. 1, d zu § 10, Bem. II, 1, a, γ zu § 11, sowie auch BayObLG. in SeuffBl. Bd. 73 S. 250 ff.; s. auch § 18 GBO.

5. Wegen Berichtigung des Grundbuchs durch Eintragung eines Erbbauberechtigten vgl. die besondere Vorschrift in § 22 Abs. II GBO.

III. Rosenberg DJZ. 1918 S. 480 Nr. IV, 2 vertritt die Auffassung, daß Vereinbarungen über den Inhalt des Erbbaurechts, namentlich die Einräumung des Vorrechts auf die Erneuerung (§ 2 Nr. 6) und die Begründung der Verpflichtung des Grundeigentümers zum Verkaufe des Grundstücks an den jeweiligen Erbbauberechtigten (§ 2 Nr. 7) als Vormerkungen auf dem Grundbuchblatte des Grundstücks schon mit Rücksicht auf § 892 BGB. eingetragen werden müßten und daß die Eintragungen in das Erbbaugrundbuch hier allein nicht genügen können. Demgegenüber ist aber darauf hinzuweisen, daß, was den näheren Inhalt des Erbbaurechts anlangt, nur das Erbbaugrundbuch und nicht das Blatt des Grundstücks die allein maßgebende Stelle ist, auch für die Frage des öffentlichen Glaubens (s. oben Bem. II, 2, f und 3). Auch aus einer besonderen Stelle der VO. ist mittelbar zu entnehmen, daß die VO. eine derartige Eintragung auf dem Grundbuchblatte des Grundstücks nicht als Regel angenommen hat, sonst wäre nämlich die Vorschrift in § 31 Abs. 4 Satz 3 nicht für notwendig erachtet worden, wonach bei dem Vorrecht auf Erneuerung eine derartige Vormerkung erst späterhin unter bestimmten Voraussetzungen von Amts wegen einzutragen ist (vgl. Bem. II, 2, c zu § 31). Es wird im übrigen nichts im Wege stehen, wenn landesrechtliche Vorschriften einem Bedürfnisse hier abzuhelfen suchen.

§ 15.

In den Fällen des § 5 darf der Rechtsübergang und die Belastung erst eingetragen werden, wenn dem Grundbuchamte die Zustimmung des Grundstückseigentümers nachgewiesen ist.

1. Die Vorschrift bezieht sich auf die Fälle, in welchen das Gebundensein einer Veräußerung oder Belastung des Erbbaurechts an die Zustimmung des Eigentümers als wesentlicher Inhalt des Erbbaurechts im Sinne des § 5 vereinbart wurde. Hier dient es zur besonderen Sicherheit des Eigentümers, daß der Rechtsüber-

gang und die Belastung vom Grundbuchamt erst eingetragen werden darf, wenn diesem die Zustimmung des Grundstückseigentümers nachgewiesen ist. Dem Grundbuchbeamten erwächst dadurch die Pflicht, vor der Eintragung jeder Veräußerung oder Belastung eines Erbbaurechts, für die nicht zugleich eine Zustimmung des Grundstückseigentümers in Vorlage gekommen ist, aus dem Erbbaugrundbuch oder, falls etwa in diesem zur näheren Bezeichnung des Inhalts auf eine Eintragungsbewilligung bezug genommen ist (vgl. aber Bem. II, 2, b zu § 14), aus den Grundbuchanlagen festzustellen, ob nicht eine Vereinbarung nach § 5 vorliege. Dadurch wird zugleich in gewissem Sinne eine Art Sperre des Grundbuchs gegen Verfügungen ohne solche Zustimmung des Grundstückseigentümers erreicht, also eine weitergehende Wirkung als z. B. bei einer Vormerkung (vgl. Bem. V, 1, a, β zu § 883 BGB.).

2. Wegen der Form solcher Zustimmung s. § 29 GBO. mit Bem. II, c zu §§ 5—7.

3. Im Falle die Zustimmung des Eigentümers durch gerichtlichen Beschluß ersetzt wird (§ 7 Abs. 3), ist dieser Beschluß dem Grundbuchamte vorzulegen.

4. Wenn der Nachweis der Zustimmung fehlt, hat der Grundbuchbeamte nach Maßgabe des § 18 GBO. zu verfahren.

§ 16.

Bei der Löschung des Erbbaurechts wird das Erbbaugrundbuch von Amts wegen geschlossen.

1. Die Löschung des Erbbaurechts setzt die Beendigung des Erbbaurechts voraus. Diese tritt ein durch rechtsgeschäftliche Aufhebung des Erbbaurechts (s. § 26) oder durch Zeitablauf (s. §§ 27 ff.) oder durch Verjährung im Sinne des § 901 BGB.; vgl. ferner allgemein die Bem. IX, 3 zu § 1. Im Falle einer Beendigung durch Eintritt eines bestimmten Zeitpunktes oder Ereignisses ist auch § 24 mit § 23 GBO. beachtlich.

2. Die maßgebende Löschung des Erbbaurechts (vgl. Bem. II, 1, a und II, 3, a zu § 14) hat auf dem Blatte des belasteten Grundstücks zu erfolgen, nicht im Erbbaugrundbuch. Im Erbbaugrundbuch kommt sie zum Ausdruck durch die Schließung des Erbbaugrundbuchs von Amts wegen, die durch § 16 angeordnet wird; bei solcher Beendigung des Erbbaurechts fällt die Möglichkeit fort, das besondere Blatt für das Erbbaurecht weiter zu führen.

3. Das Schließungsverfahren richtet sich des Näheren nach den allgemeinen landesrechtlichen Vorschriften für Schließung eines Grundbuchblattes mangels besonderer Vorschriften (für Preußen gilt § 19 der AV. vom 20. November 1899 in der neuen Fassung der AV. vom 31. März 1919, JMBl. 207).

4. § 16 stellt nur eine Ordnungsvorschrift dar, materiellrechtlich ist die Schließung des Erbbaublattes ohne Bedeutung, sie kann jederzeit nachgeholt werden, falls sie bei der Löschung im Grundstücksblatte versäumt wurde (ebenso Günther Bem. 2).

§ 17.

Jede Eintragung in das Erbbaugrundbuch soll auch dem Grundstückseigentümer, die Eintragung von Verfügungsbeschränkungen des Erbbauberechtigten den im Erbbaugrundbuch eingetragenen dinglich Berechtigten bekanntgemacht werden.

Dem Erbbauberechtigten soll die Eintragung eines Grundstückseigentümers, die Eintragung von Verfügungsbeschränkungen des Grundstückseigentümers sowie die Eintragung eines Widerspruchs gegen die Eintragung des Eigentümers in das Grundbuch des Grundstücks bekanntgemacht werden.

Auf die Bekanntmachung kann verzichtet werden.

1. Der Grundstückseigentümer und die am Erbbaurechte dinglich Berechtigten haben ein lebhaftes Interesse, über Eintragungen in das Erbbaugrundbuch auf dem Laufenden erhalten zu werden, ebenso aber auch andererseits der Erbbauberechtigte hinsichtlich Veränderungen in der Person des Grundstückseigentümers und dessen Verfügungsfreiheit. Aus diesen Gründen schreibt § 17 (in Erweiterung der Vorschriften des § 55 GBO.) als Ordnungsvorschrift vor:

a) Jede Eintragung in das Erbbaugrundbuch soll auch dem Grundstückseigentümer bekannt gemacht werden, die Eintragung von Verfügungsbeschränkungen (also jede Verfügungsbeschränkung, vgl. unten b) des Erbbauberechtigten den in dem Erbbaugrundbuch eingetragenen dinglichen Berechtigten (also insbes. den Hypothekengläubigern) — Abs. 1.

b) Dem Erbbauberechtigten andererseits soll bekannt gegeben werden: die Eintragung eines Wechsels im Eigentum, die Eintragung von Verfügungsbeschränkungen (allgemein ohne Einschränkung, vgl. insbesondere §§ 6, 7, 106 KO., §§ 20, 146, 148 ZVG., §§ 1984, 2112, 2113, 2205, 2211 BGB., auch im Enteignungsverfahren, vgl. Kretzschmar Bem. 1) des Grundstückseigentümers, sowie die Eintragung eines Widerspruchs (s. § 899 mit § 894 BGB., §§ 54, 71, 101 GBO.), insofern sich dieser gegen die Eintragung des Eigentümers in das Grundbuch des Grundstücks richtet — Abs. 2.

2. Auf Bekanntmachung kann aber verzichtet werden — Abs. 3. Diese Vorschrift entspricht der des § 55 Satz 2 GBO. Die Erklärung ist dem Grundbuchamte gegenüber abzugeben und bedarf keiner besonderen Form.

3. Ueber die nähere Art der Bekanntmachung entscheiden die landesrechtlichen Vorschriften (vgl. die Erläuterungen zu § 55 GBO.).

4. Die Vorschriften des § 55 GBO. bleiben daneben aufrecht; § 17 der VO. stellt nur eine Erweiterung dieser Vorschriften dar.

5. Hinzuweisen ist in diesem Zusammenhang auch auf § 24, wonach bei einer Zwangsvollstreckung in das Erbbaurecht auch der Grundstücks-Eigentümer als Beteiligter im Sinne des § 9 ZVG. zu gelten hat.

III. Beleihung.

1. Mündelhypothek.

§ 18.

Eine Hypothek an einem Erbbaurecht auf einem inländischen Grundstück ist für die Anlegung von Mündelgeld als sicher anzusehen, wenn sie eine Tilgungshypothek ist und den Erfordernissen der §§ 19, 20 entspricht.

Beleihbarkeit I, 1;
Eigentümerhypothek II, 2, c, α;
Erlöschen der Belastungen I, 2, e;
Erzeugnisse I, 2, a;
Gemeinden II, 1;
Gesamthypotheken I, 1, d;
Grund- und Rentenschulden I, 2; II, 1, c;
Heimfall I, 1, 2, e;
Hypotheken I, 2;
Hypothekenbanken I, 1, 2, c, II, 1;
Landesgesetze II, 1, b;
Mündelhypothek II;
Mündelsicherheit I, 1;
Sparkassen II, 1;
Tilgungshypothek II, 2;
Tilgungsraten II, 2, a ff.;
Versicherungsgelder I, 2, a;
Versicherungsunternehmungen I, 2, c; II, 1;
Vormund II, 1, b;
Zustimmung des Eigentümers I, 3.

I. Allgemeines über die Beleihung von Erbbaurechten:

1. Die wichtigste Lebensfrage für das Erbbaurecht bildet seine Beleihbarkeit, insbesondere mit Hypotheken-, Grund- und Rentenschulden. Im Hinblick auf § 1017 Abs. 1 BGB. (s. jetzt § 11 der VO.) und die darin zum Ausdruck gelangte Grundstücksnatur des Erbbaurechts war zwar schon nach bisherigem Rechte die Beleihbarkeit des Erbbaurechts insbes. mit Hypotheken außer Zweifel gestellt (vgl. hiezu insbes. Pesl, Belastung des Erbbaurechts S. 29 ff., Salomon, Die hypothekarische Belastung des Erbbaurechts, Heidelberg 1910), die Beschaffung des Hypothekarkredits begegnete aber gleichwohl den größten Schwierigkeiten: Das Privatkapital verhielt sich völlig zurückhaltend, auch die öffentlichen Korporationen und Anstalten gingen nur zögernd an die Beleihung heran. Die Gründe hiefür waren teils rechtlicher, teils wirtschaftlicher Natur: Es erschien insbes. sehr fraglich, ob das Erbbaurecht als solches eine sichere Grundlage überhaupt schaffen könne, selbst wenn ordentliche, solide Bauwerke vorhanden waren, anderseits war eine technische Schwierigkeit vorhanden, nämlich nach welchem Maßstab und nach welchen Grundsätzen die Schätzung des Erbbaurechts erfolgen sollte, um für die Beleihung einen Anhalt zu haben (vgl. hiezu Pesl, Erbbaurecht S. 141 ff. über das Baudarlehen und die dort vermerkte Literatur, sowie in „Um Grund und Boden“ Bd. 6 S. 287, 288).

a) Die VO. regelt nunmehr in den §§ 18—20 als den Kernpunkt der wirtschaftlichen Sicherheit die Mündelsicherheit der Hypothek beim Erbbaurecht und stellt in § 21 eine Sicherheitsgrenze für sonstige Beleihungen auf, hauptsächlich für Beleihung durch Hypothekenbanken und private Versicherungsunternehmungen. § 22 behält landesrechtliche Vorschriften vor: Die Landesgesetzgebung kann nämlich für die innerhalb ihres Geltungsbereichs gelegenen Grundstücke die Mündelsicherheit der Erbbaurechtshypotheken abweichend von den Vorschriften der §§ 18—20 regeln und ferner bestimmen, in welcher Weise festzustellen ist, ob die Voraussetzungen für die Mündelsicherheit (§§ 19—20) vorliegen.

b) Hinzuweisen ist hier auch auf das allgemeine Bestreben der VO., die Sicherheit für Beleiher zu heben: So hat die VO. zur Hebung der Beleihbarkeit des Erbbaurechts dessen Beschränkung durch auflösende Bedingungen verboten und die Rechtswirkung einer Uebernahme der Verpflichtung zur Aufgabe des Rechtes wesentlich eingeschränkt (s. Abs. 4 des § 1); damit im Zusammenhange steht ferner die Ausgestaltung und Regelung des Heimfallrechts (s. § 2 Nr. 4 mit Bem. II, 4 hiezu, sowie §§ 3, 4, 32, 33), bei dessen Ausübung das Erbbaurecht und seine Belastungen (der Regel nach) bestehen bleiben. Aus Gründen der Sicherheit für den Beleiher ist außerdem in § 10 bestimmt, daß das Erbbaurecht selbst stets nur zur ersten Rangstelle auf dem damit belasteten Grundstück eingetragen werden darf und auch nachträglich diesen seinen Rang nicht ändern kann. Hinzuweisen ist ferner auf die Bestimmungen des § 12, wodurch nunmehr Bauwerk und Erbbaurecht für die Dauer des Rechtes in feste Rechtsverbindung gebracht wurden. Auch die Anordnung eines besonderen Grundbuchblattes für jedes Erbbaurecht, das als Grundbuch für das Erbbaurecht im Sinne des BGB. zu gelten hat (§ 14), ist hierher zu zählen. Vgl. auch Vorbem. D 4, vor § 1.

2. Das Erbbaurecht kann **wie ein Grundstück** mit **Hypotheken** (§§ 1113 ff. BGB.), **Grundschulden** (§§ 1191 ff. BGB.) und **Rentenschulden** (§§ 1199 ff. BGB.) **belastet** werden (vgl. Bem. I, 2, c zu § 11 und Pesl, Belastung des Erbbaurechts S. 29 ff.).

Als die wichtigste und wohl häufigste Belastung erscheint die **Hypothek** in ihren verschiedenen Arten. Es gelten hiefür die Vorschriften im §§ 1113 ff. BGB.

a) Die Hypothek belastet das Erbbaurecht selbst und, da als dessen wesentlicher Bestandteil in jedem Falle das darauf errichtete oder schon vorhandene Bauwerk zu gelten hat (s. § 12 Abs. 1 Satz 1, 2), auch das Bauwerk nebst dessen Bestandteilen und Zubehörstücken. Die Haftung des Bauwerkes für die Belastungen des Grundstücks erlischt mit der Eintragung des Erbbaurechts im Grundbuch (§ 12 Abs. 1 Satz 3); die Bestandteile des Erbbaurechts sind nicht zugleich Bestandteile des Grundstücks (§ 12 Abs. 2).

Die Hypothek auf dem Erbbaurecht ist daher als eine Belastung in der Weise anzusehen, daß an denjenigen, zu dessen Gunsten die Belastung erfolgt, eine bestimmte Geldsumme zur Befriedigung wegen einer ihm zustehenden Forderung aus dem Erbbaurechte zu zahlen ist; die Hypothek kann auch für eine künftige oder bedingte Forderung bestellt werden (§ 1113 BGB.).

Allgemein ist dabei aber zu beachten, daß die Rechte der Hypotheken- und Grundschuldgläubiger nicht weiter reichen können als die des Erbbauberechtigten selbst; das mit dem Erbbaurechte belastete Grundstück selbst z. B. wird von den Hypotheken usw., die auf dem Erbbaurechte lasten, nicht betroffen; die §§ 1120 ff. BGB. werden aber doch Anwendung zu finden haben, wie wenn nicht das Erbbaurecht, sondern das Grundstück belastet wäre, z. B. die Erzeugnisse des von dem Erbbauberechtigten angelegten Nutzgartens (vgl. § 1 Abs. 2 mit Bem. III, c zu § 1) müssen mit unter die hypothekarische Belastung des Erbbaurechts nach Maßgabe jener Vorschriften fallen (ebenso Planck Bem. II, d zu § 1017 BGB.). Die Hypothek ergreift also auch das Zubehör (§§ 97 ff. BGB.), soweit dies dem Erbbauberechtigten gehört, sie ergreift auch die Miet- und Pachtzinsforderungen (§ 1123), die Ansprüche auf Leistungen aus den mit dem Erbbaurechte verbundenen Rechte (§ 1125); es haftet ferner z. B. auch die Feuer- und sonstige Versicherung des Gebäudes für die Erbbaurechtshypotheken (§§ 1127—1130 BGB.); vgl. Lux, JW. 1919 S. 360 Nr. 5 und Günther Bem. 4 vor § 18. Ueber den Anspruch auf Entschädigung für das Bauwerk als Haftungsgegenstand s. §§ 29 ff.

b) Die hypothekarische Belastung wird wie jede andere Belastung des Erbbaurechts auf dem für dieses angelegten Blatte, dem Erbbaugrundbuch, das für das Erbbaurecht das Grundbuch im Sinne des BGB. ist (s. § 14) eingetragen und zwar ausschließlich auf diesem.

c) Das Erbbaurecht kann mit jeder Art von Hypotheken belastet werden, wirtschaftlich am empfehlenswertesten ist aber die Tilgungshypothek (Amortisations- oder Annuitäten-Hypothek) im Hinblick auf die regelmäßig beschränkte Dauer des Erbbaurechts und weil das Erbbaurecht im Laufe der Jahre in seinem Werte abnimmt (s. näher Bem. II, 2 unten): für die sog. Mündelhypothek ist nur mehr diese Art zulässig, s. unten Bem. II, desgleichen für die Beleihung durch Hypothekenbanken und private Versicherungsunternehmungen (§ 21).

d) Das Erbbaurecht kann wie ein Grundstück auch mit einer Gesamthypothek belastet werden und zwar in der Weise, daß die Hypothek auf dem Erbbaurecht und zugleich auf einem anderen Erbbaurecht oder Grundstücke lastet, vgl. §§ 1132 ff. und Pesl, Belastung des Erbbaurechts S. 43, 44. Auch eine Gesamthypothek an dem Erbbaurecht und dem Grundstück, auf welchem das Erbbaurecht selbst lastet, ist möglich, vgl. Wittmaack S. 143 und Pesl a. a. O.

e) Wenn das Erbbaurecht endigt (vgl. Bem. IX, 3 zu § 1 und die §§ 26 ff.), erlöschen auch die darauf lastenden Hypotheken. In diesem Falle werden die Bestandteile des Erbbaurechts Bestandteile des Grundstücks, s. § 12 Abs. 3. Bei dem Heimfalle des Erbbaurechts (s. § 2 Nr. 4, 3, 4, 32 ff.) aber bleiben der Regel nach die Hypotheken, Grund- und Aktenschulden bestehen, soweit sie nicht dem Erbbauberechtigten selbst zustehen (s. näher § 33 mit Bem.).

3. Eine Zustimmung des Grundeigentümers zur Beleihung des Erbbaurechts ist nicht vorgeschrieben (vgl. Entwurf Pechmann Art. XVI und Pesl, Hirths-Ann. 1915 S. 277); gemäß § 17 ist jede Eintragung in das Erbbaugrundbuch auch dem Grundstückseigentümer bekannt zu machen. Es kann aber im Wege des § 5 Abs. 2 mit dinglicher Wirkung vereinbart werden, daß die Belastungen der Zustimmung des Eigentümers bedürfen sollen; über Ersatz dieser Zustimmung durch richterlichen Bescheid s. § 7 Abs. 2.

II. Die Mündelhypothek:

1. Wenn die VO. von Mündelhypothek spricht, so meint sie damit nicht bloß die sog. Mündelhypothek im engeren Sinne, d. h. wenn das Geld zur Hypothek aus dem Vermögen von unter Vormundschaft stehenden Mündeln hingegeben wird, sondern auch weitergehend all jene Fälle, in denen die Rechtsquellen überhaupt und allgemein eine mündelsichere Hypothekanlage verlangen. Es sind hier insbes. zu vergleichen aus dem BGB.: § 238 Abs. 1 (bei der Sicherheitsleistung), §§ 1079, 1083 (bei dem Nießbrauch), § 1288 Abs. 1 Satz 1 (bei dem Pfandrecht an Forderungen), §§ 1377 Abs. 2, 1525 Abs. 2 (bei dem ehelichen Güterrecht), § 1642 (für den Vater hinsichtlich des Kindvermögens), § 2119 (bei der Nacherbschaft), ferner aus der Reichsversicherungsordnung: §§ 26, 1356 Abs. 2 (hinsichtlich der Anlegung der Gelder der Reichsversicherungsanstalten), s. ferner § 220 AngVersG. vom 20. Dezember 1911; auch die Gemeinden, die Landesversicherungs-Anstalten und die öffentlichen Sparkassen sind im allgemeinen gehalten, ihre Kapitalien mündelsicher anzulegen; an gesetzliche Schranken sind ferner gebunden: die Hypothekenbanken (§ 11, 12 HypBG.) und die privaten Versicherungs-Unternehmungen (§§ 59, 60 des RG. vom 12. Mai 1901) s. § 21 mit Bem.

a) Die maßgebende Gesetzesstelle ist hier § 1807 BGB.; dieser bestimmt in Abs. 1, daß die Anlegung von Mündelgeld nur in Forderungen erfolgen soll, für die eine sichere Hypothek an einem inländischen Grundstücke besteht, und in Abs. 2, daß die Landesgesetze für die innerhalb ihres Geltungsbereichs belegenen Grundstücke die Grundsätze bestimmen können, nach denen die Sicherheit einer Hypothek usw. festzustellen ist.

Bisher war streitig, ob das Erbbaurecht überhaupt unter diese Vorschrift des BGB. und die einschlägigen Gesetze als zulässiges Belastungsobjekt fällt, vgl. Bem. 1, a zu § 1807. Dafür bisher insbes. PrJMBl. 1902 S. 6 ff. (= ZBlFG. Bd. 2 S. 647 ff.), Wilutzky, GruchotsBeitr. Bd. 49 S. 539 ff., Sohm, Jahrbuch der Bodenreform 1908 S. 246 ff., Pesl, Belastung des Erbbaurechts S. 30 ff., Turnau-Förster Bem. V zu § 1017 BGB.; dagegen aber Wittmaack a. a. O. S. 149 ff. und im ArchZivPrax. Bd. 93 S. 323 ff., Wolff, SR. § 104 Anm. 14, Dietzsch, Praxis des Erbbaurechts S. 170 ff., Kretzschmar Bem. 6 zu § 1015 BGB. und ZBlFG. Bd. 3 S. 447 ff.

Die VO. zerstreut diese Zweifel endgültig und stellt in §§ 18—20 bestimmte Voraussetzungen auf, bei deren Erfüllung das Erbbaurecht mit Mündelhypotheken im engeren und weiteren Sinne ohne weiteres beliehen werden darf. Dannenbaum a. a. O. S. 19 entnimmt aus der Amtl. Erläut. des Entwurfs zu §§ 18—22, daß die VO. nur die Anstalten meine, die ihre Gelder mündelsicher anzulegen haben, nicht aber Mündelgelder selbst. Gegen solche Annahme spricht aber der unzweideutige Wortlaut der VO.; ebenso von der Pfordten, BayGemZ. 1919 S. 283 Anm. 33.

Wie nach Abs. 2 des § 1807 BGB. können aber die Landesgesetze für die innerhalb ihres Geltungsbereichs gelegenen Grundstücke die Mündelsicherheit abweichend von den Vorschriften der §§ 18—20 regeln, s. § 22. (Es wäre freilich wünschenswerter gewesen, wenn die Materie einheitlich in dieser VO. allein geregelt worden wäre, vgl. Dannenbaum, Erbbaurecht S. 19).

b) Fraglich bleibt aber immer noch, ob für die Mündelhypothek im engeren Sinne das Erbbaurecht wirklich eine geeignete Vermögensanlage bildet, denn da das Erbbaurecht nach den in der VO. aufgestellten Vorschriften nur im Wege einer Tilgungshypothek beliehen werden darf, wird sich regelmäßig die Folge ergeben, daß die Tilgung zur Zeit der Großjährigkeit des Mündels noch nicht beendet ist und daß der Mündel sohin nach seiner Großjährigkeit über das Kapital nicht verfügen kann, vielmehr dieses erst viel später zur Auszahlung gelangen kann (vgl. Dannenbaum a. a. O. und Dittrich, DRichtZ. 1918 S. 208); auch die Vorschrift in § 20 Nr. 1 wirkt für den Mündel wirtschaftlich unangenehm (vgl. Dittrich a. a. O.).

Der Vormund bedarf zur Anlegung von Mündelgeld auf Erbbaurechts-Hypotheken der Genehmigung des Gegenvormundes; ist kein solcher aufgestellt, so ist die Genehmigung des Vormundschaftsgerichts notwendig, außer es wird die Vormundschaft von mehreren Vormündern gemeinschaftlich geführt, s. § 1810 BGB. Das Vormundschaftsgericht kann aus besonderen Gründen dem Vormund gestatten, Erbbaurechte auch dann zu beleihen, wenn den Vorschriften der §§ 19 und 20 nicht genügt ist (s. § 1811 BGB. und von der Pfordten, BayGemZ. 1919 S. 285 Ziff. 4). Letzteres gilt auch für den Vater, soweit er Kindgelder anzulegen hat (§ 1642 Abs. 2 BGB.).

c) Die VO. spricht in der Ueberschrift zu den §§ 18—20 von Mündelhypothek und in §§ 18—20 selbst nur von Hypotheken, während § 1807 Abs. 1 Nr. 1 BGB. mit ausdrücklichen Worten auch Grund- und Rentenschulden erwähnt. Es entsteht daher die Frage, ob auch Grund- und Rentenschulden hier zugelassen sind. Im Hinblick auf den Wortlaut der VO. und in Anbetracht dessen, daß das vorliegende Rechtsgebiet jedenfalls eng ausgelegt werden muß und daß die VO. an anderen Stellen (s. insbes. §§ 5 Abs. 2, 33 Abs. 2) eine gewollte Gleichstellung der Hypotheken mit Grund- und Rentenschulden ausdrücklich erwähnt, wird hier die Ausdehnung auf Grundschulden, bei denen auch grundsätzlich eine persönliche Haftung mangelt, abzulehnen sein (vgl. auch Volmer, JW. 1918 S. 471 Anm. 5 und S. 476 Anm. 28; für Ausdehnung auf Grundschulden aber von der Pfordten a. a. O. S. 283 Ziff. 1, auch Günther Bem. 1 und Kretzschmar Bem. 3); eine Ausdehnung auf Rentenschulden verbietet sich von selbst, da die Vorschriften der §§ 19 und 20 mit diesem Rechtsinstitut ohnehin nicht vereinbar sind.

2. Die Hypothek an einem Erbbaurecht auf einem inländischen Grundstück (es muß also innerhalb der Reichsgrenze gelegen sein) ist aber für die Anlegung von Mündelgeld (vgl. oben II, 1 a. A.) nur dann als sicher anzusehen, wenn sie eine **Tilgungshypothek** ist und **den Erfordernissen der §§ 19, 20 entspricht.** Für die Hypotheken anderer Personen oder Rechtssubjekte, für die das Erfordernis der Mündelsicherheit jeweils nicht aufgestellt ist, bestehen dagegen keine besonderen gesetzlichen Vorschriften (vgl. oben Bem. II, 1).

Die wirtschaftliche Zweckmäßigkeit der Tilgungshypotheken für das Erbbaurecht ist schon bisher fast allgemein anerkannt worden, vgl. insbes. von Pechmann in den Verhandlungen des 31. deutschen Juristentages Bd. III S. 41 ff., Dietzsch, Die Praxis des Erbbaurechts S. 137 ff., Pesl, Erbbaurecht S. 149 ff.

a) Unter **Tilgungshypothek** (auch Amortisationshypothek [so z. B. im Hypotheken-Bank-Gesetz] oder Annuitätenhypothek genannt) ist eine Hypothek zu verstehen, bei welcher — neben der Verzinsung des Kapitals — dieses selbst auf Grund eines Tilgungsplans durch Zahlung bestimmter kleiner Raten allmählich getilgt wird (vgl. Bem. A, 5, d, α zu § 1115 und Bem. 1, b zu § 1178 BGB., Busch, ZBlFG. Bd. 12 S. 734 ff., Sachs, IheringsJ. Bd. 58 S. 323 ff., Nußbaum, Hypothekenwesen S. 65 ff.).

Diese Tilgung kann technisch in verschiedenen Formen herbeigeführt werden (vgl. die Amortisationstabellen bei Oppenried, Die Hypothekaranstalten [Wien 1911] S. 54, zitiert bei Nußbaum, Hypothekenwesen S. 65, s. auch Strömfeld, Neuer Berechner für Zinseszinsen, Renten und Annuitäten [Regensburg, Otto Maier] S. 26 ff.). Am verbreitetsten und wohl auch am zweckmäßigsten ist das Verfahren, daß der Schuldner auf das Kapital bis zu dessen vollständiger Tilgung eine gleichbleibende, in Prozenten des Kapitals bestimmte Jahresleistung entrichtet, die sowohl Zins- wie Tilgungsquote in sich schließt; er zahlt z. B. 4% des gesamten Kapitals, woraus 3½% als Zins und ½% als Tilgungsquote gilt. Vgl. auch Bem. II, 1, a zu § 20.

Eine Sondervorschrift ist aber in § 20 Nr. 1 aufgestellt, worin bestimmt ist, daß die planmäßige Tilgung der Hypothek unter Zuwachs der ersparten Zinsen erfolgen muß (s. näher Bem. II, 1, a zu § 20). Diese Art der Verrechnung war schon bisher üblich.

Als Berechnungsformel für die einzelnen Größen läßt sich hier aufstellen (vgl. von der Pfordten a. a. O. S. 285 unter a; Bastian, Banktechnisches [Stuttgart 1909] S. 97), wenn man mit p den Zinsfuß, mit a die Tilgungsprozente des Kapitals und mit n die Zahl der Jahre bezeichnet, in denen die Hypothek abgetragen werden soll:

$$p + a = a\left(1 + \frac{p}{100}\right)^n.$$

b) Im übrigen kann die Tilgungshypothek in zwei wesentlich verschiedenen Rechtsformen auftreten: Die Hypothek kann sich um den Betrag jeder einzelnen Abschlagszahlung mindern (diese ist die regelmäßige Art, insbesonders im Geschäftsverkehr der Hypothekenbanken üblich) oder aber es kann bestimmt werden, daß die einzelnen Abzahlungen zu einem besonderen Tilgungsfonds angesammelt werden (man kann diese Hypothek daher Tilgungsfondshypothek nennen, vgl. Nußbaum a. a. O.), so daß der Schuldner die Hypothekenforderung erst am Schlusse der Abtragungen in ihrem gesamten Betrage durch Aufrechnung tilgen kann, wenn der Tilgungsfonds den Vollbetrag der Hypothek erreicht hat. Bei der letzteren Art wird das Grundstück bis zur vollen eingetragenen Höhe der Hypothek dauernd für anderweitige Belastungen gesperrt und insbesonders das Entstehen von Eigentümerhypotheken verhindert (s. Bem. c).

c) Die einzelnen Tilgungs- oder Amortisationsraten haben nicht den Charakter von bloßen Nebenleistungen der Hypothek (vgl. § 1115 BGB.), sondern sie sind Teile der Hauptleistung, soweit mit ihnen das Kapital abgetragen wird.

α) Dies ist insbesondere wichtig hinsichtlich der Frage der Eigentümer-Hypothek. In Höhe der abgetragenen Kapitalsteile entsteht nämlich jeweils eine Eigentümerhypothek zugunsten des Erbbauberechtigten; vgl. § 1178 BGB. mit Bem. 1, b. Dadurch entstehen freilich zum Teil recht erhebliche grundbuchtechnische Schwierigkeiten, besonders bei öfterem Wechsel des Erbbauberechtigten; der beste Ausweg ist hier, bei jeder Veräußerung des Erbbaurechts die entstehenden Eigentümer-Grundschulden mit abzutreten (vgl. Sachs a. a. O. S. 382ff., Nußbaum a. a. O. S. 67, 68). Wenn aber bestimmt ist, daß die Abtragungen in einem besonderen Tilgungsfonds anzusammeln sind und sohin das Kapital selbst erst am Schlusse der Abtragung durch Aufrechnung zu tilgen ist (Tilgungsfondshypothek s. oben Bem. b), so entstehen keinerlei Eigentümer-Hypotheken während der Dauer der Abtragung (vgl. Bem. 1, b zu § 1178 und Busch, ZBlFG. Bd. 12 S. 737).

β) Die einzelnen Tilgungsraten unterliegen der gleichen vierjährigen Verjährung wie die Hypothekenzinsen (§ 197 BGB.); rückständige und laufende Raten werden im Zwangsversteigerungsverfahren ebenso wie diese behandelt (§ 10 Ziff. 4 ZVG., vgl. auch Busch, ZBlFG. Bd. 12 S. 739).

d) Wegen der weiteren **besonderen Erläuterungen der** §§ **19, 20** s. näher die Erläuterungen hiezu.

§ 19.

Die Hypothek darf die Hälfte des Wertes des Erbbaurechts nicht übersteigen. Dieser ist anzunehmen gleich der halben Summe des Bauwerts und des kapitalisierten, durch sorgfältige Ermittlung festgestellten jährlichen Mietreinertrags, den das Bauwerk nebst den Bestandteilen des Erbbaurechts unter Berücksichtigung seiner Beschaffenheit bei ordnungsmäßiger Wirtschaft jedem Besitzer nachhaltig gewähren kann. Der angenommene Wert darf jedoch den kapitalisierten Mietreinertrag nicht übersteigen.

Ein der Hypothek im Range vorgehender Erbbauzins ist zu kapitalisieren und von ihr in Abzug zu bringen.

Bauwert 2, a; Beispiele 2, f; Beleihungswert, allgemein 1, im einzelnen 2; Bestandteile 2, b, γ; Bodenwert 2, a, β; Eigenhäuser 2, b, β; Erbbauzins 2, d; Kapitalisierung 2, b, α, d; Landesgesetze 2, α, γ; Mietreinertrag 2, b.

Festlegung des **Beleihungswertes des Erbbaurechts**:

1. **Allgemeines**: Der im Falle einer Beleihung zu vermittelnde **Wert** des **Erbbaurechts** ist nach der VO. das arithmetische Mittel also die **Hälfte** von **Bauwert + Mietereinertrag**.

Die Amtlichen Erläuterungen sagen hiezu: „Bei der Festlegung des Beleihungswertes von Erbbaurechten ist davon auszugehen, daß eine sichere Grundlage für Wertbemessung nur der jährliche Reinertrag bilden kann, den die auf Grund des Erbbaurechts errichteten Bauten mit etwaigen übrigen Anlagen bei ordnungsmäßiger Wirtschaft jedem Besitzer dauernd gewähren können. Gleichwohl mußte auf die bauliche Beschaffenheit des Bauwerkes Rücksicht genommen werden, um zu vermeiden, daß Erbbaurechte mit hohem Ertrags- aber geringem baulichen Werte hoch beliehen werden, und daß bei einer etwaigen unvorhergesehenen Minderung des jährlichen Reinertrags der Hypothekengläubiger gefährdet wird."

Der Bodenwert bleibt hierbei ganz außer Ansatz, s. unten Bem. 2, a, β.

Die mündelsichere Hypothek darf die Hälfte des hiernach gefundenen Wertes des Erbbaurechts nicht übersteigen (**Abs. 1 Satz 1**); sie muß sich also innerhalb der einen Hälfte dieses Wertes bewegen. Man hat dabei sohin zu unterscheiden einerseits den Wert des Erbbaurechts ($= \frac{\text{Bauwert}}{2} + \frac{\text{Mietreinertrag}}{2}$), anderseits seinen Beleihungswert, der rechnerisch die eine Hälfte dieses seines Wertes ausmacht. (Es ist also zweimal zu halbieren! Vgl. die Beispiele unten in Bem. 2, f).

2. Die **Wertsberechnung im einzelnen** (**Abs. 1 Satz 2 und 3**).

a) Festzulegen ist zunächst die Summe des **Bauwerts**:

α) Unter Bauwert ist der Wert der vom Erbbaurecht umfaßten Baulichkeiten nebst Bestandteilen und Zubehör auf dem mit dem Erbbaurechte belasteten Grundstücke zu verstehen, den diese zur Zeit der Hypothekenaufnahme darstellen. (In Satz 2 sind die Worte: „des Bauwerkes" bei den Worten „des Bauwerts" als selbstverständlich zu ergänzen; vgl. auch Michaelis, BayZR. 1919 S. 173 Anm. 7). Es ist dies der sog. Zeit- oder Realwert, nationalökonomisch auch Grund-Kapital- oder Realtaxe genannt (§ 27 Abs. 1 spricht von „gemeinen Werte" des Bauwerkes). Dieser Wert der Baulichkeiten ist entweder nach Neuwert an der Hand der Baukosten zu ermitteln oder nach überschläglichem Tarif pro Kubikmeter bebauter Fläche (massiv oder Fachwerk oder Holzbau). Dienlich kann bei Feststellung dieses Wertes auch der jeweilige Brandversicherungswert sein, wie ihn der amtliche Brandversicherungskataster ausweist, unter Berücksichtigung der Werte der etwa nicht versicherten Teile (Grundmauern usw.), vgl. Rehm, Die Bilanzen der Aktiengesellschaften S. 316.

Bei den Gebäuden ist auch zu erwägen, ob sie für einen normalen Wirtschaftsbetrieb ausreichen, oder ob überflüssige Bauten vorhanden sind. Das Mehr kann hier nur Abbruchwert haben, ebenso wie luxuriöse Einrichtungen; denn sie helfen nicht den Ertrag steigern, sondern verringern ihn durch aufzuwendende Reparaturen und Steuern; allerdings ist auch zu beachten, ob sie eine andere oder bessere Verwertungsmöglichkeit zulassen. Außerdem sind auch für Abnutzungen entsprechende Abschreibungen notwendig. Vgl. Steinbrück im Handb. der Staatswissenschaften Bd. VII S. 1144 und Nußbaum, Hypothekenwesen S. 321; wegen der Abnutzungsquoten s. auch Bem. II, 1, d, β zu § 20.

β) Der Wert des Grund und Bodens wird hier beim Erbbaurechte nicht in die Abschätzung einbezogen (da dieser dem Erbbauberechtigten nicht als Eigentum zusteht), auch nicht in entsprechender Anwendung als sog. Erbbau-Bodenwert (gegenwärtiger Wert der jährlichen Differenz zwischen der Normalverzinsung und dem Erbbauzinse?), was in der Kritik des Entwurfs beanstandet wurde (vgl. insbes. Sommerbrodt, Bank-Archiv 1918/19 S. 14); allein die Berechnung dieses quasi-Bodenwerts des Erbbaurechts würde immerhin auf sehr unsicherer Grundlage erfolgen müssen; vgl. Lux, JW. 1919 S. 361 unter Nr. II.

γ) Nähere Anweisungen für Abschätzung können nach § 22 die Landesgesetze geben. Einstweilen vgl. für Preußen das Schätzungsamts-Gesetz vom 8. Juni 1918 (GS. S. 83) und dazu Vollmer, JW. 1918 S. 471 ff. Für Bayern vgl. JMBek. vom 14. Juli 1909 JMBl. S. 307.

b) Es ist ferner durch sorgfältige Ermittlung festzulegen der **jährliche Mietreinertrag**, den das Bauwerk nebst Bestandteilen des Erbbaurechts unter Berücksichtigung seiner Beschaffenheit bei ordnungsmäßiger Wirtschaft jedem Besitzer nachhaltig gewähren kann. Damit ist also die sogenannte Nettomiete gemeint (vgl. auch Dietzsch, Die Praxis des Erbbaurechts S. 189 ff.).

α) Um diese zu finden, ist zunächst die Bruttomiete zu berechnen aus der Summe der Mieterträgnisse für ein Jahr. Von dieser Summe ist abzuziehen ein ortsüblicher Satz für Kosten der Verwaltung und Instandhaltung der Baulichkeit (dieser ist sehr verschieden je nach Ort und Art der Baulichkeiten; in Großstädten stellt er sich bei Häusern auf 15—25 %, wobei als kostensteigernd namentlich Warmwasser- und Zentralheizungs-Einrichtungen in Betracht kommen; vgl. Nußbaum, Hypothekenwesen S. 321).

Der hiernach ermittelte Mietsertrag ist sodann zu kapitalisieren. Der Entwurf hatte in dieser Hinsicht den zwanzigfachen Betrag der Nettorente als Norm aufgestellt. Die VO. hat aber davon abgesehen, hier eine Bindung aufzustellen, wohl weil die übliche Kapitalisierung mit 5 % des Nettobetrags, die dessen zwanzigfachen Betrag entspricht, nicht unter allen Umständen entspricht und in den Zeiten wandelbar ist (vgl. Nußbaum a. a. O. und Lützeler in Schmollers Jahrb. 1902 S. 119 ff., aus der Praxis vgl. auch KGJ. Bd. 25 A S. 14); der Zinsfuß bestimmt sich, wie bei Grundstücken, nach der jeweiligen Verkehrsübung. (Dannenbaum, Erbbaurecht S. 24 macht darauf aufmerksam, daß die übliche Kapitalisierung mit 5 % vom Häuserkauf ausgeht, weil nämlich ein Hauseigentümer von seinem Kapital zurzeit regelmäßig eine fünfprozentige Verzinsung erwartet; auf das Erbbaurecht angewendet, werde man aber sagen müssen, daß, wer ein Erbbaurecht kauft, von vorneherein eine höhere Verzinsung seines Eigenkapitals erwarte als der Käufer eines Eigengrundstücks, da letzterer in der Möglichkeit der Wertsteigerung einen gewissen Ausgleich zu finden hofft; aus diesem Grunde werde der Kapitalisierungszins für das Erbbaurecht wohl regelmäßig etwas höher als 5 % anzusetzen sein).

Bei der Frage der Kapitalisierung wird noch ein weiteres Moment zu berücksichtigen sein, nämlich der Unterschied zwischen sog. ewigen und zeitlich begrenzten Erbbaurechten. Während nämlich die Kapitalisierung von Nutzungen unbeschränkter Dauer unter Zugrundelegung des jeweils üblichen Zinsfußes erfolgen kann, würde ein solches Verfahren bei Nutzungen, deren zeitliche Begrenzung von vorneherein feststeht, wirtschaftlich unrichtig sein, und zwar umso mehr, je kürzer die voraussichtliche Dauer der Nutzungen noch ist. Dies wird dadurch auszugleichen sein, daß in solchen Fällen die überhaupt noch zu erwartenden Nutzungen zusammengezählt werden und der gefundene Wert dann mittels der sog. Diskontierungsrechnung (Abzug von Zwischenzinsen) noch entsprechend abgeglichen und zurückgeführt wird auf den Zeitpunkt der jeweiligen Wertsberechnung (so mit Recht Günther in Bem. 3, der S. 152 ff. auch eine Berechnungstabelle aufstellt; vgl. ferner hiezu die Vorschriften der Pfandbriefleihanstalt in Posen bei Stübben, Jahrb. der Bodenreform Bd. 8 S. 183; übereinstimmend auch Michaelis, BayZR. 1919 S. 179).

Im übrigen können auch hier die Landesgesetze nähere Vorschriften über die hier einschlägigen Feststellungen treffen.

β) Man hat hier zunächst an gewöhnliche vermietete Wohnhäuser zu denken. Soweit es sich um andere Häuser handelt, die bestimmten Zwecken, z. B. gewerblichen, dienen, oder um sonstige Anlagen (z. B. Hafenanlagen, industrielle Anlagen usw.) wird zu prüfen bleiben, ob die Gebäude oder die Anlagen voraussichtlich ohne weiteres den gleichen bisherigen Zwecken dienstbar bleiben werden, auch wenn der jetzige Inhaber des Gewerbebetriebes usw. diesen nicht mehr ausübt, z. B. wenn das Erbbaurecht veräußert würde.

Bei Häusern, die nicht vermietet werden (sog. Eigenhäuser, Einfamilienhäuser usw.), ist, um den Mietreinertrag zu finden, zu fingieren, daß das Haus vermietet würde. Es ist dann maßgebend, um welchen Preis die Räume sofort nach der derzeitigen Marktlage vermietet werden könnten, ebenso wie auch sonst bei Belehnung eines Hauses zurzeit leerstehende Wohnungen entsprechend mitgerechnet werden; ebenso ist auch zu verfahren, wenn ein Haus teils vermietet ist, teils vom Erbbauberechtigten selbst bewohnt wird, hinsichtlich des letzteren Teiles (vgl. auch Pesl, Erbbaurecht S. 149).

γ) Soweit das Erbbaurecht — abgesehen vom Bauwerk — weitere Bestandteile hat, z. B. einen Garten (vgl. Bem. III, c zu § 1) ist auch hiefür nach obigen Grundsätzen ein jährlicher Reinertrag zu errechnen und entsprechend zu kapitalisieren.

c) **Abs. 1 Satz 3** stellt noch eine **Höchstziffer** dahin auf, daß der angenommene Wert den kapitalisierten (Entwurf auch hier: den „20fachen") Mietreinertrag nicht übersteigen darf. Der letztere Betrag stellt also in jedem Falle die Höchstziffer des anzunehmenden Wertes des Erbbaurechts dar. Dies wird wichtig besonders für jene Fälle, in denen der Bauwert der Baulichkeiten überragend ist. Vgl. die Beispiele unten in Bem. f.

d) **Abs. 2:**

Ein der Hypothek **im Range vorgehender Erbbauzins** ist zu **kapitalisieren** und **von ihr in Abzug zu bringen.**

α) Der Entwurf lautete: „Ein der Hypothek im Range vorgehender Erbbauzins ist mit dem zwanzigfachen Betrage zu kapitalisieren und von dem errechneten Werte des Erbbaurechts in Abzug zu bringen." Hiernach wäre der kapitalisierte Erbbauzins vom Gesamtwerte des Erbbaurechts abzuziehen gewesen. Hiegen kämpfte die Kritik an (vgl. z. B. Sommerbrodt a. a. O. S. 14), davon ausgehend, daß die gewollte Sicherheit nur erreicht werde, wenn Erbbauzins + Mündelhypothek in der ersten Wertshälfte stehen. Die von der VO. gewollte Aenderung ist auch anscheinend nur in diesem Sinne zu verstehen, daß nämlich der kapitalisierte Erbbauzins nicht vom Gesamtwerte des Erbbaurechts, sondern vom halben Werte des Erbbaurechts, also vom beleihungsfähigen Werte abgezogen werden soll (s. unten β), der Ausdruck der VO., daß der kapitalisierte Zins „von der Hypothek" abzuziehen sei, drückt die offenbar gewollte Aenderung freilich nicht klar aus. Rechnerisch macht es übrigens — worauf von der Pfordten BayGemZ. 1919 S. 284 Anm. 39 mit Recht hinweist — nichts aus, ob man den Zins von dem Werte abrechnet, bis zu dem beliehen werden darf, oder ob man den vollen, nach Abs. 1 errechneten Beleihungswert ansetzt und dann vorschreibt: „Von dem hiernach zulässigen Betrag der Hypothek muß der kapitalisierte Erbbauzins abgerechnet werden." Im letzteren Sinne ist nunmehr die VO. zu verstehen.

β) Der Erbbauzins hat nach § 9 als Reallast zu gelten (vgl. Bem. zu § 9) Der Jahresbetrag dieser Reallast ist zu kapitalisieren; die VO. hat auch hier, wie bei b oben, davon abgesehen, eine arithmetische Bindung für die Kapitalisierung aufzustellen, da auch hier die bisher übliche Berechnungsart, nämlich mit 20 % zu vervielfachen, unter Umständen, insbesondere je nach den Zeitverhältnissen und der Verkehrsübung, nicht mehr entsprechen kann (vgl. oben Bem. b, α); bei zeitlich begrenzten Erbbaurechten wird übrigens diese Kapitalisierung des Erbbauzinses (ebenso wie die Berechnung des Mietreinertrags) richtiger unter Zusammenzählen der überhaupt noch zu zahlenden Beträge und deren Wertserrechnung für den Zeitpunkt der Kapitalisierung durch Diskontierung zu erfolgen haben, s. oben Bem. b, α und Günther Bem. 42). Dieser Kapitalsbetrag des Erbbauzinses ist sodann von dem nach Abs. 1 zu errechnendem Beleihungswerte des Erbbaurechts in Abzug zu bringen; m. a. W.: dieser Kapitalsbetrag muß mit dem Betrage der Hypothek zusammen noch in der einen Wertshälfte des Erbbaurechts Deckung finden; vgl. oben α und die Beispiele unten in Bem. f.

γ) Wirtschaftlich wird dieser Vorrang des Erbbauzinses die Beleihungsfähigkeit der Erbbaurechte freilich unter Umständen schwer herunterdrücken, denn der kapitalisierte Erbbauzins bildet unter diesen Umständen im Grunde doch nichts anderes als die erste Hypothek des Erbbaurechts, vgl. Dannenbaum, Erbbaurecht S. 21, 22. Die Begründung zu § 19 weist aber dagegen darauf hin, daß ja der Grundstückseigentümer sich bereit finden kann, der einzutragenden Hypothek mit seinem Erbbauzins den Vorrang einzuräumen und daß ferner, auch wenn der Erbbauzins den ersten Rang behält, eine Gefährdung der Hypothek im Zwangsversteigerungsverfahren auch dann nicht zu befürchten steht, da der Erbbauzins bei der Zwangsversteigerung des Erbbaurechts nicht zum vollen Kapitalbetrage fällig werden kann; der Ersteher des Erbbaurechts, also auch der Hypothekengläubiger, falls er seine Hypothek selbst ausbietet, braucht also nur mit der Zahlung der bereits fälligen oder jeweils fällig werdenden Erbbauzinsraten zu rechnen und kann nicht plötzlich (wie z. B. bei der Rentenschuld) vor die Verpflichtung zur Auszahlung des Kapitalwertes gestellt werden.

e) Bei Aufnahme einer weiteren mündelsicheren Hypothek ist natürlich rechnerisch entsprechend ebenso zu verfahren. Es müssen in diesem Falle sowohl der kapitalisierte Erbbauzins, wie die Beträge der ersten und zweiten Hypothek zusammen in der einen Wertshälfte des Erbbaurechts Deckung finden.

f) Beispiele:

α) Beträgt der Bauwert 60000 Mk., der jährliche Mietreinertrag 4000 Mk., kapitalisiert der Einfachheit halber beispielsweise mit dem zwanzigfachen Betrage = 80000 Mk., und ist ein Erbbauzins jährlich mit 400 Mk. zu entrichten, kapitalisiert der Einfachheit halber beispielsweise gleichfalls mit dem zwanzigfachen Betrage = 8000 Mk., so ergibt sich als Wert des Erbbaurechts: $\frac{60000}{2} + \frac{80000}{2}$ Mk. = 70000 Mk.; der beleihungsfähige Wert ist aber nur die Hälfte hievon, also $\frac{70000}{2}$ Mk. = 35000 Mk.

Von dieser Hälfte kommt ferner der kapitalisierte Erbbauzins in Abzug; also 35000 Mk.—8000 Mk., so daß als mündelsichere Hypothek 27000 Mk. aufgenommen werden können.

β) Beträgt der Bauwert 24000 Mk., der jährliche Mietreinertrag 1000 Mk., kapitalisiert beispielsweise auch hier mit dem zwanzigfachen Betrag = 20000 Mk., und ist ein Erbbauzins mit jährlich 100 Mk. vereinbart, kapitalisiert ebenso mit dem zwanzigfachen Betrag = 2000 Mk., so ergibt sich als Wert des Erbbaurechts: $\frac{24000}{2} + \frac{20000}{2}$ Mk. = 22000 Mk. Der beleihungsfähige Wert errechnet sich daher an sich auf die Hälfte mit 11000 Mk.

Da aber in diesem Falle der als Wert des Erbbaurechts gefundene Betrag mit 22000 Mk. höher ist als der Betrag des kapitalisierten Mietreinertrags zu 20000 Mk., so darf gemäß Abs. 1 Satz 3 nur der letztere Betrag zu 20000 Mk. als der anzunehmende Wert des Erbbaurechts gelten.

Im Hinblick auf Abs. 1 Satz 1, der auch für diesen Fall natürlich gilt stellt sich dann der Beleihungswert auf die Hälfte: $\frac{20000}{2}$ Mk. = 10000 Mk. Hievon kommt weiter der kapitalisierte Erbbauzins mit 2000 Mk. in Abzug (10000 Mk.—2000 Mk.), so daß in diesem Falle nur der Betrag von 8000 Mk. als mündelsichere Hypothek in Betracht kommen kann.

§ 20.

Die planmäßige Tilgung der Hypothek muß

1. unter Zuwachs der ersparten Zinsen erfolgen,
2. spätestens mit dem Anfang des vierten auf die Gewährung des Hypothekenkapitals folgenden Kalenderjahrs beginnen,
3. spätestens zehn Jahre vor Ablauf des Erbbaurechts endigen und darf
4. nicht länger dauern, als zur buchmäßigen Abschreibung des Bauwerkes nach wirtschaftlichen Grundsätzen erforderlich ist.

Das Erbbaurecht muß mindestens noch so lange laufen, daß eine den Vorschriften des Abs. 1 entsprechende Tilgung der Hypothek für jeden Erbbauberechtigten oder seine Rechtsnachfolger aus den Erträgen des Erbbaurechts möglich ist.

I. Allgemein:

§ 20 stellt **im Rahmen der Mündelhypothek allgemeine Richtlinien** auf für die **planmäßige Tilgung der Hypothek,** die sich in Hauptsache auf den Beginn und die Zeitdauer der gesamten Abtragung beziehen, hinsichtlich der einzelnen

Tilgungsraten aber nur ein bestimmtes Erfordernis hervorheben. Der Zweck, den der Gesetzgeber hiebei verfolgt, ist ein doppelter:

a) Das Interesse des Hypotheken-Gläubigers verlangt vor allem Sicherheiten nach der Richtung, daß die volle Abtragung des Kapitals vollendet ist, bevor eine Beendigung des Erbbaurechts eintritt, auch für den Fall, daß der Erbbauberechtigte mit einzelnen Tilgungsraten im Rückstande geblieben ist. Da die Sicherung für den Hypothekengläubiger anderseits vor allem in dem Bauwerke liegt, mußte zugleich Fürsorge dahin getroffen werden, daß die Tilgungsfrist nur solange läuft, als ein entsprechender Zustand des Bauwerkes gewährleistet ist. Diesem Zwecke dienen in Hauptsache die Vorschriften in Abs. 1, insbes. Nr. 3 und 4.

b) Das wirtschaftliche Interesse des Erbbauberechtigten aber erfordert auf der anderen Seite, daß es diesem nach den wirtschaftlichen Verhältnissen des Erbbaurechts ermöglicht sein muß, aus den Erträgen des Erbbaurechts die Mittel für die volle Tilgung der aufgenommenen Hypothek zu schöpfen (Abs. 2).

II. Im einzelnen:

Die Aufnahme der vorgeschriebenen Tilgungshypothek setzt naturgemäß die Aufstellung eines bestimmten **Tilgungsplans** voraus, s. hierüber allgemein Bem. II, 2, a und b zu § 18.

Im einzelnen werden an diesen hier noch folgende Erfordernisse gestellt:

1. Zu Abs. 1:

a) Nach Nr. 1 muß die Tilgung der Hypothek „unter Zuwachs der ersparten Zinsen" erfolgen. Diese Ausdrucksweise ist freilich nicht ganz klar. Man wird aber darunter zu verstehen haben, daß während der ganzen Tilgungsperiode in und mit den einzelnen Tilgungsraten das volle Kapital fortgesetzt verzinst werden muß, ohne Rücksicht auf die durch die Teilzahlungen am Kapital selbst eintretende fortlaufende Abminderung. An sich wäre ja nur der jeweils noch stehen gebliebene Kapitalsteil weiter zu verzinsen, der an sich auf die bereits abgetragenen Kapitalsteile treffende Zins ist aber einzusparen, d. h. er ist fortlaufend in gleicher Höhe weiterzuzahlen und in gleicher Weise nach wie vor auf die Tilgung des Kapitals zu verwenden. Dadurch wird mit dem Ansteigen der Jahre — auch bei Gleichbleiben der einzelnen Tilgungsquoten (die Vereinbarung höherer Tilgungsbeträge für die spätere Zeit ist natürlich zulässig) — immer mehr am Kapital selbst abgetragen. So wird z. B. bei gleichbleibenden Jahresraten und einem Zinsfuße von 4 %, wenn die Annuität 1/4 % ausmacht, die Schuld in 71 1/2 Jahren abgetragen, bei 1/2 % Annuität in 55 1/2 Jahren, bei 3/4 % in 46 5/6 Jahren, bei 1 % in 41 Jahren, bei 1 1/2 % in 33 Jahren, bei 2 % in 29 Jahren, vgl. v. Heckel im HWB. d. Staatswissenschaften Bd. I S. 492. Die Tilgungsdauer hängt dabei nicht nur von der Höhe des Tilgungszuschlags, sondern auch von der Höhe des Zinsfußes ab; der Grund für diese Folge liegt darin, daß die mit zur Tilgung verwendeten sog. ersparten Zinsen umso mehr ausmachen als der Zinsfuß ein höherer ist (vgl. Kretzschmar Bem. 1). Im übrigen war diese Art der Tilgung, schon bisher, hauptsächlich in Süddeutschland, im Verkehr der Hypothekenbanken, die übliche. Vgl. hiezu auch Bem. II, 2, a zu § 18 wegen der Berechnungsformel usw.

Zu beachten ist ferner, daß die Tilgungsbeträge im Einzelfall auch zur Tilgung innerhalb der durch Nr. 3 und 4 gestellten Fristen ausreichen müssen.

Ueber weitere Einzelheiten (Rechtsformen der Tilgungshypothek, Eigentümerhypothek usw.) s. Bem. II, 2, b und c zu § 18.

b) Nr. 2: Die Tilgung muß spätestens mit dem Anfange des vierten auf Gewährung des Hypothekenkapitals folgenden Kalenderjahrs beginnen. (Der Entwurf hatte diese Frist nur bis zum Anfange des folgenden Kalenderjahrs erstreckt). Die Vorschrift ist aus wirtschaftlichen Rücksichten für den Schuldner entsprungen, der regelmäßig bei Aufnahme einer Hypothek ohnedies größere Spesen zu tragen hat, z. B. für Beurkundungskosten, für Vermittlungsprovisionen oder überhaupt für Kosten des Bauwerkes, wenn das Geld als Baudarlehen aufgenommen wurde.

Unter Gewährung des Hypothekenkapitals ist hier nicht das Versprechen, sondern die Auszahlung des Kapitals zu verstehen (so zutreffend Günther Bem. 3).

c) Nr. 3: Die Tilgung muß endigen spätestens zehn Jahre vor Ablauf des Erbbaurechts. (Der Entwurf hatte hier 15 Jahre gesetzt; diese Frist wurde aber von der Kritik mit Recht als zu reichlich bemessen erachtet; vgl. z. B. Dittrich, DRichtZ. 1918 S. 209). Diese Fristsetzung trägt der Erwägung Rechnung, daß die Tilgung des Kapitals menschlicher Voraussicht nach unter allen Umständen noch vor Ablauf des Erbbaurechts erfolgen kann (vgl. oben Bem. I, a), selbst wenn der Erbbauberechtigte mit einigen Tilgungsbeträgen im Rückstande geblieben sein sollte. Dabei ist aber zugleich auch die Vorschrift des Abs. 2 zu beachten, vgl. unten Bem. 2.

d) **Nr. 4:** Die Tilgung darf nicht länger dauern, als zur buchmäßigen Abschreibung des Bauwerkes nach wirtschaftlichen Grundsätzen erforderlich ist. Dadurch soll bewirkt werden, daß das Bauwerk, das ja für den Gläubiger das wichtigste Haftungsobjekt darstellt, auch gegen den Schluß der Tilgung hin immerhin noch einen gewissen Wert gewährleistet.

α) Die Vorschrift gilt nicht nur für den Fall, daß das Hypotheken-Kapital zur Errichtung des Bauwerkes gegeben ist (was regelmäßig der Hauptfall sein wird), sondern auch für Fälle, in welchen Geld zu anderen Zwecken auf Hypothek gegeben wird; vgl. von der Pfordten a. a. O. S. 285 unter d.

β) Hinsichtlich der buchmäßigen Abschreibung des Bauwerkes ist einerseits als Grundlage von dem Werte auszugehen, den das Bauwerk als solches zur Zeit der Hypotheken-Bestellung ausweist, anderseits ist aber auch eine bestimmte Abnutzungsquote für den einzelnen Fall aufzustellen.

In ersterer Hinsicht ist auszugehen vom Bauwerte des Bauwerkes, s. näher Bem. I, 2, a zu § 19.

Der Abnutzungsprozentsatz anderseits wechselt mit der Art der Benutzung. Er ist ein anderer z. B. für Wohnräume als für Magazine oder sonstige Betriebsgebäulichkeiten. Bei Wohngebäuden wird durchschnittlich mit einem Abnutzungsprozentsatze von 1,5—2 zu rechnen sein (vgl die bei Rehm a. a. O. S. 390 aufgeführten Abschreibungssätze aus der technischen Rundschau Nr. 41 vom 7. Oktober 1908), bei Fabrikgebäuden allgemein mit 1—2,5 %, ja 4 % (vgl. Rehm S. 389 und 390), für besondere Arten des Betriebs vgl. die Tabelle bei Rehm S. 389 und 390, bei Wasserleitungen 5—10 %, bei Brunnen 0—10 % usw.

2. Zu Abs. 2:

Hierin wird eine allgemeine Richtlinie dahin aufgestellt, daß das Erbbaurecht mindestens noch solange laufen muß, daß eine den Vorschriften des Abs. 1 entsprechende Tilgung der Hypothek für jeden Erbbauberechtigten oder seinen Rechtsnachfolger aus den Erträgen des Erbbaurechts möglich ist. Der Nachdruck liegt darauf, daß während der gesamten Dauer der Tilgung dem Erbbauberechtigten und seinen Rechtsnachfolgern menschlicher Voraussicht nach die Tilgung aus den Erträgen des Erbbaurechts ermöglicht ist, zugleich müssen aber auch die einzelnen Vorschriften des Abs. 1 erfüllt werden und erfüllbar bleiben. Im einzelnen Falle kann hier freilich eine Kollision mit jenen Vorschriften stattfinden. Würde z. B. anzunehmen sein, daß das Bauwerk in den letzten 12 Jahren vor dem Ablauf des Erbbaurechts nicht mehr vermietet oder verpachtet werden kann, so müßte weitergehend als in Nr. 3 des Abs. 1 schon 12 Jahre vor Ablauf des Erbbaurechts (und nicht bloß 10 Jahre) die Tilgung vollzogen sein, vgl. von der Pfordten a. a. O. S. 285 unter c.

2. Sicherheitsgrenze für sonstige Beleihungen.

§ 21.

Erbbaurechte können nach Maßgabe der §§ 11, 12 des Hypothekenbankgesetzes vom 13. Juli 1899 (Reichs-Gesetzbl. S. 375) von Hypothekenbanken und nach Maßgabe des § 60 des Gesetzes über die privaten Versicherungsunternehmungen vom 12. Mai 1901 (Reichs-Gesetzbl. S. 139) von privaten Versicherungsunternehmungen beliehen werden, wenn

1. der Wert des Erbbaurechts auch nach § 19 Abs. 1 ermittelt ist,
2. eine dem § 20 Abs. 1 entsprechende Tilgung vereinbart wird und
3. die Dauer des Erbbaurechts den Voraussetzungen des § 20 Abs. 2 entspricht.

Auf einen der Hypothek im Range vorgehenden Erbbauzins ist die Vorschrift des § 19 Abs. 2 entsprechend anzuwenden.

Angestelltenversicherung I, 2; Beleihungsgrundsätze I, 3, II; Eigenschaften, dauernde II, 2, d, e, f; Erbbauzins II, 2, a, f; Ertrag, dauernder II, 2, d, e, f; Hinterbliebenenversicherung I, 2; Hypothekenbanken I, 1, 3; II, 2, a—f; Hypothekenpfandbriefe II, 2, e; Invalidenversicherung I, 2; Landesversicherungsanstalten I, 2; II, 2, c; Mündelhypothek, Mündelsicherheit I, 3; II, 1; Oeffentliche Versicherungsanstalten I, 2; Prämienreservefonds I, 3; II, 2, f; Private Versicherungsunternehmungen I, 1, 3; II, 1, 2, f; Verkaufswert I, 3; II, 2, c u. f; Reichsversicherungsordnung I, 2.

I. Allgemeines:

1. § 21 gibt **Sondervorschriften** für die Beleihung von Erbbaurechten
   a) durch **Hypothekenbanken** im Sinne des Reichsgesetzes vom 13. Juli 1899 (RGBl. S. 375 ff.) und
   b) durch **private Versicherungs-Unternehmungen** im Sinne des Reichsgesetzes vom 12. Mai 1901 (RGBl. S. 139 ff., sog. Versicherungsaufsichtsgesetz).

Unter Hypothekenbanken a) sind nach § 1 HypBankG. Aktiengesellschaften oder Kommanditgesellschaften zu verstehen, bei welchen der Gegenstand des Unternehmens in der hypothekarischen Beleihung von Grundstücken und der Ausgabe von Schuldverschreibungen auf Grund der erworbenen Hypotheken besteht (die Ausübung ihres Geschäftsbetriebs ist genehmigungspflichtig).

Unter b) fallen alle Privatunternehmungen, welche den Betrieb von Versicherungsgeschäften zum Gegenstand haben (§ 1 VAG.); sie unterliegen der Beaufsichtigung nach Maßgabe jenes Gesetzes.

2. Die **öffentlichen** Versicherungsanstalten, insbesondere die Versicherungsanstalten der **Reichsversicherungs-Ordnung** fallen nicht unter § 21. Für letztere gelten die §§ 26 und 27 RVO., wonach das Vermögen allgemein wie Mündelgeld (§§ 1807, 1808 BGB.) anzulegen ist; s. auch §§ 220 ff. RVG. für Angestellte. Das hinderliche Kriterium des Verkaufswerts (vgl. unten Bem. III, 2, c) gilt für sie also nicht; sie können sich die pflichtmäßige Ueberzeugung von der Sicherheit der geplanten Hypothek auch auf anderem Wege verschaffen als nach diesem Kriterium, sie sollen ja ihre Mittel ihrer Herkunft und damit auch ihrer Zweckbestimmung nach sozialgemeinnützig verwenden, also insbesondere auch zum Kleinwohnungsbau (vgl. Erman, Erbbaurecht und Kleinwohnungsbau S. 39 ff.).

Ein besonderer Spielraum ist in dieser Hinsicht den Versicherungsanstalten bei der Invaliden- und Hinterbliebenenversicherung eingeräumt gemäß § 1356 Abs. 2 RVO.; diese können hienach mit Genehmigung des Reichsversicherungsamts oder des Landesversicherungsamts ihr Vermögen bis zur Hälfte, anders als nach §§ 26, 27 RVO. anlegen, also insbesondere für Veranstaltungen, die ausschließend oder überwiegend der versicherungspflichtigen Bevölkerung zugute kommen, vor allem also für Verbesserung der Arbeiter-Wohnverhältnisse (vgl. Ermann a. a. O. mit Anm. 78).

Vgl. hiezu auch Vorbem. E vor § 1.

3. Für Hypothekenbanken sind bereits in § 11 und 12[1]) HypBankG. bestimmte

---

[1]) Diese lauten:

§ 11: Die Beleihung ist auf inländische Grundstücke beschränkt und der Regel nach nur zur ersten Stelle zulässig.

Die Beleihung darf die ersten drei Fünfteile des Wertes des Grundstücks nicht übersteigen. Die Zentralbehörde eines Bundesstaats kann die Beleihung landwirtschaftlicher Grundstücke in dem Gebiete des Bundesstaats oder in Teilen dieses Gebiets bis zu zwei Dritteln des Wertes gestatten.

§ 12: Der bei der Beleihung angenommene Wert des Grundstücks darf den durch sorgfältige Vermietung festgelegten Verkaufswert nicht übersteigen.

Bei der Feststellung dieses Wertes sind nur die dauernden Eigenschaften des Grundstücks und der Ertrag zu berücksichtigen, welchen das Grundstück bei ordnungsmäßiger Wirtschaft jedem Besitzer nachhaltig gewähren kann.

Soweit vor der Beleihung die Grundstücke durch eine öffentliche Behörde des Gebiets, in welchem sie liegen, abgeschätzt werden, kann der Bundesrat bestimmen, daß der bei der Beleihung angenommene Wert auch den durch eine solche Abschätzung festgestellten Wert nicht übersteigen darf.

Die zur Deckung von Hypothekenpfandbriefen verwendeten Hypotheken an Bauplätzen sowie an solchen Neubauten, welche noch nicht fertiggestellt und ertragsfähig sind, dürfen zu-

Beleihungsgrundsätze aufgestellt, für private Versicherungs-Unternehmungen sind in §§ 60 mit 59[2]) VAG. bestimmte Vorschriften für Anlegung der Bestände des Prämienreservefonds enthalten.

Bisher bestand Meinungsverschiedenheit darüber, ob Hypothekenbanken und private Versicherungs-Unternehmungen Erbbaurechte überhaupt beleihen dürfen, insbesondere mit Rücksicht darauf, daß in § 12 Abs. 3 Satz 4 HypBankG. für die Verwendung von Hypotheken an grundstücksgleichen Berechtigungen zur Deckung von Hypotheken-Pfandbriefen vorausgesetzt wird, daß die betr. Berechtigung einen dauernden Ertrag gewährt und daß nach § 12 Abs. 1 von der Ermittlung eines Verkaufswerts ausgegangen wird; vgl. über die verschiedenen Meinungen hauptsächlich Wittmaack a. a. O. S. 154ff. und im ArchZivPrax. Bd. 93 S. 370ff., Pesl, Erbbaurecht S. 143ff., Belastung von Erbbaurechten S. 37ff., Schwilkerath, JW. 1913 S. 667, Oertmann, DJZ. 1912 S. 1035, Wilutzky, GruchotsBeitr. Bd. 49 S. 539.

Die Verordnung beseitigt nunmehr diese Zweifel dadurch, daß sie in § 21 ausdrücklich ausspricht, daß die Beleihung von Erbbaurechten durch genannte Institute grundsätzlich unter den gleichen Voraussetzungen zulässig ist, wie solche von der VO. für die mündelsichere Anlage von Geld aufgestellt werden; daneben bleiben aber freilich auch die für diese Institute schon bisher bestehenden Beleihungsgrundsätze maßgebend, s. näher unten Bem. II, 2 (über die grundsätzlichen Bedenken gegen diese Zulassung vgl. insbes. Dannenbaum, Erbbaurecht S. 99ff.).

II. Die näheren Bedingnisse der Beleihung sind demnach hier:

1. Es müssen die Vorschriften der VO. über die Mündelhypothek eingehalten sein: nämlich

a) es muß der Wert des Erbbaurechts auch nach § 19 Abs. 1 ermittelt sein;
b) es muß eine dem § 20 Abs. 1 entsprechende Tilgung vereinbart sein;
c) die Dauer des Erbbaurechts muß den Voraussetzungen des § 20 Abs. 2 entsprechen;
d) auf einen der Hypothek im Range vorgehenden Erbbauzins ist die Vorschrift des § 19 Abs. 2 entsprechend anzuwenden.

Vgl. im einzelnen die Bem. zu §§ 19, 20.

---

sammen den zehnten Teil des Gesamtbetrags der zur Deckung der Hypothekenpfandbriefe benutzten Hypotheken, sowie den halben Betrag des eingezahlten Grundkapitals nicht überschreiten. Im übrigen sind Hypotheken an Grundstücken, die einen dauernden Ertrag nicht gewähren, insbesondere an Gruben und Brüchen, von der Verwendung zur Deckung von Hypothekenpfandbriefen ausgeschlossen. Das gleiche gilt von Hypotheken an Bergwerken. Hypotheken an anderen Berechtigungen, für welche die sich auf Grundstücke beziehenden Vorschriften Anwendung finden, sind von der Verwendung zur Deckung von Hypothekenpfandbriefen ausgeschlossen, sofern die Berechtigungen einen dauernden Ertrag nicht gewähren.

[2]) § 60 lautet:

Bei der Anlegung der Bestände des Prämienreservefonds nach der Vorschrift des § 59 Abs. 1 Nr. 1 darf die Sicherheit einer Hypothek, einer Grundschuld oder einer Rentenschuld angenommen werden, wenn die Beleihung die ersten drei Fünfteile des Wertes des Grundstücks nicht übersteigt. Soweit jedoch die Zentralbehörde eines Bundesstaates gemäß § 11 Abs. 2 des Hypothekenbankgesetzes die Beleihung landwirtschaftlicher Grundstücke bis zu zwei Dritteilen des Wertes gestattet hat, darf die Sicherheit auch bei einer solchen Beleihung angenommen werden.

Die Beleihungen dürfen der Regel nach nur zur ersten Stelle erfolgen.

Beleihungen von Bauplätzen und solchen Neubauten, welche noch nicht fertiggestellt und ertragsfähig sind, sowie von Grundstücken, die einen dauernden Ertrag nicht gewähren, insbesondere von Gruben, Brüchen und Bergwerken, sind ausgeschlossen.

Der bei der Beleihung angenommene Wert des Grundstücks darf den durch sorgfältige Ermittelung festgestellten Verkaufswert nicht übersteigen. Bei der Feststellung dieses Wertes sind nur die dauernden Eigenschaften des Grundstücks und der Ertrag zu berücksichtigen, welchen das Grundstück bei ordnungsmäßiger Wirtschaft jedem Besitzer nachhaltig gewähren kann.

Auf Verlangen der Aufsichtsbehörde haben die Unternehmungen über die Wertsermittelung eine Anweisung zu erlassen, welche der Genehmigung der Aufsichtsbehörde bedarf.

Der in Bezug genommene § 59 Abs. 1 Nr. 1 lautet:

Die Anlegung der den Prämienreservefonds bildenden Bestände (§ 57) kann erfolgen:

1. in der in § 1807 Abs. 1 Nr. 1 bis 4 des Bürgerlichen Gesetzbuches für die Anlegung von Mündelgeld vorgeschriebenen Weise. Außerdem dürfen die Bestände bis höchstens zum zehnten Teile des Prämienreservefonds in Wertpapieren, welche nach landesgesetzlichen Vorschriften zur Anlegung von Mündelgeld zugelassen sind, sowie in solchen auf den Inhaber lautenden Pfandbriefen deutscher Hypotheken-Aktien-Banken angelegt werden, welche die Reichsbank in Klasse I beleiht.

2. Daneben bleiben aber auch die bisher schon für diese Institute geltenden Beleihungsgrundsätze maßgebend. Dies ergibt sich daraus, daß in Abs. 1 ausdrücklich betont wird, daß Erbbaurechte nach Maßgabe der §§ 11, 12 HypBankG. und nach Maßgabe des § 60 VersAG. zu beleihen sind; außerdem heißt es in Nr. 1, daß der Wert des Erbbaurechts „auch" nach § 19 Abs. 1 zu ermitteln ist (im Entw. fehlt dieses „auch").

a) Wenn in § 11 Abs. 1 HypBankG. vorgeschrieben ist, daß die Beleihung der Regel nach nur zur ersten Stelle zulässig ist, so ergibt sich hierin nunmehr eine Abschwächung im Hinblick auf § 19 Abs. 2 der VO., wonach der kapitalisierte Erbbauzins zunächst und vor der Hypothek seine Deckung finden muß (eine Hypothek mit vorgehendem Erbbauzins hat unter Umständen freilich nicht mehr die Sicherheit einer ersten Hypothek, vgl. Dannenbaum, Erbbaurecht S. 21).

b) Nach § 11 Abs. 2 Satz 1 HypBankG. darf die Beleihung die ersten drei Fünfteile des Wertes des Grundstücks (hier: Erbbaurechts) nicht übersteigen. Dieses Erfordernis wird überholt durch die strengeren Vorschriften in § 19 der VO., die regelmäßig einen viel geringeren Beleihungswert des Erbbaurechts ergeben werden. Satz 2 a. a. O., der sich nur auf landwirtschaftliche Grundstücke bezieht, wird auszuscheiden haben.

c) Gemäß § 12 Abs. 1 Satz 1 HypBankG. darf der bei der Beleihung angenommene Wert des Grundstücks den durch sorgfältige Ermittlung festgestellten **Verkaufswert** nicht übersteigen. Die in Rede stehenden Beleihungs-Institute müssen daher im einzelnen Falle vor allem prüfen, ob das Erbbaurecht im Ernstfalle voraussichtlich überhaupt verkäuflich und zu welchem Preise es verkäuflich ist; die nach der gesetzlichen Begriffsbestimmung in § 1 der VO. an sich notwendige Verkäuflichkeit des Erbbaurechts kann für sich allein hier wohl nicht genügen (anders Pesl, Erbbaurecht S. 145, 146; Dietzsch, Die Praxis des Erbbaurechts, setzt S. 192 ff. und S. 75 ff. auseinander, daß ein derartiger Verkaufswert beim Erbbaurechte sich überhaupt nicht feststellen lasse). Der diesem Erfordernis zugrunde liegende Gedanke ist darauf gerichtet, ob das Kapital ohne Weiterungen (Ankauf des Grundstücks in der Zwangsversteigerung und ähnliches) realisierbar ist, ob es unter allen Umständen sicher herausgeboten werden kann; um dies festzustellen, soll den Anhaltspunkt der gegenwärtige, marktmäßige Verkaufswert bilden (vgl. Erman, Erbbaurecht und Kleinwohnungsbau S. 38, Bodo Lehmann, Bodenkredit und Hypothekenbanken, Berlin 1903 S. 60 ff.). Trotz gesicherten Ertrags des Erbbaurechts kann sich das Erbbaurecht im Einzelfall als zu normalem Preise unverkäuflich herausstellen, z. B. wenn es sich um ein vereinzelt liegendes Gebäude handelt, oder wenn eine am Ueberlieferten zäh festhaltende örtliche Bevölkerung das Erbbaurecht auch bei rechnungsmäßigen Vorteilen ablehnt (Dannenbaum, Erbbaurecht S. 20). Dieses Moment wird also unter Umständen die Beleihung durch genannte Institute schwer behindern, solange das Erbbaurecht allgemein keinen Markt hat, vgl. Dannenbaum a. a. O. (Ermann a. a. O. S. 39 macht darauf aufmerksam, daß dieses Kriterium der sicheren und glatten Verkäuflichkeit für Beleihungen der Landesversicherungsanstalten nicht gilt; vgl. hierüber näher oben in Bem. I, 2).

d) § 12 HypBankG. Abs. 1 Satz 2 schreibt ferner vor, daß bei der Feststellung dieses Wertes nur die dauernden Eigenschaften des Grundstücks (hier: des Erbbaurechts) und der Ertrag zu berücksichtigen sind, welchen das Grundstück (hier das Erbbaurecht) bei ordnungsmäßiger Wirtschaft jedem Besitzer nachhaltig gewähren kann. Diese „Dauer" wird aber nur relativ gemeint sein, d. h. solange auch die hypothekarische Belastung vorhanden sein wird (s. Pesl, Erbbaurecht S. 146 und vgl. unten Bem. e); im übrigen werden diese Erfordernisse regelmäßig gedeckt erscheinen bei Erfüllung der Vorschriften in §§ 19 und 20 der VO.

e) Der Entwurf enthielt in einem besonderen Abs. 3 zu § 21 die Bestimmung, daß Hypotheken, die den Erfordernissen der Abs. 1, 2 entsprechen, als Deckung für Hypothekenpfandbriefe benutzt werden dürfen. Dieser Absatz fehlt nunmehr in der VO. Es wird sohin anzunehmen sein, daß der hier einschlägige Abs. 3 des § 12 HypBankG. seine volle Geltung auch für Erbbaurechte behalten soll.

Nach Satz 1 dieses Absatzes dürfen die zur Deckung von Hypothekenpfandbriefen verwendeten Hypotheken an Bauplätzen, sowie an solchen Neubauten, welche noch nicht fertig gestellt und ertragsfähig sind, zusammen den zehnten Teil des gesamten Ertrags der zur Deckung der Hypothekenpfandbriefe benutzten Hypotheken, sowie den halben Betrag des eingezahlten

Grundkapitals nicht überschreiten. Bei Erbbaurechten wird aber ohnedies regelmäßig erst das fertige Haus eine Grundlage für eine größere Belehnung abgeben können (vgl. Pesl, Erbbaurecht S. 146, 147).

Nach Satz 3 dieses Absatzes sind ferner allgemein Hypotheken an (anderen) Berechtigungen, für welche die sich auf Grundstücke beziehenden Vorschriften Anwendung finden, von der Verwendung zur Deckung von Hypothekenpfandbriefen ausgeschlossen, sofern die Berechtigungen einen dauernden Ertrag nicht gewähren. Unter diese Kategorie fallen an sich auch die Erbbaurechte. Wenn die Motive zum Hypothekenbankgesetz hiezu bemerken, daß jener Ausschluß bei Erbbaurechten „in der Regel" zutreffen wird, so wird dies nicht zu billigen sein, denn die Erbbaurechte können einen dauernden Ertrag gewähren. Auch hier (vgl. oben Bem. d) wird ja die „Dauer" relativ auszulegen sein, nämlich solange auch die hypothekarische Belastung andererseits besteht; die Tilgungshypothek trägt sich ja in bestimmter Zeit ab, solange muß aber auch auf jeden Fall die entsprechende Ertragsfähigkeit des Erbbaurechts anhalten; in dieser Hinsicht ist jetzt ohnedies vorgesorgt durch die Vorschriften des § 20. Hinzuweisen ist ferner in diesem Zusammenhang auf § 1 Abs. 4 der VO., wodurch der bisherigen Gefahr einer vorzeitigen Beendigung des Erbbaurechts durch die Einwirkung auflösender Bedingungen entsprechend vorgebeugt ist (vgl. auch Pesl, Erbbaurecht S. 147); außerdem kann auch nach Satz 2 des Abs. 4 des § 1 der VO. der Grundstückseigentümer sich nicht auf eine Vereinbarung berufen, durch die sich der Erbbauberechtigte verpflichtet, beim Eintreten bestimmter Voraussetzungen das Erbbaurecht aufzugeben und seine Löschung im Grundbuche zu bewilligen (s. Bem. VII, 2 zu § 1).

f) § 60 PrivVersAG. hinsichtlich der Anlegung der Bestände des Prämienreservefonds deckt sich im allgemeinen mit den angezogenen Vorschriften des HypBankG.:

Auch hier (Abs. 1 Satz 1) darf die Sicherheit einer Hypothek angenommen werden, wenn die Beleihung die ersten drei Fünfteile des Wertes des Grundstücks (hier: des Erbbaurechts) nicht übersteigt. Diese Vorschrift hat auch hier als gedeckt zu gelten durch die strengeren Vorschriften der §§ 19, 20 der VO.; s. oben Bem. b.

Nach Abs. 2 dürfen die Beleihungen der Regel nach nur zur ersten Stelle erfolgen. Auch hier gilt, was oben über den Vorgang des kapitalisierten Erbbauzinses gesagt ist; s. oben Bem. a.

Nach Abs. 3 sind hier Beleihungen von Bauplätzen und solcher Neubauten, welche noch nicht fertiggestellt und ertragsfähig sind, sowie von Grundstücken, die einen dauernden Ertrag nicht gewähren, insbesondere von Gründen, Brüchen und Bergwerken, vollständig ausgeschlossen. Wegen des dauernden Ertrags s. oben in Bem. d und e.

Abs. 4 stimmt mit Abs. 1 des § 12 HypBankG. völlig überein. Auch hier ist demnach der Verkaufswert zu ermitteln; vgl. oben Bem. c. Der Satz 2 findet entsprechende Deckung durch §§ 19 und 20 der VO.; vgl. oben Bem. d.

8. Landesrechtliche Vorschriften.

§ 22.

Die Landesgesetzgebung kann für die innerhalb ihres Geltungsbereichs belegenen Grundstücke

1. die Mündelsicherheit der Erbbaurechtshypotheken abweichend von den Vorschriften der §§ 18 bis 20 regeln,
2. bestimmen, in welcher Weise festzustellen ist, ob die Voraussetzungen für die Mündelsicherheit (§§ 19, 20) vorliegen.

1. In § 1807 Abs. 2 BGB. ist den Landesgesetzen die Befugnis eingeräumt worden, nähere Grundsätze über die Sicherheit einer Mündelhypothek aufzustellen (vgl. die Bem. zu § 1807 BGB.). In Anbetracht dieser Regelung und im Hinblick auf die Verschiedenheit der landesgesetzlichen Bestimmungen zu § 1807 BGB. wurde es für angezeigt befunden, für die Landesgesetzgebung die Möglichkeit offen zu halten, auch anderweitige Bestimmungen zur Regelung der Mündelsicherheit von Erbbaurechtshypotheken treffen zu können. Ferner erschien es zweckmäßig, die Regelung des Ver-

fahrens zur Feststellung der Mündelsicherheit von Erbbaurechtshypotheken gleichfalls der Landesgesetzgebung zu übertragen (Amtl. Erläut.). Vorteilhaft ist die dadurch ermöglichte Verschiedenheit der Rechtslage aber sicherlich nicht, eine volle Einheitlichkeit wäre wünschenswerter gewesen (vgl. Dannenbaum, Erbbaurecht S. 19).

2. Die landesgesetzlichen Vorschriften können sich daher nach zwei Richtungen bewegen:

a) es kann die Mündelsicherheit der Erbbaurechtshypotheken abweichend von den Vorschriften der §§ 18—20 geregelt werden;

b) kann die Landesgesetzgebung auch besondere Vorschrift erlassen über die Art und Weise, wie die in §§ 19 und 20 aufgestellten Voraussetzungen der Mündelsicherheit im einzelnen festzustellen sind.

Insoweit geht dann das Landesrecht dem Reichsrechte vor.

Ueber die Sicherheitsgrenze der Beleihung durch Hypothekenbanken und private Versicherungsunternehmungen (§ 21) kann die Landesgesetzgebung keine von § 21 abweichende Vorschriften aufstellen (vgl. Dittrich, DRichtZ. 1918 S. 209 und Michaelis, BayZfR. 1919 S. 173); für diese hat nur Nr. 2 des § 22 insofern Bedeutung, weil das durch das Landesrecht geregelte Feststellungsverfahren auch für die Prüfung der Voraussetzungen des § 21 der VO. zur Anwendung kommen muß (so mit Recht Günther Bem. 2).

IV. Feuerversicherung, Zwangsversteigerung.

1. Feuerversicherung.

§ 23.

Ist das Bauwerk gegen Feuer versichert, so hat der Versicherer den Grundstückseigentümer unverzüglich zu benachrichtigen, wenn ihm der Eintritt des Versicherungsfalls angezeigt wird.

1. Wenn das Bauwerk gegen Feuer versichert ist (vgl. §§ 81—107 RG vom 30. Mai 1908 über den Versicherungsvertrag), so hat der Versicherer (d. i. der die Versicherung gebende Teil) den Grundstückseigentümer unverzüglich zu benachrichtigen, wenn ihm der Eintritt des Versicherungsfalls angezeigt wird (vgl. § 92 VersVG.). Vorausgesetzt ist hier aber, daß der Erbbauberechtigte der Versicherungsnehmer ist; vgl. auch § 2 Nr. 2, wonach Vereinbarungen über die Versicherung des Bauwerkes und sein Wiederaufbau im Falle der Zerstörung zum unmittelbaren Inhalte des Erbbaurechts gemacht werden können (Bem. II, 2 zu § 2).

2. Die Vorschrift soll ihrem Zwecke nach den Grundstückseigentümer in den Stand versetzen, seine Rechte in solchem Falle entsprechend wahrzunehmen, insbesondere hinsichtlich der Vereinbarungen im Sinne des § 2 Nr. 2, wobei hauptsächlich die entsprechende Wiederherstellung des Bauwerkes in Frage kommen wird (vgl. auch §§ 97 ff. VersVG.); hier wird auch ein Heimfall-Anspruch (s. § 2 Nr. 4 mit Bem. II, 4 zu § 2) vertragsmäßig verbunden werden können für den Fall, daß der Erbbauberechtigte eine entsprechende Wiederherstellung nicht in die Wege leitet oder sonst zum Schaden des Grundstückseigentümers verfährt.

3. Eine Form für diese Benachrichtigung ist nicht vorgeschrieben; zu beachten ist aber, daß der Versicherer die Gefahr der Uebersendung trägt, da die Anzeige erst mit dem Zugang an den Empfänger wirksam werden kann. Wenn der Grundstückseigentümer seine Wohnung geändert hat, so wird § 104 VersVG. entsprechend anzuwenden sein (so mit Recht Günther Bem. 4).

4. Ueber das Verhältnis des Versicheres zu den Gläubigern der Hypotheken usw. am Erbbaurechte s. §§ 99 ff. VersVG., sowie oben Bem. I, 2, a zu § 18; wegen des Erbbauzinses s. § 9 Abs. 1 Satz 1 mit § 1107 BGB. und vgl. Glaß-Scheidt zu § 23.

5. Die Unterlassung oder Verzögerung der Benachrichtigung des Grundstückseigentümers begründet für diesen einen Anspruch auf Ersatz des dadurch etwa erwachsenen Schadens.

6. Wenn das Erbbaurecht an einem bereits vorhandenen Bauwerk bestellt wurde und dieses schon versichert war, so fragt es sich, ob gemäß § 69 VersVG. der Erbbauberechtigte für die Dauer seines Rechtes in die Rechte und Pflichten des Versicherungsnehmers aus dem Versicherungsvertrag eintritt; im Hinblick auf § 12 Abs. I Satz 2 der VO. wird mit Günther Bem. 1 die Frag zu bejahen sein.

7. Hinzuweisen ist in diesem Zusammenhange ferner darauf, daß das Erbbaurecht selbst nicht dadurch erlischt, daß das Bauwerk untergeht (s. § 13 mit Bem.; über

die Rechtsverhältnisse hinsichtlich der Baumaterialien bei Zerstörung des Bauwerkes vgl. näher Bem. 2, c zu § 13).

8. Ueber die Frage, ob der Erbbauberechtigte mangels besonderer Vereinbarungen oder Versicherungen berechtigt oder verpflichtet ist zur Wiederherstellung s. Bem. 2, a zu § 13.

2. Zwangsversteigerung.

a) des Erbbaurechts.

§ 24.

Bei einer Zwangsvollstreckung in das Erbbaurecht gilt auch der Grundstückseigentümer als Beteiligter im Sinne des § 9 des Gesetzes über die Zwangsversteigerung und die Zwangsverwaltung (Reichs-Gesetzbl. 1898, S. 713).

1. § 24 war im Entwurf nicht enthalten, seine Einführung ist wohl auf die einschlägige Kritik zurückzuführen, vgl. insbes. Dittrich, DRichtZ. 1918 S. 209 Ziff. V. Die Vorschrift des § 24 ist zugunsten des Grundstückseigentümers getroffen, während § 25 zugunsten des Erbbauberechtigten erlassen ist.

2. Die Zwangsvollstreckung in ein Erbbaurecht im allgemeinen (vgl. hiezu auch Wittmaack a. a. O. S. 191 ff.):

a) Hier ist zunächst darauf hinzuweisen, daß die Gläubiger des Erbbauberechtigten sowohl für ihre persönlichen wie für ihre dinglich gesicherten Rechte in das Erbbaurecht vollstrecken können. Das Erbbaurecht untersteht im Hinblick auf § 864 Abs. 1 ZPO. im Zusammenhange mit § 11 Abs. 1 Satz 1 der VO. den Vorschriften über Zwangsvollstreckung in das unbewegliche Vermögen.

Nach Maßgabe des § 870 Abs. 1 und des § 866 Abs. 1 ZPO. gibt es drei Arten der Vollstreckung:

α) Die Eintragung einer Sicherungs-Hypothek für die Geldforderungen des Gläubigers; solche ist ber nur zulässig, wenn ein vollstreckbarer Schuldtitel über einen höheren Betrag als 300 Mk. vorliegt (§ 866 Abs. 3 ZPO.).

β) Durch Zwangsversteigerung (vgl. ZVG. vom 24. März 1897, RGBl. 1898 S. 713).

γ) Durch Zwangsverwaltung (vgl. §§ 146 ff. ZVG.).

Der Gläubiger kann auch verlangen, daß eine dieser Maßregeln allein oder neben den übrigen ausgeführt werde (Abs. 2 des § 866 ZPO.).

Bei der Zwangsversteigerung wird eine Befriedigung des Gläubigers durch den Erlös aus einer Veräußerung des Erbbaurechts versucht, bei der Zwangsverwaltung wird die Befriedigung aus den Nutzungen des Erbbaurechts gesucht.

Ueber Zwangsversteigerung und Zwangsverwaltung auf Antrag des Konkursverwalters s. § 172 ZVG., über Zwangsversteigerung auf Antrag der Erben s. §§ 175, 176 ZVG., über Zwangsversteigerung zwecks Aufhebung einer Gemeinschaft s. §§ 180 ff. ZVG. und vgl. Bem. I, 4, a zu § 1 der VO. und Bem. I, 2, c a. E. zu § 11 der VO.

b) Eine Besonderheit ergibt sich nach Maßgabe des § 8 für den Fall, daß eine Vereinbarung im Sinne des § 5 dahin vorliegt, daß der Erbbauberechtigte zur Veräußerung oder Belastung des Erbbaurechts der Zustimmung des Grundstückseigentümers bedarf. Hier sind Vollstreckungshandlungen insoweit unwirksam, als sie die Rechte des Grundstückseigentümers und solcher Vereinbarungen vereiteln oder beeinträchtigen würden. Es kommt dann im Einzelfalle darauf an, ob die Veräußerung oder die Belastung oder beide Arten von Verfügungen an die Zustimmung des Grundstückseigentümers gebunden sind, s. näher in den Bem. zu § 8.

3. § 24 bestimmt im besonderen, daß bei einer Zwangsversteigerung oder Zwangsverwaltung in das Erbbaurecht, betrieben von einem Gläubiger des Erbbauberechtigten, auch der Grundstückseigentümer als Beteiligter im Sinne des § 9 ZVG. zu gelten habe.

a) Der Vorteil der Rechtsstellung eines „Beteiligten" ruht im allgemeinen darin, daß er zu allen wesentlichen Vorgängen im Verfahren zugezogen werden muß. Hauptsächlich ist ihm die Bestimmung des Versteigerungs- und des Verteilungstermins zuzustellen (§§ 41 Abs. 1, 105 Abs. 2 ZVG.). Er kann ferner eine von den gesetzlichen Vorschriften abweichende Feststellung des geringsten Gebots und der Versteigerungsbedingungen (§ 59 Abs. 1 ZVG.), sowie bei der Versteigerung von jedem Bieter Sicherheitsleistung verlangen, falls sein Recht durch die Nichterfüllung des Gebots beeinträchtigt werden würde (§ 67 Abs. 1 ZVG.); auch steht dem Beteiligten gegen den Zuschlag der Rechtsweg der Beschwerde offen (§ 97 Abs. 1 ZVG.). Ein Anspruch auf eine Befriedigung aus dem Erlöse der Zwangsversteigerung und Zwangsverwaltung aber wird dem Grundstückseigentümer für die Regel nicht zustehen (§ 10 ff. ZVG.).

b) Auf den „Beteiligten" finden ferner die Vorschriften der ZPO. über Parteifähigkeit, Prozeßfähigkeit, Prozeßvollmacht, Beistandschaft usw. Anwendung, vgl. Nußbaum, Zwangsversteigerung und Zwangsverwaltung S. 21 und 23.

c) Aus der Fassung des § 24 wird zu entnehmen sein, daß der Grundstückseigentümer auch ohne besondere Anmeldung als Beteiligter zu behandeln ist, s. übrigens auch § 14 Abs. 1 Satz 2 der VO.

b) des Grundstücks.

§ 25.

Wird das Grundstück zwangsweise versteigert, so bleibt das Erbbaurecht auch dann bestehen, wenn es bei der Feststellung des geringsten Gebots nicht berücksichtigt ist.

Die Vorschrift des § 25 soll dem Schutze des Erbbauberechtigten dienen gegenüber den Gläubigern des Grundstückseigentümers, die mit Zwangsvollstreckung gegen das mit dem Erbbaurechte belastete Grundstück vorgehen. Nach bisherigem Rechte nahm das Erbbaurecht bei der Zwangsversteigerung des Grundstücks keine Ausnahmestellung ein.

1. Im Falle einer Zwangsversteigerung des Grundstücks soll das Erbbaurecht auch dann bestehen bleiben, wenn es bei der Feststellung des geringsten Gebots nicht berücksichtigt ist (der Entwurf [§ 24] lautete eingeschränkter: „Wird das Grundstück im Zwangswege für Ansprüche versteigert, die dem Erbbaurechte bei der Zwangsversteigerung im Range vorgehen, so bleibt das Erbbaurecht auch dann bestehen, wenn es bei der Feststellung des geringsten Gebots nicht berücksichtigt ist"; vgl. gegen diese Fassung insbes. Dittrich, DRichtZ. 1918 S. 208.) Da das Erbbaurecht nach § 10 der Regel nach nur zur ausschließlich ersten Rangstelle bestellt werden darf und diesen Rang auch während der Dauer des Rechtes behalten muß, so wird es bei der Zwangsversteigerung in das Grundstück regelmäßig ohnehin vom geringsten Gebote gedeckt sein (§ 44 ZVG.). Es ist aber der allerdings seltene Fall möglich, daß infolge einer im Wege der zulässigen Ausnahmen des § 10 Abs. 1 Satz 2 und Abs. 2 (s. Bem II zu § 10) etwa vorgehenden oder gleichrangigen Belastungen die Zwangsversteigerung betrieben wird oder daß das Erbbaurecht etwa aus Versehen (bei einer Zwangsversteigerung wegen eines nachrangigem Rechtes) im geringsten Gebote nicht berücksichtigt worden ist.

Der Erbbauberechtigte ist ferner auch insofern geschützt als ihm nach § 17 Abs. 2 der VO. die Eintragung von Verfügungsbeschränkungen des Grundstückseigentümers jeweils bekannt zu machen ist.

2. Die wirtschaftliche Bedeutung des § 25 liegt darin, daß hierdurch im Zusammenhalte mit § 10 der ungestörte Fortbestand des Erbbaurechts während der vollen Dauer des Rechtes gewährleistet wird und dadurch seine Beleihungsfähigkeit entsprechend gehoben wird im Gegensatze zu dem bisherigen Rechtszustand. Vgl. Bem. 1 zu § 10.

3. Bei einer etwaigen Zwangsverwaltung des belasteten Grundstücks werden die Rechte des Erbbauberechtigten nicht weiter beeinträchtigt werden können.

V. Beendigung, Erneuerung, Heimfall.

1. Beendigung.

Ueber die Beendigungsgründe des Erbbaurechts im allgemeinen s. näher die Zusammenstellung in Bem. IX, 3 zu § 1. In diesem Abschnitte regelt die VO. die Beendigung des Erbbaurechts durch Aufhebung (§ 26) und durch Zeitablauf (§§ 27 bis 30).

a) Aufhebung.

§ 26.

Das Erbbaurecht kann nur mit Zustimmung des Grundstückseigentümers aufgehoben werden. Die Zustimmung ist dem Grundbuchamt oder dem Erbbauberechtigten gegenüber zu erklären; sie ist unwiderruflich.

1. **Allgemeines:**

§ 26 behandelt die freiwillige **Beendigung des Erbbaurechts** durch **Rechtsgeschäft**, also im Wege einer Willens-Erklärung, die auf Beendigung des Erbbaurechts gerichtet ist. Ueber die weiteren Erlöschungsgründe vgl. Bem. IX, 3 zu § 1.

Das Erbbaurecht kann nur **mit Zustimmung des Grundstückseigentümers** aufgehoben werden (Satz 1). Der einseitige Verzicht des Erbbauberechtigten auf das Erbbaurecht muß daher ohne Rechtswirkung bleiben. Eine entsprechende Anwendbarkeit des § 928 BGB. (Aufgabe des Eigentums am Grundstücke durch einseitigen Verzicht und Aneignung durch den Fiskus) auf das Erbbaurecht ist nunmehr durch § 11 Abs. 1 Satz 1 der VO. ausdrücklich ausgeschlossen (vgl. Bem II, 4 zu § 11.

Allgemein ist hier auch zurückzuverweisen auf § 1 Abs. 4, wonach ein Erbbaurecht unter einer auflösenden Bedingung nicht mehr bestellt werden kann, und wonach der Grundstückseigentümer auch keine Rechte aus einer Vereinbarung herleiten kann, durch die der Erbbauberechtigte sich verpflichtet hat, beim Eintreten bestimmter Voraussetzungen das Erbbaurecht aufzugeben und seine Löschung im Grundbuche zu bewilligen; vgl. Bem. VII zu § 1.

2. **Einzelnes** über die rechtsgeschäftliche Aufhebung mit Zustimmung des Grundstückseigentümers:

a) Die dingliche Aufgabe des Rechtes durch den Erbbauberechtigten untersteht zunächst der allgemeinen Vorschrift des § 875 BGB. über die rechtsgeschäftliche Aufhebung eines Rechtes an einem Grundstücke, vgl. die Bem. zu § 875 BGB. Hiernach ist seine Erklärung notwendig, daß er das Erbbaurecht aufgebe, und im Anschluß daran die Löschung des Rechtes im Grundbuch. Die Erklärung ist ein empfangsbedürftiges einseitiges Rechtsgeschäft abstrakter Natur, auf das die allgemeinen Vorschriften über Rechtsgeschäfte (§§ 104 ff.), jedoch unter Ausnahme der Vorschriften über Verträge (§§ 145—157), Anwendung finden. Aus der abstrakten Natur dieser Erklärung folgt, daß ihr Bestand unabhängig ist von dem obligatorischen Kausalgeschäfte, dessen Ausfluß sie ist. Die Erklärung ist dem Grundbuchamt oder dem Grundstückseigentümer gegenüber anzugeben. Ueber die Form s. §§ 29 ff. GBO. Ueber weitere Einzelheiten in dieser Hinsicht s. die Bem. zu § 875 BGB.

b) § 26 verlangt aber weiterhin hiezu auch die Zustimmung des Grundstückseigentümers — Satz 1 — (analog wie im Falle des § 876 BGB.).

α) Diese Zustimmung des Grundstückseigentümers zur Aufgabe des Erbbaurechts durch den Erbbauberechtigten ist entweder dem Grundbuchamt oder dem Erbbauberechtigten gegenüber zu erklären (Satz 2 Halbsatz 1).

Auch sie ist ein einseitiges empfangsbedürftiges Rechtsgeschäft, auf das die allgemeinen Vorschriften über Rechtsgeschäfte (§§ 104 ff. BGB.) anzuwenden sind, jedoch unter Ausnahme der Vorschriften über Verträge (§§ 145—157).

Die Zustimmung hat in der grundbuchmäßigen Form (§ 29 GBO.) zu erfolgen, also entweder vor dem Grundbuchamt oder durch öffentliche oder öffentlich beglaubigte Urkunden (Amtsgerichte oder Notare); da auch öffentliche Urkunden zugelassen sind, so können Behörden, Gemeinden usw. ihre Erklärung auch ohne weitere Form in der sonst für die Kundgebungen ihrer Organe üblichen Weise abgeben, vgl. Bem. II, 1, a, α zu § 11, für Bayern s. wegen der Gemeinden auch Henle-Schmitt, Grundbuchwesen S. 91 Anm. 5, BayDAnw. f. d. GBAe. § 148 Abs. II und von der Pfordten, Bay.-GemZ. 1919 S. 246.

Sie kann auch ersetzt werden durch ein auf der Grundlage des Kausalgeschäfts erstrittenes rechtskräftiges Urteil des Erbbauberechtigten gegen den Grundstückseigentümer nach Maßgabe des § 894 ZPO.

Ueber weitere Einzelheiten vgl. die entsprechend verwertbaren Ausführungen in Bem. III zu § 876 BGB.

β) Die Zustimmung ist unwiderruflich (Satz 2 Halbsatz 2). Sie bleibt also von den später eintretenden Verfügungsbeschränkungen unberührt. Ueber weitere Einzelheiten vgl. Bem. III zu § 876 BGB.

c) Für das obligatorische Kausalgeschäft (Vertrag zwischen Erbbauberechtigten und Grundstückseigentümer über Aufhebung des Rechtes) gelten die für das dingliche Rechtsgeschäft in § 875 BGB. aufgestellten Formvorschriften nicht, vgl. Bem. I, 7 zu § 875 BGB.

d) Soweit dingliche Rechte Dritter (z. B. Hypotheken usw.) auf dem Erbbaurechte lasten, bedarf es auch deren Zustimmung zur Aufgabe des Erbbaurechts. Dies ergibt sich aus dem allgemeinen § 876 BGB. Ueber Einzelheiten vgl. die Bem. zu diesem Paragraphen.

e) Hinzukommen muß sodann noch die Löschung im Grundbuche; maßgebend ist die Löschung im Grundbuche des mit dem Erbbaurechte belasteten Grundstücks; vgl. Bem. II, 1, a zu § 14. Nach § 16 der VO. ist das Erbbaugrundbuch dann von Amts wegen zu schließen.

3. Auf Miet- und Pachtverträge, die der Erbbauberechtigte abgeschlossen hat, finden die im Falle der Uebertragung des Eigentums geltenden Vorschriften entsprechende Anwendung, s. § 30 Abs. 1 mit Bem.

4. Ueber die strittige Frage, ob § 34 der VO., wonach der Erbbauberechtigte nicht berechtigt ist, beim Erlöschen des Erbbaurechts das Bauwerk wegzunehmen oder sich Bestandteile des Bauwerkes anzueignen, sich auch auf den Fall des § 26 bezieht, s. Bem. 1, a zu § 34.

Die Bestandteile des Erbbaurechts, wozu das Bauwerk mitgehört, werden nach § 12 Abs. 3 der VO. Bestandteile des Grundstücks mit dem Erlöschen des Erbbaurechts, vgl. Bem. IV zu § 12.

5. Ueber eine Entschädigung des Erbbauberechtigten für das Bauwerk sagt die VO. für den Fall des § 26 nichts. Es bleibt Sache der Beteiligten, schon vorher für diesen Fall oder bei der Aufhebung selbst hierüber etwas zu vereinbaren. Vgl. auch Bem. 2 zu § 34.

b) Zeitablauf.

§ 27.

Erlischt das Erbbaurecht durch Zeitablauf, so hat der Grundstückseigentümer dem Erbbauberechtigten eine Entschädigung für das Bauwerk zu leisten. Als Inhalt des Erbbaurechts können Vereinbarungen über die Höhe der Entschädigung und die Art ihrer Zahlung sowie über ihre Ausschließung getroffen werden.

Ist das Erbbaurecht zur Befriedigung des Wohnbedürfnisses minderbemittelter Bevölkerungskreise bestellt, so muß die Entschädigung mindestens zwei Dritteile des gemeinen Wertes betragen, den das Bauwerk bei Ablauf des Erbbaurechts hat. Auf eine abweichende Vereinbarung kann sich der Grundstückseigentümer nicht berufen.

Der Grundstückseigentümer kann seine Verpflichtung zur Zahlung der Entschädigung dadurch abwenden, daß er dem Erbbauberechtigten das Erbbaurecht vor dessen Ablauf für die voraussichtliche Standdauer des Bauwerkes verlängert; lehnt der Erbbauberechtigte die Verlängerung ab, so erlischt der Anspruch auf Entschädigung. Das Erbbaurecht kann zur Abwendung der Entschädigungspflicht wiederholt verlängert werden.

Vor Eintritt der Fälligkeit kann der Anspruch auf Entschädigung nicht abgetreten werden.

Abdingbarkeit der Entschädigung II, 3; II, 4, c, γ;
Ablehnung der Verlängerung III, 2, d;
Abtretbarkeit des Entschädigungsanspruchs II, 5;
Abweichende Vereinbarung II, 4, c, β;
Dingliche Rechte I, 2; III, 1, 2, c und d;
Dingliche Sicherung des Entschädigungsanspruchs II, 6;
Endtermin I;
Entschädigung für das Bauwerk II;
Erneuerung des Erbbaur. IV;
Heimfall II, 1, c;
Neubestellung d. Erbbaur. IV;
Pfändbarkeit des Entschädigungsanspruchs II, 5;
Standdauer d. Bauwerkes III, 2, c, β;
Vereinbarungen über die Entschädigung II, 3;
Vereinbarungen über die Verlängerung III, 1;
Verlängerung des Erbbaurechts III;
Verzicht auf den Entschäd.-Anspruch II, 5;
Vorrecht auf Erneuerung IV;
Zeitablauf I;
Zustimmung der Realgläubiger III, 1 und 2, c, α.

I. Allgemeines:

Die §§ 27—30 (Abs. 1 des § 30 bezieht sich auch auf § 26) behandeln die **Beendigung des Erbbaurechts** durch **Zeitablauf**, gehen also von dem Falle aus, daß für die Dauer des Erbbaurechts eine bestimmte Zeitgrenze gesteckt ist (vgl. näher Bem. IV, 3 zu § 1); über den Fall, daß ein bestimmtes Ereignis im Sinne eines Endtermins für das Erbbaurecht gelten soll, vgl. Bem. IV, 3, b zu § 1.

1. Das Erbbaurecht erlischt ohne weiteres mit dem Ablaufe des Endtermins; es bedarf also nicht noch einer besonderen Erklärung, daß es aufgegeben werde. Ist der Zeitraum abgelaufen, so wird das Grundbuch (und zwar sowohl das Erbbaugrundbuch wie das des belasteten Grundstücks), das das Bestehen des Erbbaurechts noch ausweist, damit unrichtig. Der Grundstückseigentümer kann gemäß § 894 BGB. verlangen, daß der Erbbauberechtigte der Berichtigung des Grundbuchs zustimmt. Für die Regel wird es aber solcher Zustimmung gar nicht bedürfen, denn im Hinblick auf § 24 mit § 23 GBO. wird in den meisten Fällen das Erbbaurecht ohnedies ohne Bewilligung des Erbbauberechtigten gelöscht werden können, vgl. Güthe zu § 24 GBO. und § 140 Nr. 2 BayDAnw. f. d. GBAemter.

2. Die dinglichen Rechte, die auf dem Erbbaurechte lasten, gehen mit dem Endtermine des Erbbaurechts unter, da in diesem Zeitpunkte das Erbbaurecht selbst, ihre Grundlage, erlischt. Durch § 29 werden aber diesen Realgläubigern zum Ersatz noch Rechte an der Entschädigungsforderung des Erbbauberechtigten (vgl. Bem. II) eingeräumt, s. die Bem. zu § 29. Mündelhypotheken müssen in diesem Zeitpunkt ohnehin schon längst ihre Tilgung gefunden haben, vgl. § 20 Abs. 1 Nr. 3 Abs. 2, § 21 Abs. 1 Nr. 2 und 3, 22.

3. Ueber Verlängerung des Erbbaurechts s. Abs. 3 mit Bem. III unten, s. ferner unten Bem. IV wegen Neubestellung und Erneuerung des Erbbaurechts im Sinne des § 31.

II. Die Entschädigung für das Bauwerk:

1. Die wirtschaftlich wichtige Hauptneuerung liegt darin, daß der Grundstückseigentümer beim Erlöschen des Erbbaurechts durch Zeitablauf eine Entschädigung für das Bauwerk zu leisten hat (**Abs. 1 Satz 1**). Man kann diese Entschädigung auch eine Abfindung für das Stehenlassen des Bauwerkes nennen (s. Erman, Erbbaurecht und Kleinwohnungsbau S. 17); im Zusammenhange damit steht die Vorschrift des § 34, wonach der Erbbauberechtigte beim Erlöschen des Erbbaurechts nicht berechtigt ist, das Bauwerk wegzunehmen oder sich Bestandteile des Bauwerkes anzueignen (vgl. auch die Bem. zu § 34).

Das BGB. enthielt keine Bestimmung über eine derartige Entschädigung, ebensowenig über das Schicksal der Gebäude nach Beendigung des Erbbaurechts; wenn keine Vereinbarungen vorliegen, so hat nach dem BGB. der Erbbauberechtigte das Recht, nach Beendigung seines Rechtes das von ihm errichtete Gebäude abzubrechen und die einzelnen Bestandteile nach Belieben zu verwerten; er hat sogar die Verpflichtung, die Gebäude von dem Grundstücke zu entfernen. Irrig ist die Ansicht, als ob nach BGB. das Gebäude mit dem Erlöschen des Erbbaurechts von selbst in das Eigentum des Grundstückseigentümers übergehen würde, denn das Gebäude gilt hier nicht als Bestandteil des Grundstücks; das Gebäude wurde bei Errichtung Eigentum des Erbbauberechtigten und bleibt es, auch wenn das Erbbaurecht erlischt, vgl. Bem. 4 zu § 1016 BGB., Erläut. B zu § 38 der VO., sowie Pesl in HirthsAnn. 1915 S. 248 und in „Um Grund und Boden" Bd. 6 S. 294.

Das österreichische Baurechtsgesetz bestimmt in § 9, daß beim Erlöschen des Baurechts das Bauwerk an den Grundeigentümer fällt und daß mangels anderer Vereinbarung dem Bauberechtigten eine Entschädigung in der Höhe eines Vierteils des vorhandenen Bauwertes zu leisten ist.

a) Die Zubilligung einer Entschädigung entspricht im übrigen nicht bloß einem Gebote der Billigkeit, sie ist auch geeignet, den Verfall wirtschaftlicher Werte hintanzuhalten: kann nämlich der Erbbauberechtigte damit rechnen, daß er nach Beendigung seines Rechtes durch Zeitablauf für das Bauwerk eine Entschädigung erhält, so wird ihm selbst daran gelegen sein, das Bauwerk bis zuletzt in gutem Zustande zu erhalten, da sich ja die Höhe der Entschädigung nach dem Werte des Bauwerkes richtet. Wenn aber der Erbbauberechtigte keine Entschädigung erhält, so unterläßt er, je mehr sich sein Recht dem Ende nähert, nach Möglichkeit jedwede Ausbesserung, so daß der Grundstückseigentümer nach Beendigung des Erbbaurechts nur mehr ein ruinöses Bauwerk erhält (vgl. über die hier besonders charakteristischen Auswüchse des Erbbaurechts in England, wo der letzte Erbbauberechtigte sein Haus regelmäßig an einen sog. houseknacker verkauft, der dann völligen Raubbau mit dem Hause treibt, Pesl in „Um Grund und Boden" Bd. 6 S. 296).

Die Vorschriften über die Entschädigung für das Bauwerk dienen daher nicht bloß dem Interesse des Erbbauberechtigten, sondern auch jenem des Grundstückseigentümers und darüber hinaus der volkswirtschaftlichen Förderung möglichster Erhaltung wirtschaftlicher Werte; vgl. Pesl a. a. O. S. 294 ff., Wild, Recht und Wirtschaft 1918 S. 131, sowie Erman, Erbbaurecht und Kleinwohnungsbau S. 17 und in Bd. IV Jahrbuch der Bodenreform S. 270. Vgl. auch Schönthal in den Verhandlungen des 31. DJT. Bd. III S. 95, der hier für eine möglichst hohe Entschädigung des Erbbauberechtigten eintrat.

b) Ueber die Frage der Abdingbarkeit dieser Entschädigungspflicht s. unten Bem. 3.

c) Ueber die Entschädigung beim Heimfalle des Erbbaurechts s. § 32 („angemessene Vergütung für das Erbbaurecht").

2. Berechtigt, die Entschädigung zu verlangen, ist der Erbbauberechtigte zur Zeit der Beendigung des Erbbaurechts. Selbstverständliche Voraussetzung ist aber, daß er selbst oder sein Rechtsvorgänger im Erbbaurechte die Baulichkeiten errichtet haben (also nicht der Grundstückseigentümer selbst). Der Rechtsvorgänger, der das Bauwerk errichtete, wird wohl regelmäßig einen Ersatzanspruch hiewegen gegenüber dem letzten Erbbauberechtigten, der die Entschädigung erhält, nicht haben; der Gesichtspunkt der ungerechtfertigten Bereicherung (§§ 812 ff. BGB.) wird versagen, da die von ihm für das Bauwerk aufgewendeten Kosten für die Regel durch die Uebertragung des Erbbaurechts und das hiefür bezahlte Entgelt unmittelbar oder mittelbar abgegolten werden und es sohin an einer Bereicherung „auf Kosten eines andern" gebricht.

3. Die Beteiligten können **vertragsmäßig** schon bei Bestellung des Erbbaurechts oder nachher **(Abs. 1 Satz 2)**

a) über die Höhe der Entschädigung, wie über die Art ihrer Zahlung gesonderte Bestimmungen treffen; sie können aber auch

b) die Ausschließung der Entschädigungspflicht überhaupt vereinbaren.

α) Ein derartiger Ausschluß ist aber im Interesse der Beteiligten und auch aus volkswirtschaftlichen Gründen (vgl. oben Bem. II, 1, a) nicht empfehlenswert (von der Kritik war auch diese allgemeine Abdingbarkeit gerügt worden).

β) Nur im Falle des Abs. 2 ist der Ausschluß der Entschädigungspflicht nicht statthaft; vgl. näher unten Bem. 4, c. p.

Vereinbarungen im Sinne des Abs. 1 Satz 2 gehören unmittelbar zum Inhalte des Erbbaurechts nach der Wortfassung, haben also dingliche Wirkung, wenn nichts anderes verfügt ist und wenn die Eintragung hinzukommt (vgl. auch Bem. I zu § 2).

Vereinbarungen über die Höhe der Entschädigung waren schon bisher üblich (jedoch ohne dingliche Wirkung), vgl. die Beispiele bei Pesl, Erbbaurecht S. 97 ff. (z. B.: In dem Berliner Vertrage zwischen dem preußischen Fiskus und dem Beamten-Wohnungs-Verein zu Berlin ist bestimmt, daß für diesen Fall der Fiskus 20 % des Wertes für die auf dem Grundstücke bei Beendigung des Erbbaurechts vorhandenen Baulichkeiten und Anlagen zu leisten habe; als Wert wird die Hälfte der Summe vom Bauwert und vom kapitalisierten Nutzungswerte zugrunde gelegt; die Feststellung des Wertes erfolgt durch zwei Sachverständige, von denen der Erbbauberechtigte den einen, der Fiskus den anderen bestimmt; einigen sich diese nicht, so müssen die beiden Sachverständigen einen Obmann wählen, dessen Gutachten entscheidet; können sie sich über die Person des Obmannes nicht einigen, so wird dieser durch den Minister der öffentlichen Arbeiten ernannt, usw. In den Dresdener Erbbauverträgen wird der vierte Teil des Wertes [Material- und Nutzungswertes] als Entschädigung angesetzt, in dem Elberfelder Vertrage die Hälfte des Wertes des Gebäudes; der Obmann wird von den von beiden Teilen ernannten Sachverständigen gewählt, allenfalls durch den Landgerichtspräsidenten).

4. Haben die Beteiligten keine besonderen Vereinbarungen in diesem Sinne getroffen, so verbleibt es bei Abs. 1 Satz 1, wonach „eine Entschädigung

für das Bauwerk" zu leisten ist (Zeitbauten im Sinne des § 95 BGB. gehören nicht hieher, ebenso Günther Bem. 4 zu § 34). Ueber die Besonderheit im Falle des Abs. 2 s. Bem. c.

a) Nähere Anhaltspunkte über die Berechnung der Entschädigung gibt die VO. hier nicht. Anzuschlagen wird sein der Bauwert des Bauwerkes, den dieses seinem Materialbestande nach im Zeitpunkte der Beendigung des Erbbaurechts noch ausweist, vgl. näher Bem. 2, a zu § 19 (in Abs. 2 spricht die VO. von „gemeinem Werte").

b) Können sich die Beteiligen über die Höhe der Entschädigung nicht einigen, so muß der Richter im Prozeßweg entscheiden. Schon um diese Weiterungen zu vermeiden, wird es zweckmäßig sein, daß die Beteiligten ein Abschätzungsverfahren von vorneherein vertragsmäßig bedingen (vgl. oben die Beispiele unter Bem. 3).

c) Für die Fälle, daß das Erbbaurecht zur Befriedigung des Wohnbedürfnisses minderbemittelter Bevölkerungskreise (dieser Begriff wird aber nicht zu engherzig auszulegen sein, vgl. Sieskind Bem. II, 6, b, sowie Glaß-Scheidt Bem. II, 2, b) bestellt ist, gibt **Abs. 2** besondere Bestimmungen (von Seite der Kritik [vgl. Pesl a. a. O. S. 299] wurde verlangt, daß diese Bestimmung auf alle Erbbaurechtswohnhäuser ausgedehnt werden solle):

α) Hiernach muß in diesem Falle die Entschädigung mindestens zwei Dritteile des gemeinen Wertes betragen, den das Bauwerk bei Ablauf des Erbbaurechts hat; unter gemeinem Werte wird der Bauwert in diesem Zeitpunkte zu verstehen sein, vgl. oben Bem. a.

β) Auf eine abweichende Vereinbarung kann sich der Grundstückseigentümer nicht berufen, **Abs. 2 Satz 2.** Diese Bestimmung ist ebenso auszulegen wie im Falle des § 1 Abs. 4, vgl. näher Bem. VII, 2, b zu § 1.

γ) Der Anspruch auf Entschädigung kann hier nicht von vorneherein vertragsmäßig ausgeschlossen werden. Dies wird aus dem zwingenden Charakter des Abs. 2 zu entnehmen, wenn gleich die VO. hier diese Folge nicht ausdrücklich ausspricht wie im Falle des § 32 Abs. 2 Satz 1 (übereinstimmend von der Pfordten a. a. O. S. 313).

5. **Abs. 4:**

Der Anspruch auf Entschädigung kann erst abgetreten werden, wenn er fällig ist; die Fälligkeit tritt ein mit dem Ablaufe der Zeitdauer des Erbbaurechts, sofern hiefür nicht ein späterer Zeitpunkt besonders vereinbart wurde. Außerdem ist hiezu auch die Zustimmung derjenigen notwendig, denen noch Rechte nach Maßgabe des § 29 zustehen, was aus § 29 zu schließen ist. Vor seiner Fälligkeit kann der Anspruch auch nicht gepfändet werden, vgl. § 851 Abs. 1 CPO. und s. auch unten Bem. III, 2 d. Der Entschädigungsanspruch gilt im Hinblick auf § 96 BGB. als Bestandteil des Erbbaurechts und haftet deshalb auch für die Hypotheken, Grund- und Rentenschulden und Reallasten (vgl. §§ 1120, 1192, 1200, 1107 BGB.; da er aber unpfändbar ist, können diese Realgläubiger ihn nicht selbständig pfänden (ebenso Günther Bem. 25).

Der Erbbauberechtigte wird ferner auf den Entschädigungsanspruch erst dann ganz oder teilweise verzichten können, wenn er entstanden ist (vorausgesetzt, daß nicht von vorneherein die Entschädigungspflicht vertragsmäßig abgedungen wurde, vgl. oben Bem. 3); auch zu einem solchen Verzichte wird die Zustimmung der Personen notwendig sein, denen noch Rechte am Erbbaurecht im Sinne des § 29 zustehen; es wird dies gleichfalls aus § 29 zu folgern sein (ebenso von der Pfordten a. a. O. S. 313).

Wegen der Fälle des Abs. 2 vgl. oben Bem. 4, a, γ.

6. Ueber die dingliche Sicherung des Entschädigungsanspruchs auf dem Grundstücke zugunsten des Erbbauberechtigten s. § 28.

Wegen der Rechte der dinglichen Gläubiger im Sinne des § 29 an der Entschädigungsforderung selbst s. § 29 mit Bem.

III. Verlängerung des Erbbaurechtes:

1. Den Beteiligten muß es natürlich im allgemeinen unbenommen bleiben, im Wege freier Vereinbarung das Erbbaurecht über die ursprünglich gesteckte Zeitspanne hinaus zu erstrecken. Grundbuchrechtlich ist eine derartige Ausdehnung der Dauer des Erbbaurechts als eine Aenderung des Inhalts des Erbbaurechts aufzufassen; sie untersteht daher gemäß der allgemeinen Vorschrift des § 877 BGB. den Vorschriften der §§ 873, 874, 876 BGB., es ist also dingliche Einigung und Eintragung im Grundbuch erforderlich. Zufolge der Neufassung des § 20 GBO. durch § 37 Abs. 1 der VO. muß aber die dingliche Einigung hierüber dem Grundbuchamt in der Form des § 29 GBO. nachgewiesen werden, eine einseitige Eintragungsbewilligung des Grundstückeigentümers genügt also hier nicht, s. Bem. II, 2 zu § 11; diejenigen, welche ding-

liche Rechte an dem Erbbaurechte haben, müssen ihre Zustimmung zur Aenderung geben, es sei denn, daß ihr Recht durch die Aenderung nicht berührt wird (§ 876 BGB.).

2. Eine Sonderart der Verlängerung des Erbbaurechts führt Abs. 3 ein: der Grundstückseigentümer kann nämlich seine Verpflichtung zur Zahlung der Entschädigung für das Bauwerk (s. oben Bem. II) dadurch abwenden, daß er dem Erbbauberechtigten das Erbbaurecht vor dessen Ablauf für die voraussichtliche Standdauer des Bauwerkes verlängert. Der Vorteil für den Grundstückseigentümer liegt hier darin, daß er als Entgelt für die Verlängerung die Entschädigung nicht zu gewähren braucht. Für den Erbbauberechtigten kann diese Vorschrift aber unter Umständen wirtschaftlich höchst üble Folgen haben, besonders wenn er mit der Beendigung des Erbbaurechts sicher rechnete und für diesen Fall bereits Maßnahmen getroffen, z. B. ein anderes Haus erworben hat, zumal der Grundstückseigentümer nicht verpflichtet ist, sein Angebot auf Verlängerung des Erbbaurechts längere Zeit vor Ablauf des Erbbaurechts zu stellen (s. unten Bem. b; vgl. hiezu Pesl in „Um Grund und Boden" Bd. 6 S. 300; die Begründung empfiehlt hier, der Erbbauberechtigte solle sich durch Veräußerung des verlängerten Erbbaurechts über etwaige Schwierigkeiten hinweghelfen).

a) Die Vorschrift gilt für alle Fälle, also gleichgültig, ob es sich um Wohnhäuser Minderbemittelter oder anderer Personen handelt.

b) Der Grundstückseigentümer ist hiernach berechtigt, die Entschädigungspflicht dadurch abzuwenden, daß er dem Erbbauberechtigten eine Verlängerung des Erbbaurechtes anbietet (Günther Bem. 13: Das Angebot der Verlängerung ist wegen der Wirkung auf die Entschädigungspflicht die Ausübung eines Gestaltungsrechts, Recht des rechtlichen Könnens). Er wird diese Rechtsmöglichkeit dadurch in die Wege zu leiten haben, daß er an den Erbbauberechtigten eine entsprechende Aufforderung richtet (für die eine besondere Form nicht aufgestellt ist) zur Zustimmung in eine Verlängerung des Erbbaurechts und zwar vor Ablauf des Erbbaurechts (eine bestimmte längere Frist hiezu ist leider nicht gesteckt, vgl. oben). Ist der Endtermin des Erbbaurechts bereits herangekommen, ohne daß der Grundstückseigentümer dieses sein Recht beansprucht hat, so kann er es nicht mehr geltend machen, auch wenn das Erbbaurecht im Grundbuche noch nicht gelöscht ist.

c) Willigt der Erbbauberechtigte in die Verlängerung ein, so ist der Rechtsakt der Verlängerung als eine Aenderung des Inhalts des Erbbaurechts in der entsprechenden grundbuchrechtlichen Form nach Maßgabe des § 877 BGB. vorzunehmen; es ist also dingliche Einigung (s. oben Bem. 1) und Eintragung notwendig, wesentlich ist dabei die Eintragung im Grundbuche des Grundstücks, da es sich um die Dauer des Rechtes handelt (s. Bem. II, 1, a zu § 14).

α) Da es sich hier nur um eine Verlängerung des Erbbaurechts handelt, so darf für die Regel an dem übrigen bisherigen Inhalte des Erbbaurechts, abgesehen von seiner Zeitdauer, nichts geändert werden. Es bleibt aber den Beteiligten unbenommen, bei dieser Gelegenheit zugleich weitere Abänderungen zu vereinbaren. Eine Zustimmung der Erbbaurechtsgläubiger ist zu einer bloßen Verlängerung im Sinne des Abs. 4 gesetzlich nicht verlangt (diese haben auch auf die Ablehnung der Verlängerung keinen Einfluß (s. unten Bem. d), sie fällt auch nicht unter § 876 BGB.: soweit sonstige Aenderungen vorgenommen werden, bleibt es in dieser Hinsicht bei der allgemeinen Regel des § 876 BGB., so daß also ihre Zustimmung nur notwendig ist, sofern ihre Rechte durch die Aenderung berührt werden (s. oben Bem. 1).

β) Was die Dauer der Verlängerung anbelangt, so kann sie soweit erstreckt werden, als die Standdauer des Bauwerkes voraussichtlich währt, solange also im Zeitpunkte der Verlängerung anzunehmen ist, daß das Bauwerk in seinem bisherigen baulichen Bestand ohne besondere eingreifende Reparaturen noch erhalten bleiben kann (über die begründeten Bedenken gegen diese Regelung vgl. insbes. Wild, „Recht und Wirtschaft" 1918 S. 133).

Diese voraussichtliche Standdauer des Bauwerkes wird im übrigen nur vom Standpunkte der Rechtsbefugnis des Grundstückseigentümers auf Verlängerung aus gedacht sein, um die weitere Dauer entsprechend abschätzen zu können, eine kalendermäßig bestimmbare Zeit aber wird immerhin nach diesem Maßstabe festgelegt werden müssen, denn das Erbbaurecht würde sonst der notwendigen Bestimmtheit entbehren (ebenso Günther Bem. 18).

Die hier aufgestellte Zeitspanne gilt nur im Rahmen des Abs. 3; an sich ist auch in dieser Hinsicht eine weitergehende Verlängerung im Wege freier Vereinbarung nicht ausgeschlossen (vgl. oben α).

γ) Die dinglichen Rechte am Erbbaurechte selbst bleiben im Falle solcher Verlängerung des Erbbaurechts natürlich sämtlich uneingeschränkt weiter bestehen; über die Frage der Notwendigkeit ihrer Zustimmung s. oben α.

d) Lehnt der Erbbauberechtigte aber die Verlängerung ab (ausdrücklich oder stillschweigend infolge Nichtannahme des Verlängerungsangebots bis zum Ablaufe des Erbbaurechts), so erlischt damit sein Anspruch auf Entschädigung.

Wie steht es in diesem Falle aber mit dem Rechte der dinglich Berechtigten an dem Enschädigungsanspruch im Sinne des § 29? Die VO. schweigt hierüber. An sich entstehen die Rechte an der Entschädigungsforderung nach § 29 für diese Realgläubiger erst dann, wenn das Erbbaurecht erloschen ist; in diesem Zeitpunkt ist aber anderseits auch der Anspruch auf Entschädigung ausgefallen. Vor seiner Fälligkeit d. i. vor der Beendigung des Erbbaurechts ist der Entschädigungsanspruch auch nicht selbständig pfändbar für diese Gläubiger, da er nicht übertragbar ist (s. oben Bem. II. 5). Ein Schutz kann sich hier wohl nur aus anderen allgemeinen Gesichtspunkten ergeben; soweit der Erbbauberechtigte eine Schädigung dieser Gläubiger im Auge hat, wird unter Umständen eine Anfechtung seiner Erklärung erfolgen können oder auch ein Anspruch aus § 826 BGB. gegeben sein. Günther, JW. 1919 S. 359 zu Nr. 4 weist mit Recht darauf hin, daß im Hinblick auf die getroffene Regelung auch die Gefahr besteht, daß hier Grundeigentümer und Erbbauberechtigter zusammen ein gemeinsames Spiel zum Schaden der dinglichen Gläubiger treiben.

e) Diese Verlängerung des Erbbaurechts zur Abwendung der Entschädigungspflicht kann nicht bloß einmal vorgenommen werden, sie kann wiederholt vor sich gehen, **Abs. 3 Satz 2** (auf Anregung der Kritik des Entwurfs eingesetzt, vgl. Dittrich a. a. O. S. 210).

Wie Sieskind in Bem. III, c zutreffend ausführt, erscheint diese Bestimmung insofern widerspruchsvoll, da hier bezüglich einer weiteren Standdauer des Bauwerkes nichts gesagt wird, anderseits die ursprünglich für die erste Verlängerung angenommene Standdauer doch an sich beendet sein müßte. Soll die Vorschrift nicht als entbehrlich erscheinen, so wird man daher auch hier eine fernerhin gegebene Standdauer des Bauwerkes als notwendige Voraussetzung annehmen müssen.

IV. Von der Verlängerung des Erbbaurechts ist grundsätzlich zu unterscheiden eine Neubestellung des Rechtes sowie eine Erneuerung des Erbbaurechts im Falle dem Erbbauberechtigten ein Vorrecht auf Erneuerung vertragsmäßig eingeräumt war (vgl. hierüber näher § 31 mit Bem.).

V. Wegen der Miet- und Pachtverträge s. § 30 mit Bem.

§ 28.

Die Entschädigungsforderung haftet auf dem Grundstück an Stelle des Erbbaurechts und mit dessen Range.

Der **Anspruch** des **Erbbauberechtigten** auf **Entschädigung** für das **Bauwerk** (§ 27) soll durch § 28 **im Grundstücke selbst** entsprechend **sichergestellt werden.**

1. Ueber die nähere Art dieser Sicherung können nach dem Wortlaut und mangels genauerer Ausdrucksweise des § 28 freilich namhafte Zweifel bestehen.

a) Die VO. besagt: „Die Entschädigungsforderung haftet auf dem Grundstück“. Diese Wortfassung ist unklar; gemeint kann doch wohl nur umgekehrt sein, daß das Grundstück für die Forderung haftet (vgl. von der Pfordten a. a. O. S. 313); der Ausdruck „haften“ ist hier also mehr im Sinne von „lasten“ zu verstehen.

Das Grundstück soll, wie aus dem Wortlaute der VO. weiters zu entnehmen ist, bei dieser Haftung an Stelle des Erbbaurechts treten und zwar mit dem Range des Erbbaurechts, also gemäß § 10 Abs. 1 für die Regel an erster Stelle (s. unten d).

Von welch' näheren Art diese Haftung des Grundstücks sein soll, darüber schweigt sich die VO. freilich aus (ebenso die Begründung). Da es sich aber um eine Haftung des Grundstücks für eine Forderung handelt, also doch auch ein Recht zur Befriedigung aus dem Grundstücke bestehen soll und muß, so kann hier wohl nur — als das normale Grundstückspfand für eine Forderung — eine Hypothek gemeint sein (andernfalls würde der Erbbauberechtigte auch unter Umständen Gefahr laufen, daß das Grundstück an einen gutgläubigen Dritten veräußert wird, der dann für die Forderung nicht dinglich haften würde;

übereinstimmend von der Pfordten a. a. O. S. 314, Michaelis, BayZfR. 1919 S. 172 u. Glaß-Scheidt Bem. I; Günther Bem. 2 erachtet das Recht als ein dingliches Recht eigener Art, will aber doch auf die Uebertragung und Pfändung die für die Sicherungshypothek geltenden Vorschriften mindestens rechtsähnlich angewandt wissen; Sieskind zu § 28 hält den Entschädigungsanspruch weder für eintragungsbedürftig noch für eintragungsfähig, der Mangel jeglicher Bestimmung über eine grundbuchrechtliche Behandlung führe zu der Annahme, daß der Anspruch nicht in das Grundbuch gehört). Es handelt sich also im gegebenen Falle um die ausnahmsweise Entstehung einer Hypothek kraft Gesetzes, zunächst ohne Eintragung. Für die Regel kennt unser bürgerliches Recht, schon im Hinblick auf die Grundbuchverfassung, derartige kraft Gesetzes entstehende Hypotheken nicht mehr. Zugleich liegt hier ein Fall der Surrogation kraft Gesetzes vor: An Stelle des Erbbaurechts entsteht die Hypothek für die Entschädigungsforderung. (Aehnliche Gesetzesvorschriften, die hier zur Vergleichung herangezogen werden können, sind: § 1075 BGB. beim Nießbrauch, § 1287 Satz 2 BGB. beim Pfandrecht an Rechten und § 848 Abs. 2 ZPO. bei Pfändung eines Anspruchs auf Uebertragung des Eigentums; vgl. die Bem. zu §§ 1075 und 1287 BGB., Stein Bem. zu § 848 ZPO., Fromm in GruchotsBeitr. Bd. 54 S. 69 ff.).

b) Die hiernach kraft Gesetzes entstandene Hypothek wird wie bei den vorangeführten rechtsähnlichen Vorschriften und den sonstigen gesetzlichen Ansprüchen auf Eintragung einer Hypothek (vgl. Bem. II, 2 zu § 1113 BGB., § 648 BGB., § 27 mit §§ 9 ff. des RG. vom 1. Juni 1908 über Sicherung der Bauforderungen, ferner die landesrechtlichen Vorschriften über derartige Hypothekansprüche; s. Art. 91 EG. z. BGB. und Bem. hiezu, vgl. auch § 9 Nr. 2 ZVG.) als Sicherungshypothek (s. §§ 1184 ff. BGB.) aufzufassen sein. Neben der dinglichen Haftung des Grundstücks bleibt die persönliche Haftung des Grundstückseigentümers für die Entschädigungsforderung voll bestehen. Das dingliche Recht des Erbbauberechtigten bestimmt sich aber ausschließlich nach der Entschädigungsforderung; andererseits können alle gegen das Forderungsrecht begründeten Einreden auch dem Hypotheken-Anspruch entgegengesetzt werden, selbst die nach der Eintragung im Grundbuch (s. Bem. c) entstandenen (vgl. Bem. II, 1 zu § 1184 BGB.).

c) Die Hypothek entsteht an sich ohne Eintragung. Der Erbbauberechtigte kann aber die Eintragung verlangen und zwar im Grundbuche des Grundstücks in dessen Lastenabteilung (vgl. Bem. II, 1 zu § 14), sein Anspruch stellt sich zugleich als ein Anspruch auf Berichtigung des Grundbuchs dar; s. §§ 894, 895, 899 BGB. Bis die Eintragung erfolgt, gilt das Grundbuch redlichen Dritten gegenüber, die durch Rechtsgeschäft ein Recht am Grundstück erwerben, noch als richtig (§ 892 BGB.). Der Erbbauberechtigte wird also gut tun, die Eintragung alsbald herbeizuführen; er kann auch sofort einen Widerspruch im Sinne des § 899 BGB. eintragen lassen.

Zum Beweise der Forderung kann sich der Erbbauberechtigte oder sein Rechtsnachfolger aber nicht auf die Eintragung berufen; dies ergibt sich aus der Rechtsnatur der Sicherungshypothek. Der öffentliche Glaube des Grundbuchs gilt für die Forderung hier nicht (vgl. §§ 1184, 1185 BGB. mit Bem.).

d) Für die Uebertragung und Pfändung gelten natürlich gleichfalls die Vorschriften über die Sicherungshypothek (s. § 1154 Abs. 3 BGB., §§ 830, 837, 857 Abs. 6 ZPO.; ebenso Günther Bem. 2).

Die Vorschriften über Eigentümerhypothek (vgl. Bem. 3, d zu § 1185 BGB.) werden dagegen nicht anwendbar sein; ihrer Anwendung steht insbesondere entgegen, daß beim Erlöschen des Entschädigungsanspruchs durch Ablehnung der Verlängerung (§ 27 Abs. 3) eine Eigentümerhypothek nicht entsteht, in solchem Falle vielmehr nach der Vorschrift des § 12 Abs. 3 die Rechte der Grundstücksgläubiger durch Eintritt des Bauwerkes in die Haftung für jene unverkürzt und uneingeschränkt verbessert werden sollen (so zutreffend Günther Bem. 2).

e) Der einzutragenden Hypothek gebührt der Rang, den das Erbbaurecht selbst auf dem belasteten Grundstück inne hatte, also der Regel nach im Hinblick auf § 10 der erste Rang; im übrigen hat sie mit dem Erbbaurechte nichts weiter gemein, sie genießt daher insbesondere auch nicht den besonderen Schutz des § 25 bei einer Zwangsversteigerung des Grundstücks, vgl. Günther Bem. 3.

f) Fraglich ist weiter, ob dem Erbbauberechtigten ein Zurückbehaltungsrecht an den Gegenständen des Erbbaurechts zuzubilligen ist. Da jedoch mit dem Erlöschen des Erbbaurechts gemäß § 12 das Bauwerk in das Eigentum des Grundeigentümers übergeht, wird für ein Zurückbehaltungsrecht kein Raum sein (ebenso Sieskind Bem. II, 5 und Glaß-Scheidt Bem. II, 4 zu § 27).

2. Ueber das nähere Verhältnis dieses Anspruchs des Erbbauberechtigten zu seinen Gläubigern, denen nach § 29 Ersatzrechte an der Entschädigungsforderung zustehen, schweigt die VO. gleichfalls. Da die Entschädigungsforderung nach letzterer Vorschrift auch jenen Gläubigern des Erbbauberechtigten als Befriedigungs-Objekt dienen soll, so wird er billigerweise diesen hiebei nachzustehen haben. Es wird also sein Anspruch auf Hypothek nur soweit entstehen und bestehen können, als nach Befriedigung jener Gläubiger nach Maßgabe des § 29 noch ein unverteilter Rest an der Entschädigungsforderung für ihn selbst bestehen bleibt; vgl. auch Bem. 2, b, α zu § 29.

Ueber die Notwendigkeit der Zustimmung dieser Berechtigten zu einer Abtretung des Entschädigungsanspruchs seitens des Erbbauberechtigten oder zu dessen Verzichtleistung auf den Anspruch s. Bem. II, 5 zu § 27.

§ 29.

Ist das Erbbaurecht bei Ablauf der Zeit, für die es bestellt war, noch mit einer Hypothek oder Grundschuld oder mit Rückständen aus Rentenschulden oder Reallasten belastet, so hat der Gläubiger der Hypothek, Grund oder Rentenschuld oder Reallast an dem Entschädigungsanspruch dieselben Rechte, die ihm im Falle des Erlöschens seines Rechtes durch Zwangsversteigerung an dem Erlöse zustehen.

1. Die dinglichen Rechte, welche das Erbbaurecht selbst belasten, gehen an sich mit dem Erlöschen des Erbbaurechts durch Zeitablauf unter, denn ihr Haftungsobjekt, das Erbbaurecht, erlischt mit dem Endtermin. Die meisten Hypotheken, die ja in der Regel aus wirtschaftlichen Gründen Tilgungshypotheken sind (vgl. Bem. I, 2, c zu § 18), werden in der Regel in diesem Zeitpunkt entsprechend dem Tilgungsplan ohnehin schon getilgt sein; für Mündelhypotheken ist durch die besonderen Vorschriften des § 20 Abs. 1 Nr. 3 und Abs. 2, § 21 Abs. 1 Nr. 2 und 3 und § 22 entsprechend Vorsorge getroffen, daß diese beim Endtermine des Erbbaurechts längst erloschen sind.

2. Es ist aber im Einzelfalle möglich, daß bei Ablauf der Zeit, für die das Erbbaurecht bestellt war, Realgläubiger ihre Befriedigung ganz oder teilweise noch nicht gefunden haben. Das hier auftauchende Rechtsproblem besteht nun darin, ob, in welcher Art und inwieweit diesen Gläubigern, für die das Erbbaurecht infolge seines Erlöschens keine Sicherung mehr abgeben kann, dafür Rechte an der Entschädigungsforderung des Erbbauberechtigten für das Bauwerk (§ 27) einzuräumen sind (vgl. auch Erman, Erbbaurecht und Kleinwohnungsbau S. 17). Die VO. löst die Frage nach dem Vorbild in Art. 52 EG. z. BGB. in folgender Weise:

a) Der Personenkreis der hier als berechtigt Zugelassenen ist ausdrücklich beschränkt auf die Gläubiger einer Hypothek (§§ 1113 ff. BGB.) oder einer Grundschuld (§§ 1192 ff. BGB.) und auf Gläubiger für Rückstände aus Rentenschulden (§§ 1199 ff. BGB.) und Reallasten (§§ 1105 ff. BGB.), soweit diese Rechte oder Rückstände aus ihnen bei Ablauf der Zeit, für die das Erbbaurecht bestellt war, noch zu Recht bestehen. Zu den Reallastgläubigern kann hier auch der Grundstückseigentümer gehören, soweit nämlich Rückstände des Erbbauzinses vorhanden sind, der ja nach § 9 als Reallast zu gelten hat; dieser kann hier mit den Rückständen direkt aufrechnen gegenüber der von ihm zu zahlenden Entschädigungsforderung.

b) Diesen Gläubigern sollen nach der Vorschrift des § 29 an dem Entschädigungsanspruche dieselben Rechte zustehen, die ihnen im Falle des Erlöschens ihrer Rechte durch Zwangsversteigerung an dem Erlöse zustehen. Es ist sohin der Fall rechtsähnlich zu behandeln, wie wenn eine Zwangsversteigerung des Erbbaurechts (vgl. Bem. 2 zu § 24) den Betrag der Entschädigungsforderung als Erlös der Versteigerung ergeben hätte; das Erlöschen des Erbbaurechts durch Zeitablauf ist dabei als Rechtstatsache dem Zuschlag bei der Versteigerung gleichgestellt; s. §§ 91, 92 ZVG.

α) Die rechtliche Konstruktion des Versteigerungserlöses und der Rechte an ihm bildet freilich einen besonderen Streitpunkt in der Literatur und Rechtsprechung zum Zwangsversteigerungsgesetze, vgl. die Zusammenstellung und Erläuterung der vier verschiedenen Meinungen, die hier aufgetreten sind, bei Jäckel-Güthe in Bem. 1 zu § 92 ZVG. Damit ist dieser Streit nunmehr leider auch auf die vorwürfige Materie verpflanzt. Die herrschende Meinung zu § 92 ZVG. nimmt an, daß die hier einschlägigen Rechte infolge des Zuschlags ersetzt werden durch den Anspruch auf Befriedigung aus dem Versteigerungserlös, daß sie also nicht in ihrer früheren Rechtsgestalt fortbestehen, sondern als ein bloßes Forderungsrecht, die Erlös-Berechtigten werden Subjekte der Forderung auf Befriedigung aus dem Erlös; dies gilt auch hinsichtlich einer Uebertragung, einer Pfändung oder eines Verzichts in Ansehung der früheren Rechte für die Zeit nach dem Zuschlage; vgl. RGZ.. Bd. 40 S. 397, Bd. 63 S. 216 und wohl auch RGZ Bd. 55 S. 264, OLG (Posen) Bd. 4 S. 379, Bd. 17 S 358 (Breslau), OLG. (Dresden) SeuffArch. Bd. 59 S. 122, Kretzschmar, ZVG. S. 198, RGRKomm. Bem. 6 zu § 1113 BGB.) Stein Bem. 2 zu § 829 ZPO, Nußbaum, Zwangsversteigerung S. 156., In gleicher Weise sind im vorstehenden Falle die noch berechtigten Gläubiger als Subjekte der Entschädigungsforderung des Erbbauberechtigten gegenüber dem Grundstückseigentümer zu erachten. Der Grundstückseigentümer hat hiebei zufolge der rechtsähnlichen Anwendung als ‚Ersteher' zu gelten, denn er ist es ja, der die als ‚Erlös' zu geltende Entschädigungsforderung schuldet. Freilich handelt es sich, was diese nunmehrige Forderung der Realgläubiger anbelangt, nicht um ein „Vertragsverhältnis" zwischen dem Eigentümer als Ersteher und ihnen, sondern die Realberechtigten haben, wie das Reichsgericht in Bd. 64 S. 311 dies ausdrückt, lediglich ein Recht darauf, nach den für die Zwangsversteigerung geltenden Vorschriften wegen ihrer Forderung befriedigt zu werden. Dieses Recht auf Befriedigung muß aber sachgemäß wie eine Forderung behandelt werden (so auch Nußbaum, Zwangsversteigerung S. 157). Der Erbbauberechtigte, der insoweit als Subhastat zu gelten hat, kann hier seinerseits nur als Subjekt der nach Befriedigung der Realberechtigten noch verbleibenden Restforderung gelten, vgl. auch Bem. 2 zu § 28 (von der Pfordten a. a. O. S. 314 nimmt an, daß die Gläubiger ein direktes Pfandrecht an dem Anspruch erlangen, ebenso Glaß-Scheidt Bem. II; das Forderungsrecht auf Befriedigung aus dem Erlös klingt freilich in seiner Rechtswirkung an ein Pfandrecht an, vgl. RGZ. Bd. 84 S. 13 oben, sowie Pringsheim, ZBlFG. Bd. 13 S. 59 ff. und unten Bem. γ.

β) Die Rangordnung für die Verteilung ist wie bei einer Zwangsversteigerung zu beurteilen, vgl. §§ 10 ff. ZVG. Für die einzelnen hier in Betracht kommenden Rechte untereinander ist nach §§ 11 mit § 10 Nr. 4 ZVG. das bisherige Rangverhältnis unter den Rechten maßgebend; Rückstände kommen in dieser Rangfolge aber nur wegen der laufenden und den aus den letzten zwei Jahren schuldig gebliebenen Beträge in Betracht, ältere Rückstände gehen im Range nach (§ 10 Nr. 8 ZVG.). Wegen des Vorrangs der öffentlichen Lasten des Grundstücks s. aber § 10 Nr. 3 ZVG., auch § 4 EG. z. BGB.; dieser Vorrang besteht auch wegen der laufenden und der aus den letzten zwei Jahren rückständigen Beträge, wegen der älteren Rückstände aber s. § 10 Nr. 7 ZVG.

γ) Die Frage, auf welchem Wege die Gläubiger schließlich ihre Befriedigung zu suchen haben, wird durch die Verweisung auf das ZVG. hier nicht unmittelbar gelöst, da die VO. das dort vorgesehene gerichtliche Verteilungsverfahren hier nicht zugleich angeordnet hat. Bei dieser Rechtslage wird nichts anderes übrig bleiben, als die Vorschriften über das Pfandrecht an Forderungen (§ 1281 BGB.) hier zur Anwendung zu bringen (vgl. die ähnliche Vorschrift in § 1128 Abs. 2 BGB., übereinstimmend Günther Bem. 5). Der Grundstückseigentümer wird sich von seiner Schuld befreien können durch Zahlung gemeinsam an den Erbbauberechtigten und die Gläubiger oder durch Hinterlegung für alle (vgl. Kretzschmar Bem. 2).

δ) Soweit der Gläubiger aus der Entschädigungsforderung befriedigt wird, geht sein Recht unter, ein der Eigentümerhypothek ähnliches Gebilde kann hier für den Inhaber des Entschädigungsanspruchs nicht entstehen (ebenso Günther Bem. 5).

c) Ueber Kollision dieser Gläubiger mit dem Hypothekenanspruche des Erbbauberechtigten selbst in Ansehung der Entschädigungsforderung nach Maßgabe des § 28 s. Bem. 2 zu § 28.

d) Ueber den Fall, daß der Erbbauberechtigte den Entschädigungsanspruch verliert, dadurch daß er auf das Angebot des Grundstückseigentümers auf

Verlängerung des Erbbauberechtigten nicht eingegangen ist, s. Bem. III, 2, d zu § 28.

2. Eine Löschung des Erbbaurechts und die Schließung des Erbbaugrundbuchs werden zu unterbleiben haben, solange nicht der Entschädigungsanspruch geregelt und erledigt ist. Der einstweilige Fortbestand der bisherigen Eintragungen wird aus der Bezugnahme des § 29 auf die Regelung bei einer Zwangsversteigerung zu folgern sein, denn auch im Zwangsversteigerungsverfahren erfolgen die Löschungen erst nach Abschluß des Verteilungsverfahrens (§ 130 ZVG.; übereinstimmend Günther Bem. 5, b).

3. Für den Fall der Erneuerung des Erbbaurechts enthält § 31 Abs. 5 eine besondere Regelung der Rechte der Gläubiger; vgl. Bem. II, 3 zu § 31.

§ 30.

Erlischt das Erbbaurecht, so finden auf Miet- und Pachtverträge, die der Erbbauberechtigte abgeschlossen hat, die im Falle der Uebertragung des Eigentums geltenden Vorschriften entsprechende Anwendung.

Erlischt das Erbbaurecht durch Zeitablauf, so ist der Grundstückseigentümer berechtigt, das Miet- oder Pachtverhältnis unter Einhaltung der gesetzlichen Frist zu kündigen. Die Kündigung kann nur für einen der beiden ersten Termine erfolgen, für die sie zulässig ist. Erlischt das Erbbaurecht vorzeitig, so kann der Grundstückseigentümer das Kündigungsrecht erst ausüben, wenn das Erbbaurecht auch durch Zeitablauf erlöschen würde.

Der Mieter oder Pächter kann den Grundstückseigentümer unter Bestimmung einer angemessenen Frist zur Erklärung darüber auffordern, ob er von dem Kündigungsrechte Gebrauch mache. Die Kündigung kann nur bis zum Ablauf der Frist erfolgen.

§ 30 behandelt die **Einwirkung der Beendigung des Erbbaurechts auf noch laufende Miet- oder Pachtverträge**, die der Erbbauberechtigte abgeschlossen hat. Die VO. folgt dabei im wesentlichen der Regelung in § 1056 BGB. beim Nießbrauch.

1. Dem Erbbauberechtigten bleibt es unbenommen, das seinem Rechte unterstellte Grundstück samt dem Bauwerk usw. einem Mieter oder Pächter zu überlassen. Das hiedurch entstehende Rechtsverhältnis ist rechtlich ebenso zu beurteilen wie eine Vermietung oder Verpachtung durch den Grundstückseigentümer selbst. Dies ergibt sich bereits aus § 11 Abs. 1 Satz 1 der VO. Infolgedessen finden, wenn der Erbbauberechtigte sein Recht freiwillig veräußert, auf Miet- und Pachtverträge, die er abgeschlossen hat, die Vorschriften der §§ 571—576, 581 Abs. 2 BGB. (in der Abänderung durch das RG. v. 8 Juni 1915, RGBl. S. 327!) entsprechende Anwendung, die im Falle der Uebertragung des Eigentums an einem vermieteten oder verpachteten Grundstücke Geltung haben. Zu einer solchen freiwilligen Veräußerung des Erbbaurechts gehört insoweit auch der Heimfall des Erbbaurechts, vgl. Bem. III zu § 33. Wird das Erbbaurecht mit dem Rechte eines Dritten belastet, so gilt § 577 BGB.

a) **Abs.** 1 des § 30 bestimmt nunmehr, daß die gleichen Rechtssätze, die nach obigem bei einer freiwilligen Veräußerung des Erbbaurechts gelten, auch in dem Falle zur Anwendung kommen sollen, wenn das Erbbaurecht erlischt, wobei als selbstverständliche Voraussetzung gedacht ist, daß sich die Miet- oder Pachtzeit über das Ende des Erbbaurechts hinauserstreckt. Die laufenden Miet- oder Pachtverträge bleiben daher mit ihrem Rechtsinhalt in Kraft, an die Stelle des Erbbauberechtigten tritt der Grundstückseigentümer in die Vertragsverhältnisse ein. Ein Erlöschen des Erbbaurechts in diesem Sinne tritt ein durch Aufhebung des Erbbaurechts (s. § 26) oder durch Zeitablauf (vgl. § 27). Für den letzteren Fall des Erlöschens durch Zeitablauf geben die Abs. 2 und 3 aber noch besondere Vorschriften an die Hand (s. Bem. 2).

b) Bei einer Zwangsversteigerung des Erbbaurechts (vgl. § 24) bestimmen sich die Rechtsbeziehungen zwischen Mieter oder Pächter und dem Ersteher nach Maßgabe der §§ 56, 57, 57a, 57b ZVG. in der Fassung des RG. v. 8. Juni 1915 (RGBl. S. 327). Eine Zwangsversteigerung zwecks Aufhebung einer Gemeinschaft ist dagegen als eine freiwillige Veräußerung (vgl. oben) zu betrachten (§ 183 ZVG.). Wegen des Einflusses einer Zwangsverwaltung s. §§ 21, 148, 152 ZVG. Eine freiwillige Veräußerung durch den Konkursverwalter ist im allgemeinen einer Zwangsversteigerung gleichgestellt (s. § 21 Abs. 3 KO. in der Fassung des RG v. 8. Juni 1915.

2. Abs. 2 und 3 beziehen sich auf den besonderen Beendigungsgrund des Erbbaurechts durch Zeitablauf im Sinne der §§ 27—29.

a) Die Einwirkung solcher Beendigung auf die laufenden Miet- und Pachtverträge, die der Erbbauberechtigte (oder sein Rechtsvorgänger) abgeschlossen hat, ist ähnlich geregelt, wie im Falle einer Zwangsversteigerung (vgl. § 57a ZVG. in der Fassung des RG v. 8 Juni 1915). Der Grundstückseigentümer ist hier berechtigt, das Miet- oder Pachtverhältnis unter Einhaltung der gesetzlichen Fristen zu kündigen; die Kündigung kann jedoch nur auf einen der beiden ersten Termine erfolgen, für die sie zulässig ist (bei der Zwangsversteigerung kann sie nur für den ersten Termin erfolgen; auch von § 1056 BGB. weicht diese Regelung ab).

Die gesetzliche Kündigungsfrist ist aus § 565 BGB. für die Miete und aus § 595 BGB. für die Pacht zu entnehmen: Die Kündigung ist demnach gegenüber dem Mieter spätestens am dritten Tage des Kalendervierteljahres für dessen Schluß vorzunehmen, gleichviel ob der Mietzins monatlich, vierteljährlich oder wie sonst immer gezahlt wird (s. Abs. 4 des § 565 BGB.) und gleichviel ob der Vertrag mündlich oder schriftlich abgeschlossen war; ein Pachtvertrag kann nur zum Schlusse des Pachtjahrs und zwar spätestens am ersten Tage des Halbjahrs gekündigt werden, mit dessen Ablauf der Pachtvertrag endigen soll (§ 595 Abs. 2 BGB.). Dieses vorzeitige Kündigungsrecht kann jedoch von dem Grundstückseigentümer jeweils nur für einen der beiden ersten Termine ausgeübt werden.

b) Der Mieter oder Pächter kann den Grundstückseigentümer unter Bestimmung einer angemessenen Frist zur Erklärung darüber auffordern, ob er von dem Kündigungsrechte Gebrauch mache (dies entspricht dem § 1056 Abs. 3 BGB.); die Kündigung kann nur bis zum Ablauf dieser Frist erfolgen (**Abs. 3**). Diese Aufforderung ist im Interesse des Mieters oder Pächters zugelassen, dem hiedurch ermöglicht werden soll, die Schwebezeit abzukürzen.

α) Die Aufforderung ist eine einseitige und formlose, jedoch empfangsbedürftige Erklärung, sie untersteht daher den Vorschriften der §§ 130 ff. BGB., vgl. Bem. 4 zu § 109 BGB.

β) Der Mieter oder Pächter hat eine angemessene Frist zur Erklärung zu setzen. Angemessen ist die Frist nur dann, wenn sie dem Grundstückseigentümer genügend Zeit einräumt, um sich wegen seines Kündigungsrechts zu entscheiden und die Kündigung auch auszuüben; unter Umständen hat der Grundstückseigentümer hier noch Erkundigungen einzuziehen. Durch die Bestimmung einer zu kurzen Frist wird zugleich die angemessene in Lauf gesetzt (vgl. RGZ Bd. 62 S. 68 und Günther Bem. 7).

γ) Die Kündigung muß dem Mieter oder Pächter noch innerhalb der Frist zugehen.

c) Wenn das Erbbaurecht vorzeitig erlischt, d. h. vor dem vertraglich festgesetzten Endtermine des Erbbaurechts z. B. durch zeitlich frühere Aufhebung im Sinne des § 26, so kann der Grundstückseigentümer das Kündigungsrecht erst in dem Zeitpunkt ausüben, in welchem das Erbbaurecht auch durch Zeitablauf gemäß der früheren vertraglichen Festsetzung erlöschen würde (**Abs. 2 Satz 3**). (Diese Regelung weicht vom Entwurf ab; vgl. auch Dittrich, DRichtZ. 1918 S. 212; ähnlich ist die Vorschrift in § 1056 Abs. 2 BGB.). Diese Beschränkung hindert aber nicht, daß der Grundstückseigentümer schon vor Ablauf der Erbbaurechtszeit die Kündigung vornimmt, solche also dem Mieter oder Pächter gegenüber erklärt (so zutreffend Günther Bem. 4).

2. Erneuerung.

§ 31.

Ist dem Erbbauberechtigten ein Vorrecht auf Erneuerung des Erbbaurechts eingeräumt (§ 2 Nr. 6), so kann er das Vorrecht ausüben, sobald der Eigentümer mit einem Dritten einen Vertrag über Bestellung eines Erbbaurechts an dem Grundstück geschlossen hat. Die Ausübung des Vorrechts ist ausgeschlossen, wenn das für den Dritten zu bestellende Erbbaurecht einem anderen wirtschaftlichen Zwecke zu dienen bestimmt ist.

Das Vorrecht erlischt drei Jahre nach Ablauf der Zeit, für die das Erbbaurecht bestellt war.

Die Vorschriften der §§ 505 bis 510, 513, 514 des Bürgerlichen Gesetzbuchs finden entsprechende Anwendung.

Dritten gegenüber hat das Vorrecht die Wirkung einer Vormerkung zur Sicherung eines Anspruchs auf Einräumung des Erbbaurechts. Die §§ 1099 und 1102 des Bürgerlichen Gesetzbuchs gelten entsprechend. Wird das Erbbaurecht vor Ablauf der drei Jahre (Abs. 2) im Grundbuch gelöscht, so ist zur Erhaltung des Vorrechts eine Vormerkung mit dem bisherigen Range des Erbbaurechts von Amts wegen einzutragen.

Soweit im Falle des § 29 die Tilgung noch nicht erfolgt ist, hat der Gläubiger bei der Erneuerung an dem Erbbaurechte dieselben Rechte, die er zur Zeit des Ablaufs hatte. Die Rechte an der Entschädigungsforderung erlöschen.

Ausschließung des Vorrechts II, 1;
Ausübung II, 2, d, α, β;
Entschädigungsforderung für das Bauwerk II, 3;
Erneuerung des Erbbaurechts, Begriff I, Einzelheiten II;
Gebührenrechtliche Begünstigung III;
Realgläubiger II, 3;
Verlängerung des Erbbaurechts I, 4;
Vorkaufsrecht, entsprechende Anwendung der Vorschriften I, 2 und II;
Vorkaufsrecht hinsichtlich des Erbbaurechts u. des Grundstücks I, 3;
Wirkung d. Vorrechts II, 2, b, c.

I. Allgemein:

Die Vorschriften des § 31 beziehen sich auf die **Erneuerung** des **Erbbaurechts**, d. h. auf den Fall, daß dem Erbbauberechtigten im Sinne des § 2 Nr. 6 ein Vorrecht auf Erneuerung des Erbbaurechts nach dessen Ablauf vertragsmäßig eingeräumt ist; vgl. Bem II, 6 zu § 2.

1. Ueber die soziale Bedeutung solcher Vereinbarung vgl. Bem. II, 6, a zu § 2.

2. Die Rechtsverhältnisse dieses Vorrechts bedurften einer besonderen eingehenderen Regelung, da dieses Vorrecht im bisher geltenden Rechte nicht vorkam.

Das Vorrecht weist gewisse Aehnlichkeiten mit einem Vorkaufsrecht auf, es stellt nämlich im Rahmen eines begrenzten Rechtes, wie es das Erbbaurecht ist, ähnliches dar, was im Rahmen einer Erwerbsmöglichkeit zu Eigentum das Vorkaufsrecht im eigentlichen Sinne ausmacht. Es wird ja durch das Vorrecht dem bisherigen Erbbauberechtigten die Rechtsmöglichkeit eröffnet, ohne weiteres als Berechtigter in den Bestellungsvertrag einzutreten, demzufolge der Grundstückseigentümer einem Dritten ein Erbbaurecht hinsichtlich des gleichen Grundstücks eingeräumt hat. Wegen dieser Aehnlichkeit werden daher auch eine Reihe von Vorschriften aus dem Vorkaufsrecht auf das Vorrecht zur Anwendung gebracht (s. näher unter Bem. II). Ein wesentlicher Unterschied zwischen beiden Rechtsinstituten liegt aber in folgendem (vgl. auch Günther Bem. 1): Das Vorrecht bildet eine besondere Bevorzugung für den Erbbauberechtigten und verschafft diesem ein weiteres neues Erbbaurecht, das als solches bisher noch nicht bestand; ein wirkliches dingliches Vorkaufsrecht aber kann seinem Begriffe nach nur an einem bereits bestehenden Erbbaurechte für den Fall seiner Veräußerung bestellt werden.

3. Ein Vorkaufsrecht kann der Erbbauberechtigte selbst zugunsten eines anderen bestellen für den Fall, daß er — der Erbbauberechtigte — das Erbbaurecht veräußert; ein solches Vorkaufsrecht kann auch von ihm dem Grundstückseigentümer eingeräumt werden (vgl. näher Bem. II, 4, k zu § 2). Dem Erbbauberechtigten kann ferner auch ein Vorkaufsrecht hinsichtlich des mit dem Erbbaurechte belasteten Grundstücks durch den Grundstückseigentümer eingeräumt werden, vgl. hierüber Bem. II, 7, e zu § 2.

4. Von der Erneuerung des Erbbaurechts im Sinne des § 31 ist ferner zu unterscheiden eine Verlängerung eines bereits bestehenden Erbbaurechts im Wege freiwilliger Abmachung zwischen Grundstückseigentümer und Erbbauberechtigten. Diese stellt sich regelmäßig als eine Aenderung des Inhalts des Erbbaurechts dar und ist als solche grundbuchrechtlich nach der sachlichen und formellen Seite zu behandeln (s. Bem. II, 2 zu § 11

und Bem. II, 2, a zu § 14). Eine Sonderart der Verlängerung ergibt sich im Falle des § 27 Abs. 3, vgl. näher Bem. III und IV zu § 27.

II. Einzelheiten:

1. Das Vorrecht kann der Regel nach ausgeübt werden, sobald der **Grundstückseigentümer** mit einem **Dritten** einen Vertrag über Bestellung eines **neuen Erbbaurechts** geschlossen hat (**Abs. 1 Satz 1**).

a) Der Vertrag mit dem Dritten muß rechtsgültig (vgl. § 11 Abs. 2) abgeschlossen sein; es kann aber die Ausübung auch dann erfolgen, wenn dem Grundstückseigentümer ein Angebot eines Dritten vorliegt und er dieses dem Erbbauberechtigten zur Erklärung vorlegt, s. OLG. Bd. 16 S. 412 und Günther Bem. 4.

b) Allgemein **ausgeschlossen** ist aber das Vorrecht

α) wenn das für den Dritten neu bestellte Erbbaurecht einem anderen wirtschaftlichen Zwecke zu dienen bestimmt ist, als er dem bisherigen Erbbaurechte zugrunde lag (**Abs. 1 Satz 2**), z. B. das bisherige Erbbauwohnhaus soll in eine gewerbliche Anlage oder in ein Hotel umgewandelt werden. Günther vertritt in Bem. 6 die Auffassung, daß das Moment des wirtschaftlichen Unterschieds nicht bloß objektiv aus dem Inhalte des neuen Erbbaurechts sich ergeben kann, sondern auch subjektiv aus der Person des Dritten z. B. die Bestellung erfolgt an einen künftigen Erben in Rücksicht auf sein Erbrecht oder mit Rücksicht auf ein Arbeitsverhältnis, in dem der neue, nicht aber der frühere Erbbauberechtigte zum Grundeigentümer steht; allein, da die Vorschrift der VO. doch wohl nur von dem objektiven Maßstab ausgeht, dürfte dieser Meinung nicht zu folgen sein, umsoweniger als sich daraus eine Erweiterung der Ausschließung des Vorrechts zu ungunsten des Erbbauberechtigten ergibt; vgl. auch unten Bem. 2, d, δ.

β) Wenn der Grundstückseigentümer den neuen Erbbauvertrag später als drei Jahre schließt, gerechnet von dem Zeitpunkte des Erlöschens des bisherigen Erbbaurechts an (**Abs. 2**); vgl. auch § 188 Abs. 2 BGB. wegen der Berechnung. Die Vorschrift spricht eine Ausschlußfrist aus, keine Verjährungsfrist.

Durch die letztere Vorschrift wird freilich dem Grundstückseigentümer die Möglichkeit eröffnet, das Vorrecht dadurch völlig gegenstandslos zu machen, daß er drei Jahre lang seit dem Erlöschen des Erbbaurechts keine Verpflichtung zur Bestellung eines neuen Erbbaurechts eingeht. Diese Regelung mindert daher den praktischen Wert des Vorrechts ganz erheblich; die Frist wäre zweckmäßig erheblich geräumiger genommen worden; vgl. Rosenberg, DJZ. 1918 S 479 Nr. II, 4 und Günther, JW. 1919 S. 359 Nr. 6, b.

2. Auf das Vorrecht haben sowohl die Vorschriften der §§ 505—510, 513, 514 BGB. über Vorkauf im Rechte der Schuldverhältnisse entsprechend Anwendung zu finden, als auch §§ 1099—1102 BGB. aus dem dinglichen Vorkaufsrecht (**Abs. 3 und Abs. 4 Satz 2**). Da diese Vorschriften damit zum Inhalt eines dinglichen Rechtes gemacht sind, haben sie in diesem Rahmen auch als zwingendes Recht zu gelten, vgl. Bem. 1, a zu § 1098 BGB.

Als Rechtssätze allgemeiner Art sind zunächst hervorzuheben:

a) Das Vorrecht gehört mit zum Inhalte des Erbbaurechts (s. § 2 Nr. 6 und Bem. I zu § 2), es geht daher einerseits auf jeden Erbbauberechtigten über, anderseits wirkt es auch gegen jeden Erwerber des Grundstücks.

Der Erbbauberechtigte kann dieses Vorrecht aber nicht gesondert (z. B. nach dem Erlöschen des Erbbaurechts) auf einen anderen übertragen; dies ergibt sich aus der entsprechenden Anwendung des § 514 Abs. 1 BGB. gemäß Abs. 3 des § 31; der durch die Ausübung des Vorrechts entstandene Anspruch aber ist stets übertragbar.

Soweit § 514 Satz 1 BGB. ausspricht, daß das Vorkaufsrecht nicht auf die Erben des Berechtigten übergeht, ist diese Vorschrift hier nicht anwendbar, obwohl nach Abs. 3 des § 31 der § 514 BGB. allgemein zur entsprechenden Anwendung herangezogen wird; denn das Erbbaurecht ist doch begrifflich ein vererbliches Recht, es muß sich daher das Vorrecht begriffsmäßig mit dem Erbbaurechte vererben; außerdem gilt hier ja auch infolge der entsprechenden Anwendung die Ausnahme in § 514 Satz 2 BGB. („Ist das Recht auf eine bestimmte Zeit beschränkt, so ist es im Zweifel vererblich"), da das Erbbaurecht ja regelmäßig auf eine bestimmte Zeit beschränkt ist (vgl. von der Pfordten a. a. O S. 316 mit Anm. 53). Es kann aber natürlich im Erbbauvertrage das Vorrecht auf die Person des Erbbauberechtigten beschränkt werden.

b) Dritten gegenüber wirkt das Vorrecht wie eine Vormerkung zur Sicherung des Anspruchs auf Einräumung des Erbbaurechts, also nach Maßgabe des § 883 Abs. 2 BGB. dahin, daß jede Verfügung über das Grundstück insoweit unwirksam ist, als sie das Vorrecht vereiteln oder beeinträchtigen würde; dies gilt auch, wenn die Verfügung im Wege der Zwangsvollstreckung oder der Arrestvollziehung oder durch den Konkursverwalter erfolgt. Als „Dritter" wird dabei jeder zu verstehen sein, dessen Erwerb durch die Ausübung des Vorrechts unwirksam wird, demnach der neue Erbbauberechtigte oder sein Rechtsnachfolger (vgl. Günther Bem. 9). Vgl. auch § 888 BGB. und Bem. 2 zu § 1098 BGB.

Da das Vorrecht zum Inhalte des Erbbaurechts selbst gehört, wird es zunächst nicht selbst als besondere Vormerkung im Grundbuch eingetragen; es ist vielmehr da einzutragen, wo auch der sonstige wesentliche Inhalt des Erbbaurechts einzutragen ist, s. Bem. II, 2, b zu § 14. Ueber die Frage, ob es auch auf dem Grundbuchblatte des Grundstücks zu vermerken ist, s. Bem. III zu § 14, sowie unten Bem. c.

c) Wird das Erbbaurecht nach Ablauf seiner Geltungsdauer gelöscht (auf dem Blatte des Grundstücks, s. Bem. 2 zu § 16), so muß zur Erhaltung des Vorrechts von Amts wegen eine Vormerkung, welche den Vorrechtsanspruch des Erbbauberechtigten zum Ausdruck bringt, mit dem bisherigen Range des Erbbaurechts, also für die Regel nach § 10 an erster Stelle, auf dem Grundbuchblatte des Grundstücks eingetragen werden (**Abs. 4 Satz 3**).

Ein besonderer Antrag auf Eintragung solcher Vormerkung ist also, da die Vormerkung von Amts wegen einzutragen ist, nicht notwendig, aber an sich zulässig In Preußen hat die Eintragung nach § 7 Abs. 2 der AV. vom 25. März 1919 in Spalte 1—3 der zweiten Abteilung des Blattes des belasteten Grundstücks an nächst freier Stelle zu erfolgen; dabei ist anzugeben, daß die Vormerkung den Rang des Erbbaurechts hat, auch ist beim Löschungsvermerk auf sie hinzuweisen. Vgl. auch Bem. III zu § 14.

Die Vormerkung wird wieder gegenstandslos und ist daher zu löschen, wenn die drei Jahre verflossen sind, innerhalb deren Vorrechte ausgeübt werden können.

d) Als **weitere Einzelheiten** aus der entsprechenden Anwendung der oben aufgeführten Gesetzesstellen sind anzuführen:

α) Der Grundstückseigentümer muß dem Erbbauberechtigten den Inhalt des mit dem Dritten geschlossenen Erbbauvertrags unverzüglich mitteilen (vgl. Bem. I zu § 510 BGB.). Diese Mitteilung kann auch von dem Dritten ausgehen (§ 510 Abs. 1 BGB.). Der Erbbauberechtigte muß sich innerhalb einer Frist von zwei Monaten von dem Empfang der Mitteilung an darüber entscheiden, ob er das Vorrecht ausüben will. Diese Frist von zwei Monaten ergibt sich aus der entsprechenden Anwendung des § 510 Abs. 2 Satz 1 BGB, der bei Grundstücken, als welches auch das Erbbaurecht zu gelten hat (vgl. § 11 Abs. 1 der VO.), diese Frist vorschreibt. Die dreijährige Frist nach § 31 Abs. 2 der VO. (vgl. oben Bem. II, 1, b) kann hieher nicht zur Anwendung kommen, wenngleich man vielleicht durch § 510 Abs. 2 Satz 2 BGB. zu dieser Annahme verleitet werden könnte, denn es bleibt zu beachten, daß Abs. 2 des § 31 der VO. die Frage regeln will, für welche Fälle innerhalb einer begrenzten Zeitdauer das Vorrecht überhaupt besteht, nicht aber die Art seiner Ausübung in einem einzelnen Falle; vgl. Pesl in „Um Grund und Boden" Bd. 6 S. 301, 302 und von der Pfordten a. a. O. S. 316 mit Anm. 54; abweichend aber Glaß-Scheidt Bem. II, 1, e.

β) Ausgeübt wird das Vorrecht durch eine formlose Erklärung des bisherigen Erbbauberechtigten gegenüber dem Grundstückseigentümer. Dadurch kommt zwischen den beiden ein neuer Erbbauvertrag zustande und zwar mit dem Inhalte, wie ihn der Grundstückseigentümer mit dem Dritten vereinbart hat (§ 505 BGB.).

Der Grundstückseigentümer kann diese Rechtsfolge dem bisherigen Erbbauberechtigten gegenüber nicht dadurch verhindern, daß er durch eine Vereinbarung mit dem Dritten die Rechtsgültigkeit des neuen Erbbauvertrags von der Nichtausübung des Vorrechts abhängig macht oder daß er sich den Rücktritt für den Fall vorbehält, daß jenes Vorrecht ausgeübt wird (§ 506 BGB.).

γ) Wenn der Dritte für die Bestellung des Erbbaurechts eine Gegenleistung zu entrichten hat, die gestundet ist, so kann der Erbbauberechtigte solche Stundung seinerseits nur beanspruchen, wenn er Sicherheit leistet (§ 509 Abs. 1 BGB.).

Die sinngemäße Anwendung des § 509 Abs. 2 BGB. wird auf den Fall abzustellen sein, daß als Gegenleistung ein Erbbauzins ausbedungen ist; hier wird dann anzunehmen sein, daß keine Stundung erforderlich ist, daß vielmehr der Erbbauberechtigte auch insoweit einfach in den Vertrag eintritt; vgl. von der Pfordten a. a. O. S. 317 unter Nr. 3 mit Anm. 55.

δ) Eine Anwendung der §§ 507, 508 BGB. wird in der Praxis kaum in Frage kommen.

§ 513 BGB. bezieht sich auf ein gemeinschaftliches Vorkaufsrecht. Wegen des § 514 BGB vgl. oben Bem. a.

Da § 511 BGB zur entsprechenden Anwendung hier nicht herangezogen ist, kann das Vorrecht auch ausgeübt werden, wenn die neue Bestellung an einen gesetzlichen Erben mit Rücksicht auf ein gesetzliches Erbrecht erfolgt, sog. Kindskauf. (Günther in JW. 1919 S. 359 unter Nr. 6, b und in Bem. 8, b zu § 31 erachtet die Anwendung mit Rücksicht auf Abs. 1 Satz 2 des § 31 für ausgeschlossen, vgl. dagegen aber oben Bem. II, 1, α).

ε) Die entsprechende Anwendung der §§ 1099—1102 BGB. ergib folgendes (vgl hiezu auch von der Pfordten a. a. O. S. 317 Nr. 4):

§ 1099 Abs. 1 BGB. ist bereits in der entsprechenden Anwendung des § 510 BGB. (vgl. oben Bem. α) inbegriffen.

§ 1099 Abs. 2 BGB.: Wenn der Grundstückseigentümer das neue Erbbaurecht dem Dritten bereits dinglich bestellt hat und sodann erst das Vorkaufsrecht ausgeübt wird, so hat er den Dritten von der Ausübung des Vorrechts sofort zu benachrichtigen; er hat ihm auch dann Kenntnis zu geben, wenn etwa der frühere Erbbauberechtigte die Frist (s. oben Bem. d, α) ungenützt hat verstreichen lassen.

§ 1100 BGB.: Gemäß § 888 Abs. 1 BGB. muß der neue Erbbauberechtigte der Eintragung des früheren Erbbauberechtigten im Grundbuch zustimmen; er hat ihm auch das Bauwerk herauszugeben. Wenn er aber dem Grundstückseigentümer bereits die vereinbarte Gegenleistung für die Bestellung des Erbbaurechts entrichtet hat, so kann er jene Zustimmung und die Herausgabe des Bauwerkes insolange verweigern, bis ihm das Gezahlte erstattet ist. Sobald das Erbbaurecht auf den früheren Erbbauberechtigten wieder übertragen ist, kann er auch das Gezahlte von diesem im Wege der Klage ersetzt verlangen, er muß sich dann auch zur Herausgabe des Bauwerkes erbieten.

§ 1101 BGB.: Sofern und soweit der frühere Erbbauberechtigte dem neuen Erbbauberechtigten die Gegenleistung für das Erbbaurecht erstatten muß, braucht er solches dem Grundstückseigentümer nicht zu zahlen.

§ 1102 BGB.: Wenn der neue Erbbauberechtigte die Gegenleistung noch nicht entrichtet hat und er das Erbbaurecht wieder verliert, weil der bisherige Erbbauberechtigte das Vorrecht auf die Erneuerung ausübt, so wird er von seiner Verpflichtung hinsichtlich dieser Gegenleistung frei; bereits Gezahltes kann er vom Grundstückseigentümer nicht zurückfordern, weil er ja dafür den Ersatzanspruch gegen den bisherigen Erbbauberechtigten hat.

3. Abs. 5: Diese Vorschrift regelt die Rechtsstellung der in § 29 näher aufgeführten Realgläubiger des bisherigen Erbbauberechtigten für den Fall der Erneuerung des Erbbaurechts:

Nach § 29 haben die dort näher benannten Realgläubiger nach Ablauf des Erbbaurechts durch Zeitablauf (§ 27) an der Entschädigungsforderung des Erbbauberechtigten für das Bauwerk dieselben Rechte, wie im Falle einer Zwangsversteigerung eines Grundstücks an dem Erlös aus der Versteigerung (vgl. näher die Bem. zu § 29). Es kann hier aber nun der Fall eintreten, daß das Erbbaurecht erneuert wird, bevor jene Gläubiger ihre Befriedigung nach Maßgabe des § 29 gefunden haben.

a) Für diesen Fall schreibt Satz 1 des Abs. 5 vor, daß jene Gläubiger, soweit ihre Befriedigung gemäß § 29 noch nicht erfolgt ist, dieselben Rechte an dem neu bestellten Erbbaurechte haben sollen, wie solche ihnen im Zeitpunkte des Ablaufs an dem früheren Erbbaurecht zustanden. Sie können daher von dem bisherigen Erbbauberechtigten verlangen, daß dieser den früheren Stand ihrer Rechte (soweit nicht etwa in der Zwischenzeit schon irgendwelche Tilgungen stattfanden) wiederherstellt und hiezu die erforderlichen Erklärungen zur Wiedereintragung im Grundbuch usw. abgibt (Glaß Scheidt Bem. III nehmen dagegen hier an, daß eine bereits erloschene Hypothek usw. von selbst wieder auflebt und ohne Eintragung im Grundbuch des Erbbaurechts fortbestehen bleibt).

Selbstverständlich können die Beteiligten aber auch besondere Abmachungen für die Erneuerung ihrer Rechte treffen.

Eine nähere Bestimmung darüber, welches Rangverhältnis zwischen den Gläubigern des alten Erbbaurechts und dem etwa auf dem neuen Rechte lastenden Erbbauzins besteht, enthält die VO. nicht (vgl. Dittrich a. a. O. S. 211). Da die Vorschrift des Abs. 5 Satz 1 aber offensichtlich den vollen Schutz dieser bisherigen Realgläubiger anstrebt, wird anzunehmen sein, daß diese zugleich den Vorrang vor dem neuen Erbbauzins verlangen dürfen, während unter ihnen selbst das frühere Rangverhältnis (vgl. auch § 879 BGB.) maßgebend bleibt.

b) Der Anspruch dieser Gläubiger auf Befriedigung aus der Entschädigungsforderung für das Bauwerk (§ 29) erlischt gegen Wiederherstellung ihrer Rechte (Abs. 5 Satz 2).

c) Darüber, ob auch die Entschädigungsforderung des Erbbauberechtigten selbst und die damit verbundene Hypothek (s. § 28 mit Bem.) bei der Erneuerung erlischt, enthält die VO. keine Vorschrift. Es wird hier auf die Umstände des Falles anzukommen haben. Wenn sich die Erneuerung lediglich als eine Fortsetzung des früheren Erbbaurechts mit dem bisherigen Bauwerk und mit gleichen Bedingungen darstellt, so wird der Grundstückseigentümer wohl den Verzicht des Erbbauberechtigten auf die Entschädigungsforderung verlangen können, zumal ja jene Forderung nur ein Entgelt für das Stehenlassen des Bauwerkes sein soll.

Es wird aber häufig eine Verschlechterung der wirtschaftlichen Lage des bisherigen Erbbauberechtigten bei der Erneuerung hauptsächlich insofern eintreten, als der Dritte in dem neuen Erbbauvertrage das Bauwerk wohl nicht ablöst, dafür aber einen wesentlich höheren Erbbauzins zu entrichten sich verpflichtet und auch der frühere Erbbauberechtigte bei der Erneuerung hieran gebunden ist. In einem solchen Falle wird man nicht verlangen können, daß der Erbbauberechtigte einfach auf seine Entschädigungsforderung für das Bauwerk vollständig verzichtet; vgl. Dittrich a. a. O. S. 211 mit Anm. 3.

III. Ueber die steuer- und gebührenrechtliche Begünstigung der Erneuerung des Erbbaurechts s. § 39.

3. Heimfall.

§ 32.

Macht der Grundstückseigentümer von seinem Heimfallanspruche Gebrauch, so hat er dem Erbbauberechtigten eine angemessene Vergütung für das Erbbaurecht zu gewähren. Als Inhalt des Erbbaurechts können Vereinbarungen über die Höhe dieser Vergütung und die Art ihrer Zahlung sowie ihre Ausschließung getroffen werden.

Ist das Erbbaurecht zur Befriedigung des Wohnbedürfnisses minderbemittelter Bevölkerungskreise bestellt, so darf die Zahlung einer angemessenen Vergütung für das Erbbaurecht nicht ausgeschlossen werden. Auf eine abweichende Vereinbarung kann sich der Grundstückseigentümer nicht berufen. Die Vergütung ist nicht angemessen, wenn sie nicht mindestens zwei Dritteile des gemeinen Wertes des Erbbaurechts zur Zeit der Uebertragung beträgt.

§ 32 behandelt die **Entschädigung des Erbbauberechtigten beim Heimfalle des Erbbaurechts.**

Ueber das Heimfallrecht selbst, dessen Voraussetzungen und Wirkungen usw. s. näher § 2 Nr. 4 mit Bem. II, 4 zu § 2, sowie §§ 3 und 4 mit Bem.

I. Abs. 1 Satz 1 stellt als Grundsatz auf, daß der Grundstückseigentümer, wenn er von seinem Heimfallanspruche Gebrauch macht, dem Erbbauberechtigten eine **angemessene Vergütung für das Erbbaurecht** (also nicht bloß für das Bauwerk allein, wie im Falle des § 27) zu gewähren hat.

1. **Rechtsgeschäftliche Vereinbarungen** über die Vergütung beim Heimfall:

a) Es steht den Beteiligten selbstverständlich frei, Vereinbarungen über die Höhe solcher Vergütung und die Art ihrer Zahlungen zu treffen, auch ihre

Ausschließung (vgl. aber auch unten Bem. b) zu verabreden. Solcher Ausschluß wird aber auch hier, wie im Falle des § 27, aus wirtschaftlichen Gründen nicht empfehlenswert sein, vgl. Bem. II, 1 zu § 27 und Pesl in „Um Grund und Boden" Bd. 6 S. 302ff. Derartige Vereinbarungen haben unmittelbar als Inhalt des Erbbaurechts mit zu gelten und äußern sohin dingliche Wirkung, wenn nichts besonderes verfügt ist und wenn die Eintragung hinzukommt; vgl. Bem. I zu § 2 (**Abs. 1 Satz 2**). Solche Verabredungen empfehlen sich gerade hier, da die spätere Festlegung einer angemessenen Vergütung allenfalls im Streitwege vielen Schwierigkeiten und Weitläufigkeiten unterliegt, vgl. unten Bem. 2.

b) Ausnahmsweise Bestimmungen trifft **Abs. 2** für den Fall, daß das Erbbaurecht zur Befriedigung des Wohnbedürfnisses minderbemittelter Bevölkerungskreise (vgl. § 27 Abs. 2 mit Bem. II, 4, c hiezu) bestellt wurde.

α) Hier kann die Zahlung einer angemessenen Vergütung im Sinne des Abs. 1 Satz 1 vertragsmäßig nicht ausgeschlossen werden.

β) Die VO. bestimmt hier ferner auch genauer (im Gegensatz zu Abs. 1, vgl. unten Bem. 2), was als „angemessene Vergütung" zu gelten hat.

Die Vergütung ist nämlich nur dann angemessen, wenn sie mindestens zwei Dritteile des gemeinen Wertes des Erbbaurechts zur Zeit der Uebertragung beträgt (**Abs. 2 Satz 3**). Der Ausdruck der VO. ist hier negativ gefaßt. Wegen des gemeinen Wertes vgl. näher unten Bem. 2, a; wegen Streitigkeiten vgl. unten Bem. 2, d.

γ) **Abs. 2 Satz 2**: Auf eine abweichende Vereinbarung kann sich der Grundstückseigentümer nicht berufen.

Dieser Satz 2 stünde wohl richtiger an dritter Stelle im Abs. 2; denn er soll doch offensichtlich auch für den Satz 3 Geltung haben (übereinstimmend von der Pfordten a. a. O. S. 252 und Anm. 26). Dieser Ausdruck wird auch hier — vgl. §§ 1 Abs. 4, 6 Abs. 2, 27 Abs. 2 Satz 2 — im Sinne einer echten Naturalobligation zu verstehen sein, so daß also die Vereinbarung nicht schlechthin unwirksam ist; vgl. Bem. VII, 2, b zu § 1. Der Erbbauberechtigte kann selbstverständlich im Einzelfalle davon absehen, die Vergütung zu beanspruchen, er kann auch auf den Anspruch ganz oder zum Teil mit Rechtswirksamkeit verzichten, sobald er entstanden ist; aber ein früherer Verzicht muß als rechtsunwirksam gelten (so auch von der Pfordten a. a. O. S. 252 mit Anm. 26).

2. Wenn keine Vereinbarungen über die zu leistende Entschädigung vorlegen, so verbleibt es beim Grundsatze des Abs. 1 Satz 1, daß der Grundstückseigentümer dem Erbbauberechtigten eine **angemessener Vergütung** für das Erbbaurecht zu gewähren hat.

a) Die VO. gibt hier in Abs. 1 Satz 1 zur allgemeinen Bemessung der angemessenen Vergütung keine näheren Richtlinien darüber, was hier als „maßgebend" erachtet werden soll (vgl. aber Abs. 2 mit Bem. I, 1, f oben). Man wird allgemein auszugehen haben von dem gemeinen Werte des Erbbaurechts zur Zeit des Heimfalls (dies ist auch aus Abs. 2 mittelbar zu entnehmen). Dieser setzt sich zusammen aus dem realen Werte des Bauwerkes (vgl. näher § 19 mit Bem. 2 und § 27 mit Bem. II, 4, a) zur Zeit des Heimfalls und dem Ertragswerte des Erbbaurechts, von jenem Zeitpunkt an veranschlagt für die Zeit bis zum normalen Ablaufe des Erbbaurechts. In letzterer Hinsicht wird ein objektiver Maßstab zugrunde zu legen sein, soweit ein jährlicher nachhaltiger Ertrag bei ordnungsmäßiger Wirtschaft für einen Besitzer des Erbbaurechts noch zu erwarten steht (vgl. § 19 Abs. 1 Satz 1), kapitalisiert nach Maßgabe der voraussichtlichen Restdauer des Erbbaurechts. Bei der Veranschlagung des Ertragswertes sind aber die auf dem Erbbaurechte ruhenden Hypotheken und Lasten überhaupt entsprechend in Abzug zu bringen, sofern und soweit sie den Ertragswert des Erbbaurechts mindern (mit Ausnahme der etwaigen Eigentümer-Hypotheken und Eigentümer-Grundschulden, die dem Erbbauberechtigten selbst zustehen, vgl. Bem. I, 1, a zu § 33), ebenso wohl aber auch die Ausgaben, die dem Erbbauberechtigten noch in Ansehung des Bauwerkes für die Folge voraussichtlich erwachsen wären. Wenn die VO. dabei noch die Angemessenheit betont, so wird dies wohl in dem Sinne zu verstehen sein, daß beim Ansatze der Vergütung noch eine gewisse Ausgleichung zwischen den Interessen des Eigentümers und den Interessen des Erbbauberechtigten je nach der Lage des Falles zu suchen ist. Auch wird nach diesem

Begriff unter Umständen je nach der wirtschaftlichen Lage und den Verhältnissen der Beteiligten auch eine ratenweise Tilgung an Stelle der als Regel geltenden Kapitalabfindung angängig erscheinen.

b) Ueber den Sonderfall des Abs. 2 vgl. oben Bem. 1, b.

c) Die Forderungen, die der Grundstückseigentümer nach Abs. 2 des § 33 zu übernehmen hat, werden auf die Vergütung angerechnet, § 33 Abs. 3; vgl. Bem. I, 1, c zu § 33.

d) Wenn die Beteiligten über die Vergütung sich nicht einigen können, so ist der Streit im gewöhnlichen Prozeßweg auszutragen. Dies gilt auch für den Fall des Abs. 2. Dadurch können freilich unter Umständen große Kosten und Weiterungen verursacht werden (ein Verfahren, ähnlich wie bei § 22, wäre hier wohl praktischer gewesen, vgl. Hallbauer, LZ 1918 S. 475).

e) Im Gegensatze zu der Regelung in §§ 27, 28 sichert die VO. diesen Vergütungsanspruch nicht dinglich. Dem Erbbauberechtigten steht aber nach Maßgabe des § 273 Abs. 1 BGB. ein Zurückbehaltungsrecht zu.

f) Der Vergütungsanspruch kann nach den allgemeinen Rechtsregeln abgetreten und gepfändet werden; wegen der Frage des Verzichts vgl. oben in Bem. 1, b, γ.

3. Die Grundsätze des § 32 gelten natürlich in gleicher Weise auch dann, wenn der Grundstückseigentümer bei Eintritt des Heimfallrechts gemäß § 3 Halbsatz 2 verlangt, daß das Erbbaurecht einem von ihm zu bezeichnenden Dritten zu übertragen sei (vgl. hiezu auch Bem. II, 4 zu § 2).

III. Der Erbbauberechtigte ist beim Heimfall nicht berechtigt, das Bauwerk wegzunehmen oder sich Bestandteile des Bauwerkes anzueignen, s. § 34 mit Bem.

IV. Wegen der auf dem Erbbaurechte ruhenden Rechte und Lasten s. näher § 33, sowie oben in Bem. I, 2, a.

V. Wegen der zur Zeit des Heimfalls noch laufenden Miet- und Pachtverträge vgl. Bem. III zu § 33.

§ 33.

Beim Heimfall des Erbbaurechts bleiben die Hypotheken, Grund- und Rentenschulden und Reallasten bestehen, soweit sie nicht dem Erbbauberechtigten selbst zustehen. Dasselbe gilt für die Vormerkung eines gesetzlichen Anspruchs auf Eintragung einer Sicherungshypothek sowie für den Bauvermerk (§ 61 des Gesetzes über die Sicherung der Bauforderungen vom 1. Juni 1909, Reichs-Gesetzbl. S. 449). Andere auf dem Erbbaurechte lastende Rechte erlöschen.

Haftet bei einer Hypothek, die bestehen bleibt, der Erbbauberechtigte zugleich persönlich, so übernimmt der Grundstückseigentümer die Schuld in Höhe der Hypothek. Die Vorschriften des § 416 des Bürgerlichen Gesetzbuchs finden entsprechende Anwendung. Das gleiche gilt, wenn bei einer bestehenbleibenden Grundschuld oder bei Rückständen aus Rentenschulden oder Reallasten der Erbbauberechtigte zugleich persönlich haftet.

Die Forderungen, die der Grundstückseigentümer nach Abs. 2 übernimmt, werden auf die Vergütung (§ 32) angerechnet.

Anrechnung auf die Vergütung I, 1, c, ε; Ausbietungspflicht I, 1, c, η; Bauvermerk I, 2, b; Dienstbarkeiten II; Dritterwerber I, 2, c, δ; Eigentümerhypotheken I, 1, b; Grundschulden I, 1 und c, ε; Hypotheken I, 1 und c, ε; Miet- und Pachtverträge III; Nießbrauch II; Persönliche Haftung I, 1, c; Reallasten I, 1 und c, γ; Rentenschulden I, 1 und c, γ; Schuldübernahme I, 1, c, β; Verkaufsrechte II; Vormerkungen I, 2 und II; Widersprüche I, 2 und II; Zwingende Vorschrift I, 1, c, ζ.

§ 33 regelt die **Rechtswirkungen des Heimfalls** des Erbbaurechts auf dessen **Belastungen.** Im allgemeinen besteht hier der Rechtsgrundsatz, daß die wichtigeren Belastungen durch den Heimfall nicht beeinflußt werden sollen, es sind aber besondere Ausnahmen vorgesehen. Eine einschneidende Sonderbestimmung trifft ferner Abs. 2, wornach der Grundstückseigentümer bei Hypotheken, für die der Erbbauberechtigte noch persönlich haftet, letzterem diese Haftung abzunehmen hat; durch Satz 3 des Abs. 2 wird diese Haftung noch weiter ausgedehnt.

I. Unverändert bleiben bestehen nach der Regel des **Abs. 1 Satz 1:**

1. Die **Hypotheken** (§ 1113 BGB.), **Grund- und Rentenschulden** (§§ 1191, 1199 BGB.), sowie **Reallasten** (§ 1105; zu diesen gehören auch Ueberbau- und Notwegrenten §§ 914 Abs. 3, 917 Abs. 2 BGB.):

a) Ausgenommen sind jedoch diejenigen solcher Rechte, die dem Erbbauberechtigten selbst zustehen, also insbesondere Eigentümer-Hypotheken und Eigentümer-Grundschulden des Erbbauberechtiaten (vgl §§ 1143, 1163, 1168, 1170, 1171 Abs. 2, 1177, 1192, 1196 BGB.; §§ 868, 932 ZPO.; für Reallasten vgl. § 889 BGB.); diese erlöschen demnach durch den Heimfall. Ein wirtschaftlicher Ausgleich wird hier darin liegen, daß diese Rechte auch bei Berechnung der Vergütung zu Lasten des Erbbauberechtigten nicht mehr in Abzug kommen können, vgl. Bem. I, 2, a zu § 32.

b) Wenn der Grundstückseigentümer oder der Dritte, dem das Erbbaurecht nach Maßgabe des § 3 Halbsatz 2 übertragen wird, selbst eine Hypothek, Grundschuld oder Rentenschuld auf dem Erbbaurechte haben, so erlöschen diese Rechte beim Heimfall nicht, verwandeln sich vielmehr in deren Hand in eine Eigentümer Hypothek, Eigentümer-Grundschuld, Eigentümer-Rentenschuld (s. §§ 889, 1177, 1200 BGB).

c) Besondere Vorschriften stellt **Abs. 2** für den Fall auf, daß bei einer **Hypothek,** die nach Abs. 1 bestehen bleibt, der **Erbbauberechtigte zugleich persönlich haftet.** Die Anwendung der Vorschrift setzt also voraus, daß der Erbbauberechtigte zur Zeit der Uebertragung persönlicher Schuldner der gesicherten Forderung ist, also persönlich und dinglich haftet; haftet ein Dritter persönlich, so kann die Vorschrift nicht zur Anwendung kommen. Diese Grundsätze werden durch Satz 3 des Abs. 2 auf weitere Fälle ausgedehnt, s. unten Bem. γ. Die Vorschrift des Abs. 2 entspricht dem § 53 ZVG. Bei einer sonstigen Uebertragung des Erbbaurechts, die nicht Heimfall ist, regelt sich die Schuldübernahme nach den allgemeinen Vorschriften (§§ 414 ff. BGB.).

α) Ueber die wirtschaftliche Seite dieser Bestimmung ist folgendes zu sagen (vgl. Wild, Recht und Wirtschaft 1918 S. 132): Die Vorschrift bringt dem Erbbauberechtigten allerdings eine wesentliche Besserung seiner Stellung, aber auf Kosten einer bedeutenden Verschlechterung der Stellung des Grundstückseigentümers. Es frägt sich, ob dadurch die Einführung des Erbbaurechts belebt wird und ob nicht die Grundstückseigentümer dadurch abgeschreckt werden. Der Grundstückseigentümer kann sich zwar dagegen dadurch wappnen, daß er von der nach § 5 eingeräumten Möglichkeit Gebrauch macht und bei Begründung des Erbbaurechts sich ausbedingt, daß der Erbbauberechtigte zur Belastung des Grundstücks mit einer Hypothek usw. seiner Zustimmung bedarf und solche Genehmigung jeweils möglichst versagen wird, allein er kann ja im Wege des § 7 unter Umständen zur Zustimmung gezwungen werden. Eine Ausgleichung schafft die VO. freilich anderseits wieder dadurch, daß der Grundstückseigentümer die Forderung, die er übernehmen muß, an der Vergütung in Abzug bringen darf, vgl. unten Bem. ε.

Ueber die Frage, ob die Vorschrift durch Vereinbarung ausgeschlossen werden kann, s. unten Bem. ζ.

β) Die VO. bestimmt in **Satz 1:** „Haftet bei einer Hypothek, die bestehen bleibt, der Erbbauberechtigte zugleich persönlich, so übernimmt der Grundstückseigentümer die Schuld in Höhe der Hypothek". Zweifel können hier bestehen wegen des Ausdruckes „übernimmt." Man wird hier aber keinesfalls einen besonderen Uebernahmeakt in dem Sinne anzunehmen haben, daß der Grundstückseigentümer die Schuldübernahme dem Erbbauberechtigten gegenüber gesondert zu erklären habe. Diesen umständlichen und weitschweifigen Weg wird die VO. nicht gewollt haben. Gemeint ist vielmehr wohl (vgl. Hallbauer, LZ. 1918 S. 746), daß die persönliche Schuld von selbst, sobald die Uebertragung des Erbbaurechts auf den Grundstückseigentümer rechtsgültig erfolgt ist, ohne weiteres in der Weise auf den Eigentümer übergeht, daß er zunächst kumulativ neben dem Erbbauberechtigten als dem ursprünglichen persönlichen Schuldner haftet, anderseits aber auch diesem gegenüber dafür einzustehen hat, daß dieser nicht für die Schuld in Anspruch genommen wird. Die Schuldübernahme wirkt also zunächst nur im Verhältnis zwischen dem Grundstückseigentümer und dem Erbbauberechtigten (ebenso von der Pfordten a. a. O. S. 253 c und Glaß-Scheidt Bem. II, 2, a.

Die Schuldübernahme findet stets nur in Höhe der Hypothek statt; wäre im Einzelfalle die persönliche Schuld des Erbbauberechtigten höher als die Hypothek, so würde dieser für den durch die Hypothek nicht gedeckten Rest Alleinschuldner bleiben.

Die VO. schreibt ferner in **Satz** 2 des Abs. 2 vor, daß die Vorschriften des § 416 BGB. entsprechende Anwendung finden sollen. Dadurch ist dem Erbbauberechtigten der Weg eröffnet, dem Hypothekengläubiger gegenüber von seiner an sich noch fortbestehenden persönlichen Haftung (s. oben) endgültig frei zu werden. Zu diesem Behufe hat der Erbbauberechtigte dem Gläubiger, nachdem das Erbbaurecht im Grundbuch auf den Eigentümer selbst umgeschrieben ist, entsprechende schriftliche Mitteilung zu geben über die eingetretene Schuldübernahme des Grundstückseigentümers und den Gläubiger darauf hinzuweisen, daß der Grundstückseigentümer als Schuldner an seine Stelle treten werde, wenn nicht der Gläubiger innerhalb sechs Monaten die Genehmigung gegenüber dem Erbbauberechtigten verweigert.. Erklärt sich der Gläubiger innerhalb der Frist nicht, so gilt die Schuldübernahme als genehmigt und der Erbbauberechtigte wird von der persönlichen Schuld frei.

γ) Abs. 2 **Satz 3**: Das Gleiche gilt, wenn bei einer bestehenbleibenden Grundschuld (darüber, daß auch neben einer Grundschuld ein persönliches Schuldverhältnis bestehen kann, s. näher Bem. I, 3 zu § 1191 BGB.) oder bei Rückständen aus Rentenschulden oder Reallasten der Erbbauberechtigte zugleich persönlich haftet. Auch in diesem Falle geht also ohne weiteres die persönliche Schuld in der Weise auf den Grundstückseigentümer über, daß letzterer zunächst im Verhältnis zwischen ihm und dem Erbbauberechtigten neben diesem kumulativ für die persönliche Schuld haftet und daß er dem Erbbauberechtigten gegenüber dafür einzustehen hat, daß dieser nicht in Anspruch genommen wird. Der Erbbauberechtigte kann sich auch in entsprechender Anwendung des § 416 BGB (dieser gilt seinem Wortlaute nach nur für die Schuldübernahme bei Hypotheken) von seiner weiteren Haftung zu befreien suchen (vgl. oben Bem β).

Für künftig fällig werdende Einzelleistungen der Reallast trifft den Erwerber des Erbbaurechts nach § 1108 BGB. die persönliche Haftung.

δ) Zweifel bestehen, ob Abs. 2 auch dann zu Lasten des Grundstückseigentümers gilt, wenn beim Heimfall entsprechend einer Abmachung im Sinne des § 3 Halbsatz 2 das Erbbaurecht sofort an einen vom Eigentümer zu bestimmenden Dritten fällt. Die VO. selbst trifft hier freilich keine besondere Bestimmung; es wird aber im Wege der Rechtsähnlichkeit dafür zu halten sein, daß die Schuldhaftung hier sofort ohne weiteres auf den Dritten übergeht und nicht auf den Grundstückseigentümer, es ist ja auch in diesem Falle das Erbbaurecht unmittelbar an den Dritten zu übertragen, ohne daß der Grundstückseigentümer das Bindeglied bildet, vgl. Bem. II, 4, d, δ zu § 2 (and. Meinung aber von der Pfordten a. a. O. S. 253, der auch in diesem Falle die persönliche Haftung für den Grundstückseigentümer entstehen läßt.).

ε) **Abs. 3**: Die Forderungen, die der Grundstückseigentümer nach Maßgabe des Abs. 2 persönlich übernehmen muß (vgl. oben Bem. β und γ), werden (in ihrem vollen Betrag) auf die dem Erbbauberechtigten zu leistende Vergütung (§ 32) angerechnet.

Wenn aber der betr. Gläubiger des Erbbauberechtigten die Schuldübernahme nicht genehmigt und den Erbbauberechtigten doch noch belangt, so wird der Erbbauberechtigte vom Grundstückseigentümer den Betrag ersetzt verlangen können, der an der Vergütung dafür abgerechnet wurde: diese Folge wird aus der entsprechenden Anwendung des § 415 Abs. 3 BGB. zu entnehmen sein, wornach der Grundstückseigentümer kraft der Schuldübernahme im inneren Verhältnis zum Erbbauberechtigten letzten Endes immer die Schuld zu tragen hat (so mit Recht von der Pfordten a. a. O. S. 253).

Bei solchen Hypotheken (oder Grundschulden), bei denen der Erbbauberechtigte nur dinglich, nicht persönlich haftet, besteht keine unmittelbare Abrechnungspflicht an der Vergütung. Mittelbar aber äußern auch diese Einfluß auf die Berechnung der Vergütung, da sie ja bei Aufstellung des abzuschätzenden Ertragswertes als abmindernder Faktor entsprechend zu veranschlagen sind (vgl. Bem. I, 2, a zu § 32). Bei solchen Hypotheken besteht überdies für den Grundstückseigentümer, wenn er später vom Gläubiger belangt wird, insofern die Möglichkeit, sich schadlos zu halten, als er in solchen Fällen gemäß § 1143 Abs. 1 Satz 1 BGB. die Forderung gegen den persönlich haftenden Schuldner erwirbt und damit zugleich auch die Hypothek als Eigentümerhypothek in Höhe der befriedigten Forderung. Ueberdies kann sich der Grundstückseigentümer von vorneherein durch eine Vereinbarung im Wege des § 5 Abs. 2 davor schützen, daß derartige Hypotheken entstehen, vgl. von der Pfordten a. a. O. S. 254 und oben Bem. α.

ζ) Fraglich kann erscheinen, ob die Beteiligten die Vorschrift des Abs. 2 vertragsmäßig ausschließen können. Man wird die Frage verneinen müssen, da es sich hier im Grund um eine zwingende Vorschrift handelt, die nicht bloß im Interesse des Erbbauberechtigten, sondern auch im Interesse der Gläubiger getroffen ist. Der Eigentümer kann sich nur durch eine Verabredung im Sinne des § 5 entsprechend von vorneherein schützen, vgl. oben Bem. α.

η) Eine sog. Ausbietungspflicht des Schuldners geht nicht mit über, s. RGZ. Bd. 86 S. 280 und Günther Bem. 11.

2. **Unverändert** bestehen ferner weiter nach der ausdrücklichen Vorschrift der **VO. in Abs. 1 Satz** 2, sofern nicht die Eintragung zugunsten des Erbbauberechtigten selbst besteht:

a) die Vormerkung eines gesetzlichen Anspruchs auf Eintragung einer Sicherungshypothek:

Hiezu gehört insbesondere eine Vormerkung für den gesetzlichen Sicherungsanspruch, der gemäß § 648 BGB. dem Unternehmer des Bauwerkes oder eines Teiles davon für seine Forderungen aus dem Bauwerkvertrage zusteht (vgl. die Bem. zu § 648 BGB., besonders über das Verhältnis dieses Anspruchs zu dem RG. über die Sicherung der Bauforderungen [vgl. unter b], s. näher Bem. I, 3 zu § 648 BGB.). Ferner können hier Vormerkungen in Betracht kommen nach Maßgabe der landesrechtlichen Vorschriften auf Grund des Art. 91 EG. z. BGB. (vgl. Bem. II, 2, a, δ zu § 1113 BGB. und die Bem. zu Art. 91 EG.; für Bayern vgl. auch Art. 14 BayAG. z. BGB. (Brauerhypothek). Allenfalls kann auch § 1844 BGB. in Verbindung mit § 54 FGG. in Frage kommen.

Vormerkungen von vertraglichen Ansprüchen auf Begründung irgendwelcher Rechte am Erbbaurecht erlöschen. Aus dem Sinne der Vorschrift wird aber (mit Günther Bem. 6) die Folge zu ziehen sein, daß alle Vormerkungen zur Sicherung von Ansprüchen auf Aenderung oder Aufhebung der am Erbbaurechte bereits begründeten Rechte gleichwohl bestehen bleiben, soweit letztere selbst im Rahmen des § 33 bestehen bleiben. Das gleiche muß für eingetragene Widersprüche gelten. Eine Vormerkung des Anspruchs auf Uebertragung des Erbbaurechts muß aber stets erlöschen.

b) Der Bauvermerk zugunsten der Baugläubiger nach Maßgabe des § 61*) des Reichsgesetzes über die Sicherung der Bauforderungen vom 1. Juni 1909, RGBl. S. 449). Durch den Bauvermerk erwerben die Baugläubiger den Anspruch auf Eintragung einer Hypothek für ihre Bauforderungen; der Vermerk hat die Wirkung einer Vormerkung zur Sicherung dieses Anspruchs (§ 11 Satz 1 Abs. 2 jenes RG.); er ist vor Beginn des Baues einzutragen; vgl. auch §§ 18 ff., 27 ff. jenes Gesetzes, sowie Bem. II, 2, a, β zu § 1113 BGB.).

II. **Andere** auf dem Erbbaurechte lastende Rechte dagegen erlöschen, also insbes. Dienstbarkeiten (§§ 1018, 1090 BGB.), ein Nießbrauch (§ 1030 BGB.), Vorkaufsrechte (§ 1105 BGB.), die auf dem Erbbaurechte lasten (vgl. Bem. I, 3 zu § 31).

Auch Vormerkungen, die den nur persönlichen Anspruch eines Dritten auf Einräumung derartiger Rechte an dem Erbbaurechte sichern, erlöschen; ebenso Widersprüche in diesem Rahmen; vgl. oben Bem. I, 2, a. Der hiedurch geschädigte Dritte muß dann seine Ansprüche in der Richtung gegen den Erbbauberechtigten weiter verfolgen.

---

*) Dieser lautet:

„Soll das Gebäude von einem Erbbauberechtigten errichtet werden, so ist der Bauvermerk auf dem Grundbuchblatte des Erbbaurechts einzutragen. Der Wert des Erbbaurechts tritt an die Stelle des Baustellenwerts.

Bei der Feststellung der Belastungen sind sowohl die auf dem Erbbaurecht als die auf dem Grundstücke haftenden, dem Erbbaurechte vorgehenden Belastungen zu berücksichtigen.

Die sich auf den Eigentümer beziehenden Vorschriften dieses Gesetzes finden auf den Erbbauberechtigten Anwendung."

Die erlöschenden Rechte setzen sich hier auch nicht an dem Vergütungsanspruche fort, wie im Falle des § 29.

Die Löschung erfolgt als Berichtigung im Sinne des § 22 GBO.

III. Wie es beim Heimfall mit den laufenden **Miet- und Pachtverträgen** steht, die der Erbbauberechtigte abgeschlossen, darüber gibt die VO. hier keine besondere Vorschrift. Da das Erbbaurecht nicht untergeht, sondern weiterbesteht, ist die unveränderte Fortdauer dieser Verträge und der Eintritt des Grundeigentümers oder des dritten Erwerbers des Erbbaurechts an Stelle des Erbbauberechtigten in das Miet- und Pachtverhältnis nach Maßgabe der §§ 571 ff., 581 Abs. 2 BGB. in der abgeänderten Fassung des RG. vom 8. Juni 1915 anzunehmen, wie bei den sonstigen Fällen einer freiwilligen Veräußerung des Erbbaurechts, s. Bem. 1 zu § 30; ein Recht zu vorzeitiger Kündigung besteht hier aber nicht (übereinstimmend Hallbauer a. a. O. S. 744 unten, von der Pfordten a. a. O. S. 254, Günther Bem. 1 zu § 30, Sieskind Bem. IV zu § 33).

4. Bauwerk.

§ 34.

Der Erbbauberechtigte ist nicht berechtigt, beim Heimfall oder beim Erlöschen des Erbbaurechts das Bauwerk wegzunehmen oder sich Bestandteile des Bauwerkes anzueignen.

1. Beim **Heimfall** des Erbbaurechts (vgl. § 2 Nr. 4 mit Bem. II, 4 zu § 2, sowie §§ 3, 4, 32, 33) und beim **Erlöschen** des Erbbaurechts (s. unten Bem. a) ist der Erbbauberechtigte **nicht befugt**, das **Bauwerk wegzunehmen** oder **sich Bestandteile des Bauwerkes anzueignen**. Diese Regelung steht im direkten Gegensatze zu der bisherigen übereinstimmenden Rechtsauffassung, wonach der Erbbauberechtigte als Eigentümer des von ihm selbst erstellten Bauwerkes zur Wegnahme des Bauwerkes und seiner Teile für berechtigt angesehen wurde. Man versuchte allerdings, dem Grundstückseigentümer ein Verbotsrecht im Wege des § 997 BGB. zu schaffen (so insbes. Wolff, SR. § 104, VIII), dies war aber richtiger abzulehnen; vgl Wittmaack a. a. O. S. 63 ff., Biermann Bem 3, a zu § 1012 BGB., Pesl, Die Belastung des Erbbaurechts S. 26, 27 und andere. Schon bisher hatten aber die meisten Erbbauverträge Veranlassung genommen, besondere Bestimmungen darüber zu treffen, wie es mit dem Gebäude nach Beendigung des Erbbaurechts zu halten sei, vgl. Pesl a. a. O. S. 27 mit Anm. 2; s. auch unten Bem. 3.

Die Begründung zum Entwurf besagt zur Rechtfertigung des neuen Rechtssatzes: „Das Verbot usw. ergibt sich aus der Notwendigkeit, einer zwecklosen Vernichtung wirtschaftlicher Werte vorzubeugen." Hinzuzufügen ist aber noch, daß die Regelung des § 34 auch mit eine gewisse logische Folgerung aus dem in § 12 Abs. 3 aufgestellten Grundsatz ist, wonach beim Erlöschen des Erbbaurechts dessen Bestandteile zu Bestandteilen des Grundstücks werden (vgl. Zeitler, BayNotZ. 1919 S. 145 Anm. 1). Wegen des wirtschaftlichen Ausgleichs s. unten Bem. 2.

a) Abgesehen von dem Heimfall soll das Verbot des § 34 auch beim Erlöschen des Erbbaurechts gelten. Die VO. unterscheidet hier selbst nicht näher, es fragt sich also, ob unter dieses ‚Erlöschen' schlechthin alle Beendigungsgründe des Erbbaurechts (vgl. Bem. IX, 3 zu § 1) zu unterstellen sind, oder ob hier eine bestimmte Auswahl zu treffen ist. Man wird hier aber (ebenso Günther Bem. 1, abweichend Sieskind) zu dem Ergebnis gelangen müssen, daß § 34 nur den Beendigungsgrund durch Zeitablauf im Sinne des § 27 hier treffen will. Im Rahmen dieses (V.) Abschnitts spricht die VO. auch nur in § 27 von einem Erlöschen (§ 27 Abs. 1 Satz 1: „Erlischt das Erbbaurecht durch Zeitablauf usw."), als allgemeineren Ausdruck gebraucht sie dagegen in diesem Abschnitte das Wort „Beendigung". Damit steht weiter im Zusammenhange, daß (abgesehen vom Heimfall) auch nur im Falle des Erlöschens durch Zeitablauf eine Entschädigungspflicht des Grundstückseigentümers für das Stehenlassen des Bauwerkes angeordnet wird. Der Fall des § 26, rechtsgeschäftliche Aufgabe des Erbbaurechts, wird also nicht hieher zu zählen sein; in diesem Falle besteht auch kein schutzwürdiges Interesse des Grundstückseigentümers, wie solches § 34 im Auge hat, denn eine rechtsgeschäftliche Aufgabe des Erbbaurechts kann ja nur mit Zustimmung des Grundstückseigentümers erfolgen, der also hier uneingeschränkt in der Lage ist, sein Interesse am Bauwerke voll zu wahren; vgl. auch Bem. IV, 1, c zu § 12. § 34 kann ferner auch nicht gelten bei einer Enteignung des Erbbaurechts oder für den Fall, daß der Erbbauberechtigte sein bisheriges Recht durch Ausübung eines Vorrechts auf Erneuerung im Sinne des § 31 verliert; den in diesen Fällen gebricht es völlig an einem schutzwürdigen Interesse des Grundstückseigentümers hinsichtlich des Bauwerkes. Vgl. auch unten Bem. 2, sowie Bem. 4 zu § 26.

b) Dem Erbbauberechtigten wird durch § 34 verboten, in den einschlägigen Fällen (a) das Bauwerk wegzunehmen oder sich Bestandteile anzueignen. Als Bauwerk kann nur dasjenige hier in Betracht kommen, das gemäß § 12 Abs. 1 der VO. als wesentlicher Bestandteil des Erbbaurechts gilt. Zeitbauten im Sinne des § 95 BGB. gehören also z. B. nicht hieher, da sie keine Bestandteile des Erbbaurechts sind. Hinsichtlich der Bestandteile fallen unter das Verbot sowohl wesentliche wie unwesentliche (über den Unterschied vgl. Bem. 1 und 2 zu § 93 BGB.). Sachen, die nur zu einem vorübergehenden Zwecke in ein Gebäude eingefügt wurden, zählen nicht zu seinen Bestandteilen, s. § 95 BGB. mit Bem.

Zubehörstücke (s. §§ 97, 98 BGB.) fallen gleichfalls nicht unter das Verbot (vgl. Bem. II, 2, a und IV, 1, e zu § 12).

An sich hat der Erbbauberechtigte das Recht zum Abbruch und zu beliebigen Veränderungen oder zu Wegnahmen. Derartige Maßnahmen im Rahmen des § 34 sind aber unzulässig, wenn sie nur mit Rücksicht auf das bevorstehende Ende seiner Berechtigung geschehen: dies muß auch schon für die entsprechende Zeit vor Eintritt des Heimfalls oder des Erlöschens des Erbbaurechts gelten; unter Umständen werden bei Verfehlungen des Erbbauberechtigten in dieser Hinsicht auch die §§ 823 ff. BGB. zur Anwendung kommen können.

c) Eine Verpflichtung zur Wegnahme des Bauwerkes auf Verlangen des Grundstückseigentümers besteht nicht (ebenso Günther Bem. 1).

d) Das Bauwerk nebst seinen wesentlichen und nicht wesentlichen Bestandteilen geht in den Fällen des § 34 in das Eigentum des Grundstückseigentümers über und zwar im Wege eines Akzessionserwerbs, vgl. Bem. IV, 1, a zu § 12.

2. Der wirtschaftliche Ausgleich liegt darin, daß beim Heimfall dem Erbbauberechtigten nach § 32 eine angemessene Vergütung für das Erbbaurecht zu gewähren ist und bei der Beendigung des Erbbaurechts durch Zeitablauf nach § 27 eine Entschädigung für das Bauwerk.

Eine Anwendbarkeit des § 951 BGB. für den Ausgleich des Rechtsverlustes wird im Hinblick auf den von der VO. eingenommenen Rechtsstandpunkt im Rahmen des § 34 abzulehnen sein, da diese ja die Vergütungensfrage selbständig regeln wollte (vgl. auch Günther, JW. 1919 S. 358 Nr. 2).

3. § 34 wird im übrigen an sich als dispositive Vorschrift zu gelten haben. Den Beteiligten bleibt es daher nach wie vor unbenommen, vertragsmäßig besondere Bestimmungen hinsichtlich des Bauwerkes in den hier berührten und in sonstigen Fällen zu treffen; die Grundsätze des Abs. 3 des § 12 dürfen aber dadurch nicht beeinträchtigt werden, soweit Rechte Dritter in Frage kommen.

4. Ueber den Fall, daß das Bauwerk untergeht, bevor das Erbbaurecht beendet ist, vgl. § 13 mit Bem.

VI. Schlußbestimmungen.

§ 35.

Diese Verordnung hat Gesetzeskraft und tritt am Tage der Verkündung in Kraft. Gleichzeitig treten die §§ 1012 bis 1017 des Bürgerlichen Gesetzbuchs und § 7 der Grundbuchordnung außer Kraft.

1. **Satz 1** bezieht sich auf die Gesetzeskraft der Verordnung über das Erbbaurecht:

Die VO. ist hiernach am Tage der Verkündung in Kraft getreten, d. i. am 22. Januar 1919: an diesem Tage wurde nämlich Nr. 14 des RGBl., worin die VO. S. 72 ff. enthalten ist, zu Berlin ausgegeben. Maßgebend ist der Beginn, nicht das Ende dieses Verkündigungstages (vgl. Engelmann, LZ. 1917 S. 102).

2. **Satz 2**: Mit diesem Zeitpunkte sind zugleich die §§ 1012—1017 BGB. und § 7 der GBO. außer Kraft getreten. § 7 der GBO. ist insbesondere durch § 14 der VO. ersetzt, vgl. die Bem. zu § 14.

3. Für ein Erbbaurecht, mit dem ein Grundstück zur Zeit des Inkrafttretens dieser VO. bereits belastet ist, bleiben aber nach § 38 der VO. die bisherigen Gesetze maßgebend, also die §§ 1012—1017 BGB. sowie § 7 GBO., vgl. näher die Bem. zu § 38.

§ 36.

Soweit in Reichs- oder Landesgesetzen auf die §§ 1012 bis 1017 des Bürgerlichen Gesetzbuchs verwiesen ist, treten an deren Stelle die entsprechenden Vorschriften dieser Verordnung.

Soweit in Reichs- oder Landesgesetzen auf §§ 1012—1017 BGB. verwiesen ist, sollen an die Stelle der letzteren durch § 35 Satz 2 der VO. außer Kraft gesetzten Vorschriften die entsprechenden Vorschriften dieser VO. treten.

Es treten im einzelnen an die Stelle von § 1012 BGB. § 1 Abs. 1 der VO., von § 1013 BGB. § 1 Abs. 2 der VO., von § 1014 BGB. § 1 Abs 3 der VO., von § 1016 BGB. § 13 der VO., von § 1017 BGB. § 11 der VO. § 1015 BGB. verlangte für die zur Bestellung des Erbbaurechts nach § 873 BGB. erforderliche Einigung des Eigentümers und des Erwerbers die Erklärung bei gleichzeitiger Anwesenheit beider Teile vor dem Grundbuchamt; da dieses Erfordernis durch § 11 der VO. beseitigt ist, so tritt an die Stelle von § 1015 BGB. der § 873 BGB. schlechthin.

Es ist im übrigen zur Rechtswirkung des § 36 selbstverständlich nicht notwendig, daß in den betreffenden Gesetzen jene Gesetzesbestimmungen ausdrücklich aufgeführt sind, es muß vielmehr genügen, wenn sich diese auf das Erbbaurecht schlechthin beziehen und der Gesetzesinhalt der §§ 1012—1017 BGB. damit gedeckt ist. Vgl. z. B. § 870 Abs. 1 ZPO.

Wegen der Fortdauer des bisherigen Rechtes s. § 38 mit Bem.

§ 37.

Im § 20 der Grundbuchordnung werden die Worte „Bestellung oder Uebertragung eines Erbbaurechts" ersetzt durch die Worte „Bestellung, Aenderung des Inhalts oder Uebertragung eines Erbbaurechts".

Im § 84 der Grundbuchordnung werden die Worte „Die Vorschriften der §§ 7, 20" ersetzt durch die Worte „Die Vorschriften des § 20".

Dem § 84 der Grundbuchordnung werden als Abs. 2 und 3 folgende Vorschriften angefügt:

„Ist auf dem Blatte eines Grundstücks ein Recht der in den Artikeln 63 und 68 des Einführungsgesetzes zum Bürgerlichen Gesetzbuch bezeichneten Art eingetragen, so ist auf Antrag für dieses Recht ein besonderes Grundbuchblatt anzulegen. Die Anlegung erfolgt von Amts wegen, wenn das Recht veräußert oder belastet werden soll. Sie wird auf dem Blatte des Grundstücks vermerkt.

Die Landesgesetze können bestimmen, daß statt der Vorschriften des Abs. 2 die Vorschriften der §§ 14 bis 17 der Verordnung über das Erbbaurecht entsprechend anzuwenden sind."

1. Abs. 1: Im § 20 GBO. werden die Worte: „Bestellung oder Uebertragung eines Erbbaurechts" ersetzt durch die Worte: „Bestellung, Aenderung des Inhalts oder Uebertragung eines Erbbaurechts." § 20 lautet demgemäß jetzt:

„Im Falle der Auflassung eines Grundstücks sowie im Falle der Bestellung, Aenderung des Inhalts oder Uebertragung eines Erbbaurechts darf die Eintragung nur erfolgen, wenn die erforderliche Einigung des Berechtigten und des anderen Teiles erklärt ist"

a) Die bisher nach Maßgabe der §§ 1015, 1017 BGB. für die Bestellung und Uebertragung eines Erbbaurechts in Geltung gewesene Auflassungsform (gleichzeitige Anwesenheit beider Teile vor dem Grundbuchamt, § 925 BGB.) ist nach § 11 Abs 1 der VO. beseitigt, für diese Rechtsakte gelten nunmehr die gleichen Vorschriften wie für die Bestellung und Uebertragung eines begrenzten Rechtes an einem Grundstück überhaupt (also § 873 BGB, vgl. näher Bem. II, 1 und 3 zu § 11 der VO.). Gleichwohl aber gilt § 20 GBO. für diese Rechtsakte weiter, der den Nachweis der Einigung beider Teile für das Grundbuchamt verlangt: es genügt also nicht die einseitige Eintragungsbewilligung des bisherigen Erbbauberechtigten allein (s. Bem. II, 1 und 3 zu § 11 der VO.).

b) Inhaltlich neu im Verhältnis zum bisherigen Wortlaute des § 20 GBO. ist die Einfügung der Worte: „Aenderung des Inhalts" eines Erbbaurechts. Bisher war strittig, ob dieser Rechtsvorgang der Auflassungsform bedürfe. (Dafür Biermann Bem. 1 a. E, Fuchs Bem. 4, Planck Bem. 3 zu § 1015 BGB.; dagegen Turnau-Förster Bem. 3 zu § 1015, Wittmaack a. a. O. S. 17, Oberneck Bd. 1 S. 621 oben, Güthe Bem. 24 zu § 20 GBO.). Nunmehr ist feststehend, daß die Aenderung des Inhalts eines bestehenden Erbbaurechts ebensowenig wie die Begründung oder Uebertragung eines Erbbaurechts der Auflassungsform bedarf, dagegen ist auch bei diesem Rechtsgeschäfte die Einigung beider Teile dem Grundbuchamt in der vorschriftsmäßigen Form (§ 29 GBO.) nachzuweisen, vgl. im übrigen Bem. II, 2 zu § 11 der VO.

2. Abs. 2:

Abs. 2 bezieht sich richtig auf § 84 GBO. In dem amtlichen Texte der VO., RGBl. 14/1919 S. 81 steht als Druckfehler: „§ 8" statt „§ 84" GBO. Die Berichtigung ist erfolgt im RGBl. 1919 S. 122.

Die hier erfolgte Ausstoßung des § 7 GBO. aus § 84 GBO. war notwendig, weil § 7 GBO. durch § 35 Satz 2 der VO. außer Kraft gesetzt ist, s. Bem. 2 zu § 35 der VO.

§ 84 lautet nunmehr in seinem Abs. 1 (wegen der neuen weiteren Absätze s. Bem. 3): „Die Vorschriften des § 20 und des § 22 Abs. 2 über das Erbbaurecht sowie die Vorschrift des § 50 finden auf die in den Artikeln 63 b, 68 des EG. z. BGB. bezeichneten Rechte entsprechende Anwendung.

3. Abs. 3:

Abs. 3 führt zwei neue Absätze (Abs. 2 und 3) zu § 84 GBO. (s. vorher Bem. 2) ein; er bezieht sich inhaltlich auf die in § 84 Abs. 1 der GBO. angezogenen Art. 63 und 68 des EG. z. BGB.:

Nach Art. 63 a. a. O. bleiben durch das BGB. unberührt die landesgesetzlichen Vorschriften über das Erbpachtrecht (vgl. hiezu auch Vorbem. A, I, 2, c vor § 1 der VO.) mit Einschluß des Büdnerrechts und des Häuslerrechts in denjenigen Bundesstaaten, in welchen solche Rechte bestehen; die Vorschriften des § 1017 BGB. haben nach diesem Art auf diese Rechte entsprechende Anwendung zu finden (vgl. die Bem. zu Art. 63 EG. z. BGB., sowie Güthe Bem. 2 zu § 84 GBO.; § 1017 BGB. wird zufolge des § 36 der VO. nunmehr ersetzt durch § 11 der VO.).

Nach Art. 68 a. a. O. bleiben durch das BGB. unberührt die landesgesetzlichen Vorschriften, welche die Belastung eines Grundstücks mit dem vererblichen und veräußerlichen Rechte zur Gewinnung eines den bergrechtlichen Vorschriften nicht unterliegenden Minerals, sog. Abbaurechte, gestatten und den Inhalt dieses Rechtes näher bestimmen; die Vorschriften der §§ 874, 875, 876, 1015, 1017 BGB. haben nach diesem Art. entsprechende Anwendung zu finden (vgl. die Bem. zu Art. 68 EG. z. BGB., sowie Güthe Bem. 3 zu § 84 GBO.); die §§ 1015, 1017 BGB. werden zufolge des § 36 der VO. nunmehr ersetzt durch § 11 der VO. und § 873 BGB.

a) In § 35 Satz 2 der VO. ist § 7 GBO. allgemein außer Kraft gesetzt worden, deshalb mußte auch die Verweisung auf diesen Paragraphen in § 84 GBO. fortfallen (s. oben Bem. 2 zu Abs. 2). Dadurch wäre aber für die Rechte aus Art. 63 und 68 EG. z. BGB. auf die nach dem bisherigen § 84 GBO. der § 7 GBO. anwendbar war, eine Lücke entstanden. Diese füllt nunmehr der neu eingefügte Abs. 2 des § 84 GBO. dadurch wieder aus, daß er für diese Rechte den bisherigen § 7 GBO. seinem vollen Inhalte nach hier einsetzt. Es handelt sich also in Abs. 2 insoweit lediglich um eine redaktionelle Aenderung der GBO. für diese Rechte, nicht aber um eine sachliche Aenderung. Mit dem Erbbaurechte selbst hängt diese Aenderung überhaupt nicht weiter zusammen.

Ueber die sachliche Anwendung des Abs. 2 auf genannte Rechte haben daher die bisherigen Erläuterungen zu § 84 GBO. nach wie vor Geltung; s. insbes. Güthe Bem. 4 zu § 84 GBO. und vgl. auch die Kommentare zu § 7 GBO.

b) Inhaltlich neu ist aber der dem § 84 GBO. neu angefügte Abs. 3. Hiernach können die Landesgesetze bestimmen, daß statt der Vorschriften des Abs. 2 die Vorschriften der §§ 14—17 der VO. über das Erbbaurecht auf die durch Abs. 2 getroffenen Rechte entsprechend anzuwenden sind. Dadurch wird insbesondere die Einführung eines besonderen Grundbuchblattes für jene Rechte in jedem Falle, also nicht bloß auf Antrag, ermöglicht.

§ 38.

Für ein Erbbaurecht, mit dem ein Grundstück zur Zeit des Inkrafttretens dieser Verordnung belastet ist, bleiben die bisherigen Gesetze maßgebend.

A.

§ 38 regelt den **Uebergang des bisherigen Rechtszustandes** zu dem Rechte der neuen Erbbau-VO.

1. Nach dieser Vorschrift sollen für ein Erbbaurecht, mit dem ein Grundstück zur Zeit des Inkrafttretens dieser VO. belastet ist, die bisherigen Gesetze maßgebend sein.

a) Zeitlich bildet hier die maßgebende Grenze der 22. Januar 1919; vgl. oben § 35 mit Bem. Das Erbbaurecht muß in diesem Zeitpunkte natürlich auch eingetragen gewesen sein, vgl. Glaß-Scheidt Bem. I.

b) Als die fortgeltenden bisherigen Gesetze kommen hauptsächlich in Betracht:

α) als materiellrechtliche Vorschriften §§ 1012—1017 BGB., s. deren Erläuterung unten unter B;

β) es gelten weiter aber auch alle bisherigen formellrechtlichen und Verfahrensvorschriften, also insbes. § 7 GBO. (vgl. oben § 35) und § 20 GBO. in seiner bisherigen Fassung (vgl. § 37).

Auch die prozeßrechtlichen Vorschriften z. B. des ZVG. bestehen für die bisherigen Erbbaurechte in unveränderter Rechtswirkung weiter; es kann also z. B. im Gegensatze zu § 25 d. VO. ein bisheriges Erbbaurecht unter Umständen erlöschen durch die Zwangsversteigerung des Grundstücks.

c) Die Vorschrift des § 38 ordnet ganz allgemein ohne jede Einschränkung die Fortdauer des bisherigen Rechtszustandes für die bereits bestehenden Erbbaurechte an. (In dem rechtsähnlichen Falle des Art. 184 EG. z. BGB. für die Ueberleitung der begrenzten Grundstücksrechte in das Recht des BGB. ist z. B. eingeschränkter angeordnet, daß diese Rechte mit dem sich aus den bisherigen Gesetzen ergebenden Inhalt und Rang weiter bestehen sollen). Infolge dieser ganz allgemein lautenden Anordnung der VO. wird man daher zu dem Ergebnis gelangen müssen, daß in jeder Beziehung für die bereits bestehenden Erbbaurechte das bisherige Recht uneingeschränkt maßgebend bleibt. (Es werden hier also auch nicht gewisse Einschränkungen aufzustellen sein, wie solche z. B. im ähnlich lautenden Falle des Art. 170 EG. z. BGB. für die Fortgeltung von bisherigen Schuldverhältnissen von der Auslegung dieser Gesetzesstelle insbes. in Ansehung des Rechtsaktes der späteren Uebertragung usw. aufgestellt wurden; vgl. Bem. 4, a zu Art. 170 a. a. O. und Bem. 6 zu § 398 BGB., RGZ. Bd. 56 S. 301, Habicht, Die Einwirkung des BGB. usw. S. 227 ff., Niedner Bem. II, 3, c zu Art. 170), vielmehr müssen auch für alle neuen Rechtsvorgänge hinsichtlich bereits bestehender Erbbaurechte (Uebertragung usw.) die bisherigen Rechtssätze und Vorschriften materieller und formeller Art maßgebend bleiben.

Es erfordert daher die Uebertragung und die Aenderung des Inhalts (vgl. auch unten Bem. 2) eines altrechtlichen Erbbaurechts nach wie vor die Auflassungsform (ebenso Kretzschmar und Sieskind). Auch auflösende Bedingungen, die einem Erbbaurechte beigefügt sind, bestehen weiter und können das Erlöschen des ganzen Rechtes herbeiführen, ebenso ist z. B. die Bestandteilseigenschaft des Bauwerkes ausschließlich nach bisherigem Rechte zu beurteilen; ebenso sind z. B. die Rangverhältnisse und spätere Rangänderungen nach früherem Rechte zu beurteilen und vorzunehmen (§ 10 der VO. gilt also nicht). Vgl. hiezu die Erläuterungen unter B.

Wenn ein bereits bestehendes Erbbaurecht nach dem Inkrafttreten der VO. dadurch erweitert werden soll, daß noch ein weiteres Grundstück mit dem gleichen Erbbaurechte belastet werden soll, so sind für diese Erweiterung die Vorschriften der VO. maßgebend, vgl. Glaß-Scheidt Bem. I, c.

2. Leider hat es die VO. unterlassen, Bestimmungen zu treffen, welche die Ueberleitung der unter altem Rechte begründeten Erbbaurechte unter das neue Recht erleichtert und diesen insbesondere die Vorteile einer dinglichen Sicherung von Vereinbarungen im Sinne der §§ 2, 5, 27 und 32 der VO. auf einfacherem Wege ermöglicht hätten (vgl. Zeitler a. a. O. S. 145). Bei der gegebenen Rechtslage bilden sohin das altrechtliche und das neurechtliche Erbbaurecht zwei getrennte verschiedene Rechtsinstitute; es ist daher auch nicht möglich, ein altrechtliches durch bloße Inhaltsänderung in ein neurechtliches umzugießen, dies kann vielmehr nur geschehen im Wege einer Aufgabe des bisherigen und der

Bestellung eines neurechtlichen Erbbaurechts (übereinstimmend Kretzschmar und Günther Bem. 3). Inhaltsänderungen an bereits bestehenden Erbbaurechten können Rechtswirkungen jeweils nur im Rahmen des bisherigen Rechtszustandes äußern (vgl. Wittmaack a. a. O. S. 170 ff.); über die Form s. Bem. 1, c zu § 1015 BGB. in der Erläuterung B unten.

3. Wegen des Uebergangs des vor dem BGB. gültigen Rechtszustandes zum Rechte des BGB. vgl. Vorbem. H vor § 1.

B.

Kurze Erläuterung zu den bisherigen §§ 1012—1017 BGB., teilweise unter entsprechender Verweisung auf die obigen Erläuterungen zu der ErbbauVO.:

§ 1012.

Ein Grundstück kann in der Weise belastet werden, daß demjenigen, zu dessen Gunsten die Belastung erfolgt, das veräußerliche und vererbliche Recht zusteht, auf oder unter der Oberfläche des Grundstücks ein Bauwerk zu haben (Erbbaurecht).

E. I, 961 Abs. 1; II, 924 Abs. 1; III, 996.

§ 1012 stimmt völlig überein mit § 1 Abs. 1 der VO.:

1. Ueber den **Begriff** des Erbbaurechts (Rechtsnatur, Eigentums- und Besitzfragen, Unterschied von anderen Rechten usw.) s. näher Bem. I, 2—6 zu § 1.

2. Ueber den Begriff des **Bauwerkes** s. näher Bem. II zu § 1.

Ueber das Verhältnis des Bauwerkes zum Erbbaurecht und die hier nach bisherigem Rechte bestandenen Streitfragen s. in Bem. I, 1, a und 2 zu § 12.

3. Belastet werden kann nur ein **Grundstück** im Ganzen. Ueber die sich hier anschließenden Fragen s. näher Bem. III, a, b, d, e und f zu § 1; s. auch unten § 1013 BGB. mit Bem.

4. **Veräußerlichkeit** und **Vererblichkeit** sind wesentliche Momente (vgl. hiezu näher Bem. IV, 1 zu § 1).

a) Die Hinzufügung auflösender Bedingungen und Endtermine ist im Grundsatze nicht ausgeschlossen; vgl. RGZ. Bd. 61 S. 1 ff., auch Kretzschmar, ZBlFG. Bd. 3 S. 435 ff., Francke, Recht 1909 S. 531; a. M. Oberneck § 80 und auch Wittmaack a. a. O. S. 48 ff.

b) Freilich wird, wenn ein Erbbaurecht auf Lebenszeit des Berechtigten oder unter der auflösenden Bedingung der Veräußerung bestellt ist, jeweils zu prüfen sein, ob hier überhaupt noch ein Erbbaurecht vorliegt oder vielmehr, was die Regel bilden wird, eine beschränkte persönliche Dienstbarkeit, oder auch ein bloßes obligatorisches Verhältnis, vgl. Kohn a. a. O. S. 52, Wilutzky in GruchotsBeitr. Bd. 49 S. 538, Planck Bem. 5; a. M. Neumann Bem. 5; vgl. ferner auch OLG. (KG.) Bd. 10 S. 413, sowie KG. in RJA. Bd. 9 S. 128, SeuffA. Bd. 63 Nr. 117, SeuffBl. Bd. 73 S. 151, OLG. Bd. 18 S. 144, 145 (wie hier), s. auch Goldmann-Lilienthal § 55 Anm. 11.

c) Eine obligatorische Verpflichtung des Erbbauberechtigten, das Erbbaurecht nicht zu veräußern, kann (ebenso wie z. B. beim Eigentum) wirksam begründet werden, vgl. § 137 Satz 2, so Neumann Bem. 5, Wilutzky in Gruchots-Beitr. Bd. 49 S. 538 und Goldmann-Lilienthal s. § 55 Bem. 11 und Anm. (bestritten). Vgl. hiezu auch in Bem. IV, 1, b zu § 1.

d) Im übrigen vgl. auch wegen Zeitbestimmungen und Bedingungen Bem. IV, 3, a und b, sowie 4 zu § 1.

5. Die Entrichtung einer jährlichen Abgabe (solarium) ist keine notwendige Voraussetzung. Ein derartige Zinspflicht kann dinglich durch Bestellung einer Reallast an dem Erbbaurechte (§§ 1017, 1105) begründet werden (vgl. Wittmaack S. 181 ff.). Vgl. auch § 9 der VO. mit Bem.

6. Der Erbbauberechtigte hat der Regel nach ein unbeschränktes Verfügungsrecht über den Gegenstand des Rechtes. Besondere Erhaltungspflichten, wie beim Nießbrauch und Pfandrechte, werden dem Berechtigten hier durch das Gesetz nicht auferlegt (vgl. Bem. VIII, 1, b zu § 1); vertragsmäßig können sie aber auferlegt werden z. B. als Bedingung (vgl. § 1015) oder in Gestalt einer Sicherungshypothek am Erbbaurecht, s. M. III, 469, aber auch Kretzschmar a. a. O. S. 435 und 436; wegen des neuen Rechtes s. § 2 mit Bem.

Hinsichtlich der Lasten wird man für die Regel jene des Grund und Bodens und die des Bauwerkes zu unterscheiden haben: erstere berühren den Erbbauberechtigten nicht, wohl aber letztere, soweit er Eigentümer des Bauwerkes ist, s. Bem. VIII, 1, c zu § 1.

Um dinglich zu wirken, bedarf die Abrede, daß der Erbbauberechtigte das Bauwerk zu unterhalten habe, der Bestellung einer selbständigen Reallast an dem Grundstück (übereinstimmend Planck, Biermann und Kretzschmar zu § 1012).

§ 1013.

Das Erbbaurecht kann auf die Benutzung eines für das Bauwerk nicht erforderlichen Teiles des Grundstücks erstreckt werden, wenn sie für die Benutzung des Bauwerkes Vorteil bietet.

E. II, 924 Abs. 2; III, 997.

1. Das Bedürfnis des Berechtigten bringt es mit sich, daß ihm, abgesehen von dem als Baugrund dienenden Grundstücksteil (oder dem bereits errichteten Bauwerke), noch weitere Teile des belasteten Grundstücks z. B. ein Hofraum, ein Garten, ein Trocken- und Bleichplatz ꝛc. zur Benutzung überlassen werden. Der Vereinfachung der Sache und der Ersparung von Kosten wegen soll das Erbbaurecht selbst auf die Benutzung solcher weiterer Grundstücksteile von Anfang an oder später erstreckt werden dürfen, soweit hierin für die Benutzung des Bauwerkes ein Vorteil (auch bloße Annehmlichkeit; vgl. § 1019) liegt. Dadurch wird im Einzelfalle die Bestellung einer besonderen Dienstbarkeit erspart (im Gegensatze zu E. I). P. III, 283.

2. Diese Teile, auf welche das Erbbaurecht erstreckt wird, müssen aber stets den Charakter von Nebenplätzen tragen, das Bauwerk selbst muß immer die Hauptsache bleiben (vgl. Wittmaack a. a. O. S. 23).

3. Wenn die Beteiligten darüber einig sind, daß der betr. Teil der Benutzung des Bauwerkes Vorteile bietet, so wird eine grundbuchrichterliche Nachprüfung dahin, ob objektiv diese Voraussetzungen vorliegen, nicht veranlaßt, auch praktisch nicht durchführbar sein (so richtig Fuchs zu § 1013; a. M. Planck in Bem. 2); vgl. auch Bem. III, a, δ zu § 1.

Einer besonderen Eintragung bedarf eine solche Erstreckung nicht, es genügt die Bezugnahme auf die Eintragungsbewilligung; anders natürlich, wenn die Erweiterung erst nach Bestellung des Erbbaurechts erfolgt (übereinstimmend Turnau-Förster zu § 1013; a. M. Planck).

4. Wegen des neuen Rechtes s. § 1 Abs. 2 der VO. mit Bem. III, c zu § 1.

§ 1014.

Die Beschränkung des Erbbaurechts auf einen Theil eines Gebäudes, insbesondere ein Stockwerk, ist unzulässig.

E. I, 961 Abs. 2; II, 924 Abs. 3; III, 998.

§ 1014 stimmt vollständig mit § 1 Abs. 3 der VO. überein; s. hiezu Bem. V zu § 1.

§ 1015.

Die zur Bestellung des Erbbaurechts nach § 873 erforderliche Einigung des Eigenthümers und des Erwerbers muß bei gleichzeitiger Anwesenheit beider Theile vor dem Grundbuchamt erklärt werden.

E. I, 962 Abs. 1; II, 925; III, 999.

1. Zur rechtsgültigen **Bestellung** des Erbbaurechts (zur Bestellung ist nicht nur der Eigentümer, sondern auch der Erbpächter, falls die Erbpacht gesetzlich anerkannt ist, befugt [s. Wittmaack S. 25]) ist nach der allgemeinen Regel des § 873 **Einigung** und **Eintragung** erforderlich. Für die Einigung wird aber hier, wie für den Eigentumserwerb an einem Grundstücke nach § 925 Abs. 1, die **Auflassungsform** erfordert, d. h. die Erklärungen der Parteien (oder ihrer Stellvertreter) müssen gleichzeitig (im Gegensatze zu § 128; vgl. Art. 143 Abs. 2 EG.) und mündlich vor dem Grundbuchamt abgegeben werden.

a) Nach landesrechtlicher Ausnahme (Art. 143 EG.) kann jedoch die Auflassung auch vor einem Notar, vor Gericht, vor einer anderen Behörde oder einem anderen Beamten zugelassen werden. Vgl. die Bem. zu Art. 143 EG. und für Preußen Art. 26 AG. z. BGB. und Preuß. Kriegsgesetz vom 13. Mai 1918 (GS. 51), für Bayern im besonderen Art. 81 AG., wonach in Ansehung der in Bayern liegenden Grundstücke die Bestellung eines Erbbaurechts außer vor dem Grundbuchamt auch vor einem bayerischen Notar erklärt werden kann, s. auch §§ 78 Nr. 1, 134, 148 Abs. IV der bayr. Dienstanweisung.

b) Die Hinzufügung einer Bedingung oder Befristung ist hier im Gegensatze zu § 925 Abs. 2 nicht ausgeschlossen: das Gesetz wiederholt ja hier diesen Abs. 2 nicht, will vielmehr nach seinem Wortlaute lediglich den Abs. 1 des § 925 hieher angezogen haben (übereinstimmend Kohn a. a. O. S. 61 ff. und Planck Bem. 2, b).

Von verschiedenen Seiten wird hieraus, sowie aus § 1017 Abs. 2 gefolgert, daß Bedingungen und Zeitbestimmungen zwar nicht die Bestellung, wohl aber die Uebertragung (vgl. unten Bem. 3) unwirksam machen (vgl. Biermann zu § 1015 und Strecker a. a. O. S. 47 ff). Zu einer derartigen Unterscheidung ist aber einesteils keine notwendige innere Veranlassung abzusehen, anderseits bieten auch die Gesetzesmaterialien hiefür keine Handhabe. (Besonders eingehend wird dies bei Fuchs zu § 1015 auseinandergesetzt; vgl. auch Francke, Recht 1909 S. 531.)

c) Rechtsgeschäftliche Aenderungen des ursprünglichen Inhalts des Erbbaurechts werden im Hinblick auf § 877 gleichfalls unter das Auflassungsprinzip fallen (bestritten; vgl. über die verschiedenen Meinungen Turnau-Förster Bem. 3, Planck Bem. 3, Oberneck § 81).

d) Auf das obligatorische Grundgeschäft, wonach sich der Erbbauberechtigte verpflichtet, ein bestehendes Erbbaurecht auf einen anderen zu übertragen, ist gemäß § 1017 die Norm des § 313 anzuwenden.

Das gleiche wird auch für den Vertrag gelten müssen, in welchem sich der Grundeigentümer verpflichtet, ein Erbbaurecht einem anderen zu bestellen; dies ergibt sich aus dem inneren Grunde des § 1017, vgl. Bem. I, 2, A zu § 313 (übereinstimmend Turnau-Förster Bem. 1 zu § 1017, Oberneck § 81, Biermann Bem. 1 zu § 1017, Fuchs S. 269, Kohn S. 377; dagegen Kretzschmar Bd. II S. 232 ff. und SR. zu § 1017, Planck in Bem. 3, c zu § 1017 und Wittmaack a. a. O. S. 35 ff.). Die entsprechende Anwendbarkeit des Satz 2 des § 313 (Heilung durch Auflassung und Eintragung) ist gleichfalls anzunehmen (übereinstimmend Turnau-Förster a. a. O.).

Ueber die Frage, ob § 313 auch auf den obligatorischen Vertrag über die Anfhebung eines Erbbaurechts Anwendung findet, vgl. Dennler in BayNotZ. 1904 S. 148.

Wegen der Frage, ob Art. 12 BayAG. z. GBO. (Vorlegung des schuldrechtlichen Veräußerungsvertrags beim grundbuchamtlichen Vollzug) auch für das Erbbaurecht gilt, s. Henle-Schmid, Grundbuchwesen S. 283 und vgl. auch Bem. II, 1, a γ zu § 11 der VO.

2. Die **Eintragung** im besonderen:

Hiefür ist zunächst § 20 GBO. maßgebend, wonach die Eintragung nur erfolgen darf, wenn die erforderliche Einigung des Berechtigten und des anderen Teiles erklärt ist.

a) Das Erbbaurecht entsteht mit der Eintragung auf dem Blatte des belasteten Grundstücks.

α) Ist letztere geschehen, so kann der Erbbauberechtigte die Anlegung eines besonderen Blattes beantragen. Diesem Antrag ist nach § 7 GBO. stattzugeben. Die Anlegung wird auf dem Blatte des belasteten Grundstücks vermerkt. Für Preußen vgl. § 22 der AV. vom 20. November 1899 und Güthe Bem. 12 zu § 7 GBO.; für Bayern vgl. im besonderen § 29 Abs. 1 der VO. vom 23. Juli 1898 mit § 75 der JMBek. vom 1. Oktober 1898, Art. 1 des G. vom 18. Juni 1868 und die §§ 121 Nr. 2, 293, 297, 221, 365, 398 der DAnw., sowie Art. 17 AG. z. GBO.; s. auch Ferling, Bay. RpflZ. 1911 S. 132. Ueber den Fall, daß nur ein (realer) Grundstücksteil mit dem Erbbaurechte belastet werden soll, vgl. § 6 GBO., OLG. Bd. 14 S. 87, KGJ. Bd. 35 A S. 258, BayObLG., SeuffBl. Bd. 75 S. 250 und auch Bem. III zu § 1 der VO.

β) Das besondere Grundbuchblatt für das Erbbaurecht muß zu demselben Grundbuchbezirke gehören, zu dem das belastete Grundstück zählt (Biermann in Bem. 2 zu § 1012).

γ) Zur dinglichen Rechtsänderung an sich ist aber diese Anlegung eines besonderen Blattes und die Eintragung des Erbbaurechts auf diesem (im Gegensatze zu E. I, 962) weder erforderlich noch auch genügend, vgl. hiezu P. III, 284, 285, sowie unten Bem. c über das Verhältnis des besonderen Blattes zu dem Grundstücksblatt überhaupt.

δ) Der Umstand, daß das Erbbaurecht bedingt oder betagt ist, wird die Anlegung eines besonderen Blattes nicht hindern (s. Fuchs a. a. O. S. 270, Francke, Recht 1909 S. 531; a. M. Obernick, RGR. § 81).

ε) Ehe für das dienende Grundstück ein Grundbuchblatt angelegt ist, kann jedenfalls auch das besondere Blatt für das Erbbaurecht nicht angelegt werden. Wenn daher ein Erbbaurecht an einem dem Buchungszwange nach § 90 GBO. nicht unterliegenden und nicht gebuchten Grundstücke begründet werden soll, so muß zunächst für dieses Grundstück ein Grundbuchblatt eröffnet werden, so mit Recht Turnau-Förster in Bem. III zu § 1017.

ζ) In Bayern ist das Erbbaurecht auch in das sog. Verzeichnis der Rechte (Anhang zum Sachregister) einzutragen, außer wenn es schon mit eigener Sternplannummer im Sachregister selbst eingetragen ist (s. § 195 und auch § 191 Abs. II der Dienstanw.).

η) Ueber die Pflicht des Grundbuchamts, ein besonderes Grundbuchblatt für ein Erbbaurecht anzulegen, wenn das Recht auf Antrag eines Gläubigers des Berechtigten im Wege der Zwangsversteigerung veräußert werden soll, s. § 17 ZVG. und RJA. Bd. 5 S. 202.

ϑ) Ueber Eintragung eines Erbbaurechts mit Vorrang vor den Hypotheken vgl. OLG. (KG.) Bd. 14 S. 85.

ι) Ueber den Gegenstand der Prüfung des Grundbuchamts bei Eintragung eines Erbbaurechts in das Grundbuch vgl. BayObLG. in SeuffBl. Bd. 75 S. 250 ff., sowie auch Bem. II, 1, a, γ zu § 11.

b) Wenn das Erbbaurecht veräußert oder belastet werden soll, hat die Anlegung eines besonderen Blattes von Amts wegen zu erfolgen. Die Anlegung wird auf dem Blatte des belasteten Grundstücks vermerkt, § 7 GBO.

c) Das Verhältnis des besonderen Blattes zu dem Grundstücksblatte (vgl. insbes. Güthe Bem. 14 ff. zu § 7 GBO.):

α) Für alle Rechtsakte, die vor Anlegung des besonderen Blattes erfolgten, bleibt das Blatt des belasteten Grundstücks mit seinen Eintragungen maßgebend. Da das Erbbaurecht nur durch Eintragung auf dem Blatte des belasteten Grundstücks entstehen kann (vgl. oben Bem. a, γ), bleiben insbesondere hier alle Eintragungen maßgebend, die den Umfang und den Inhalt des Rechtes sowie die Frage betreffen, wer der erste Erwerber und welches das belastete Grundstück ist.

β) Hinsichtlich der nach der Anlegung des besonderen Blattes erfolgenden Rechtsakte ist zu unterscheiden:

Für Rechtsakte, die den Bestand des Erbbaurechtes nicht betreffen, wie insbesondere Veräußerungen und Belastungen des Erbbaurechts, ist von da ab die Eintragung auf dem besonderen Blatte maßgebend (auch der nach § 8 Abs. 1 GBO. zulässige Vermerk eines mit dem Erbbaurechte verbundenen subjektiv-dinglichen Rechtes zählt hieher). Für alle Rechtsakte aber, die den Bestand des Erbbaurechts betreffen, bleibt das Grundstücksblatt nach wie vor maßgebend; dazu gehört die Aufhebung und Löschung des Rechtes, sowie die Aenderung seines Inhalts oder Ranges (herrschende Meinung). Aus der Einheitlichkeit der beiden Blätter aber ergibt sich, daß der Grundbuchrichter die letzteren Rechtsakte auch auf dem besonderen Blatte eintragen muß.

γ) Der öffentliche Glaube (§§ 891, 892 BGB.) kommt daher beiden Blättern in ihrer Zusammenfassung zu, entsprechend den vorentwickelten Grundsätzen.

δ) Vormerkungen und Widersprüche sind dort einzutragen, wo sich die Eintragung befindet, gegen die sie gerichtet sind, s. Wittmaack a. a. O. S. 173, 174. Verfügungsbeschränkungen einschließlich des Zwangsversteigerungs- und Zwangsverwaltungsvermerks gehören auf das Blatt des Erbbaurechts, s. Wittmaack a. a. O. S. 174.

ε) Vgl. auch Bem. II, 3 zu § 14 der VO.

3. Für die **Uebertragung** des Erbbaurechts gilt gleichfalls die Auflassungsform. Dies ergibt sich aus § 1017 Abs. 2; vgl. ferner § 20 GBO. (für Bayern vgl. auch §§ 78 Nr. 1, 134, 148 Abs. IV der Dienstanw.). Eine bedingte oder befristete Uebertragung ist aber hier zulässig (vgl. oben Bem. 1, a und Fuchs a. a. O.; a. A. Planck und Biermann).

4. Für die Aenderung des Inhalts eines bestehenden Erbbaurechts ist strittig, ob die Auflassungsform hierauf anzuwenden sei, s. Bem. 1, b zu § 37 der VO.; die Frage wird mit den dort angegebenen Schriftstellern zu verneinen sein. Wegen des neuen Rechtes s. Bem. I, 2 zu § 11 der VO.

5. Ueber Berichtigung des Grundbuchs durch Eintragung eines Erbbauberechtigten vgl. § 22 Abs. 2 GBO.

6. Die bisher zulässige Ersitzung (wie im gem. R., vgl. RGZ. Bd. 7 S. 144) findet nicht mehr statt. Hinsichtlich der Buchersitzung s. § 900 und vgl. auch § 927.

7. § 1015 hat auf eine nach Landesrecht bestehende vererbliche und veräußerliche Abbaugerechtigkeit nach Art. 68 EG. Anwendung zu finden, nicht dagegen auf die Erbpacht-, Büdner- und Häuslerrechte nach Art. 63 EG.: vgl. auch Art. 196 EG. mit Bem.

8. Wegen des neuen Rechtes s. §§ 11, 14 der VO. mit Bem. hiezu, sowie auch Bem. IX zu § 1.

§ 1016.

Das Erbbaurecht erlischt nicht dadurch, daß das Bauwerk untergeht.

E. I, 963; II, 927; III, 1000.

1. Der Regel nach **erlischt** das Erbbaurecht durch den Untergang des Bauwerkes nicht, selbst dann nicht, wenn dem Berechtigten das Eigentum an der baulichen Anlage nicht zusteht, s. M. III, 473.

a) Nach der Auffassung der Motive a. a. O. wird auch bei Zerfall des dem Eigentümer des Grundstücks gehörigen Gebäudes das mobilisierte Material dem fortbestehenden dinglichen Rechte des Superfiziars nicht entzogen. (Dagegen Dernburg, SR. § 162 Nr. 10.) Daß bei Zerfall eines dem Erbbauberechtigten gehörigen Gebäudes die Materialien dem Erbbauberechtigten gehören, ist selbstverständlich. War der Erbbauberechtigte aber zur Zeit der Mobilisierung des Materials nicht dessen Eigentümer, so kann er es natürlich auch durch diese Tatsache nicht werden (vgl. hieher Bem. I, 1, c zu § 1012).

b) Von selbst versteht sich, daß der Erbbauberechtigte das Recht hat, das Bauwerk neu aufzurichten, wenn es verfällt oder untergeht, s. aber Bem. 2.

2. Die Bestimmung des § 1016 kann vertragsmäßig abgeändert und der Untergang des Bauwerkes als auflösende Bedingung oder Endtermin des Erbbaurechts gesetzt werden, vgl. § 161 BGB. und § 22 GBO. (übereinstimmend OLG. [Kolmar] Bd. 18 S. 144).

3. § 1016 regelt im übrigen nur einen besonderen Fall der Aufhebung des Erbbaurechts. Im allgemeinen sind für die Aufhebung die §§ 875 und 876 einschlägig; vgl. § 1017. Ein besonderer Erlöschungsgrund ergibt sich weiter aus § 901. (Erlöschungsgründe des gem. R., wie Nichtgebrauch, unbeerbtes Ableben des Superfiziars, dreijähriger Rückstand des Zinses gelten nicht mehr.) Vgl. auch Bem. IX zu § 1 der VO.

4. Der Erbbauberechtigte bleibt auch nach Erlöschen des Erbbaurechts selbst Eigentümer des von ihm selbst erstellten Bauwerkes, er ist zu dessen Wegnahme berechtigt und, wenn es der Eigentümer fordert, natürlich auch verpflichtet. In diesem Falle kann der Eigentümer nicht im Hinblick auf § 997 Abs. 2 die Wegnahme durch Ersatz des Wertes abwenden. Uebereinstimmend Oertmann a. a. O. S. 187 ff., Kohn a. a. O. S. 110, Kretzschmar Bd. II S. 239, Planck Bem. 4, vgl. ferner Wittmaack a. a. O. S. 63 ff., Pesl in Hirths Ann. 1915 S. 248 und in „Um Grund und Boden" Bd. 6 S. 294.

5. Uebergangsvorschriften ergeben sich aus Art. 184 EG.

6. Vgl. auch die Bem. zu § 13 der VO., sowie Bem. II, 1 zu § 27 der VO.

§ 1017.

Für das Erbbaurecht gelten die sich auf Grundstücke beziehenden Vorschriften.

Die für den Erwerb des Eigenthums und die Ansprüche aus dem Eigenthume geltenden Vorschriften finden auf das Erbbaurecht entsprechende Anwendung.

E. I, 781 Abs. 2, 962 Abs. 2 Satz 1, 964; II, 928; III, 1001.

§ 1017 stimmt inhaltlich im allgemeinen mit § 11 Abs. 1 Satz 1 der VO. überein, letztere hat aber hier die §§ 925, 927, 928 BGB. von der entsprechenden Anwendung auf das Erbbaurecht ausdrücklich ausgeschlossen.

I. **Zu Abs. 1:** Obgleich das Erbbaurecht nur ein beschränktes Recht an einem Grundstück ist, sollen gleichwohl die sich auf Grundstücke beziehenden Vorschriften hierauf Anwendung finden.

Strittig ist aber hiebei, was eigentlich den Gegenstand der Gleichstellung auf Seite des Erbbaurechts bildet, ob das Erbbaurecht selbst oder nur der Gegenstand des Erbbaurechts oder, wie insbesondere Oertmann, ArchBürgR. Bd. 20 S. 190 ff. annimmt, nicht das „Erbbaurecht" als Recht (ein bloßes Gedankending), sondern der nähere greifbare Inhalt dieses Rechtes, nämlich die insoweit verselbständigten Eigenschaften des Grundstücks die dem Erbbaurecht unterworfen sind. Ueber die verschiedenen Ansichten vgl. Böhm, Grundbuchrecht Bem. 1, Fuchs Bem. 2, Biermann Bem. 1, a, Kretzschmar Bd. II S. 235 und SR. zu § 1017, Oberneck § 80, Turnau-Förster Bem. 2, Planck Bem. 1, Pesl, Belastung des Erbbaurechts S. 21 ff., Kohn a. a. O. S. 20 ff., S. 85 ff., Goldmann-Lilienthal, § 55 Anm. 25 und die Zusammenstellung bei Delitzsch, Erbbaurecht und Bauwerk S. 3 ff. Es erscheint zutreffend, das Erbbaurecht selbst als den Gegenstand der Gleichstellung anzunehmen, vgl. näher Bem. I, 1 zu § 11 der VO. und Bem. I, 1 und 2 zu § 12 der VO.

1. Unter den sich auf Grundstücke beziehenden Vorschriften sind nicht bloß die sachenrechtlichen Vorschriften zu verstehen, sondern alle Vorschriften des BGB. überhaupt für Grundstücke, soweit nicht die Verschiedenheit von Recht und Sache eine Gleichstellung schlechthin ausschließt, vgl. M. III, 40 und 474.

a) Auch werden nicht nur die Vorschriften, die sich ausschließlich auf Grundstücke beziehen, hieher zu rechnen sein, sondern alle Vorschriften, die sich auf Sachen im Gegensatze zu den Rechten beziehen, jedoch mit der vorgenannten Einschränkung. So ist z. B. die Bestellung eines Nießbrauchs an einem Erbbaurecht als Sachnießbrauch aufzufassen und für eine pfandrechtliche Belastung des Erbbaurechts ist das Immobiliarpfandrecht maßgebend usw.

b) Fraglich erscheint, ob nur die im BGB. selbst und dem EG. enthaltenen Vorschriften hieher zählen oder ob ohne weiteres alle übrigen reichs- oder landesgesetzlichen Vorschriften hierunter zu verstehen sind. Mit Fuchs (s. Bem. 3, b) dürfte ersteres anzunehmen sein, was insbesondere aus der Fassung des § 20 GBO. zu folgern ist. Die Gleichstellung in Ansehung aller übrigen Reichs- und Landesgesetze wird nur dann gelten können, wenn und soweit sie darin ausdrücklich bestimmt ist. Dies trifft z. B. für das ZVG. zu, da die §§ 864, 870 Abs. 1, 932 ZPO. ausdrücklich bezüglich der Zwangsvollstreckung und des Arrestes in ein Grundstück die Berechtigungen, für welche die sich auf Grundstücke beziehenden Vorschriften gelten, den Grundstücken gleichstellen. (And. Ans. Planck Bem. 1 und Biermann Bem. 1, c, zustimmend aber RGRKomm. Bem. 1 a. E., Wittmaack a. a. O. S. 13). Die zum BGB. erlassenen Ausführungsgesetze der Einzelstaaten aber werden unmittelbar durch § 1017 getroffen, vgl. Wittmaack a. a. O.

c) Ueber weitere Einzelheiten vgl. Bem. I, 1, c zu § 11 der VO.

2. Als Folgerungen aus diesem Grundsatze der Gleichstellung ergeben sich (vgl. hiezu auch Fuchs a. a. O.):

a) Für das Erbbaurecht kann auf Antrag ein besonderes Grundbuchblatt (als Grundbuch für jenes) angelegt werden. Näheres hierüber s. in Bem. 2 zu § 1015. Wegen des neuen Rechtes s. § 14 mit Bem.

b) Mit dem Erbbaurechte können wie mit einem Grundstücke subjektivdingliche Rechte, wie Grunddienstbarkeiten, Vorkaufsrechte, Reallasten verbunden werden, wobei das Erbbaurecht rechtlich als herrschendes Grundstück gilt. Vgl. auch Bem. I, 2, b zu § 11 der VO.

c) Das Erbbaurecht kann wie ein Grundstück belastet werden, also z. B. mit Dienstbarkeiten und Hypotheken (vgl. hiezu Salomon, Die hypothekarische Belastung des Erbbaurechts, Heidelberg 1910); s. hierüber näher Bem. I, 2, c zu § 11 der VO. und Bem. I zu § 19 der VO.

Ueber die Frage der Zulässigkeit einer Beleihung von Erbbaurechten mit Mündelgeld s. näher in Bem. II, 1 zu § 19 der VO.

Auch Vormerkungen, Verfügungsbeschränkungen und Widersprüche können auf ihm gebucht werden; vgl. oben Bem. 2, c, δ.

f) Die Belastungen des Erbbaurechts erlöschen mit diesem, hauptsächlich also mit dem Eintritte des Endtermins und der dem Rechte gesetzten auflösenden Bedingung. Auch wenn zur Erzwingung der Verpflichtungen des Erbbauberechtigten ein durch Vormerkung gesicherter Anspruch auf Rückübertragung des Erbbaurechts auf den Eigentümer besteht, kommen mit der Durchführung des vorgemerkten Anspruchs nach §§ 883 Abs. 2, 888 BGB. die nach Eintragung der Vormerkung bestellten Rechte, namentlich Hypotheken und Grundschulden zum Erlöschen (vgl. Wittmaack S. 56 ff., 122 ff., Wolff, SR. § 104 Anm. 21 ff., Erman, DJZ. 1910 S. 562 ff. und Planck Bem. 2, c zu § 1017; wegen des sog. Ulmer Wiederkaufs vgl. Vorbem. A, I, 2 vor § 1 d. VO.). Ueber das nunmehr eingeführte Heimfallrecht, das diese üblen Folgen beseitigt, vgl. näher Bem. II, 4 zu § 2 der VO.

g) Die Belastungen des Erbbaurechts, insbesondere Hypotheken und Grundschulden, erstrecken sich auch auf das Bauwerk, dessen Bestandteile und Zubehörstücke; es ist dies nach der überwiegenden Meinung sowohl für den Fall anzunehmen, daß das Bauwerk von dem Erbbauberechtigten errichtet wurde als auch, wenn das Bauwerk bei Begründung des Erbbaurechts schon vorhanden war (a. M. in letzterer Hinsicht aber insbesondere Biermann Bem. 2, a, α und Goldmann-Lilienthal II § 55 Anm. 18; Salomon, Hypothekarische Belastung des Erbbaurechts S. 25 ff. ist gegen die Haftung des Bauwerkes überhaupt). Vgl. auch Bem. I, 1, a und 2 zu § 12.

Ueber den Umfang der hypothekarischen Haftung s. näher in Bem. I, 2 zu § 19 d. VO.

Wenn das Erbbaurecht erlischt, erlöschen die Belastungen auch in Ansehung des Bauwerkes, gleichviel ob das Bauwerk vom Erbbauberechtigten errichtet wurde oder zur Zeit der Begründung des Erbbaurechts bereits bestand (für den letzteren Fall ist dies bestritten; wie hier insbesondere Wittmaack a. a. O. S. 72, Schefold, DJZ. 1908 S. 172, André, JLBl. 1907 S. 5, Zschockelt S. 45 ff.; dagegen aber Oertmann, HirthsAnn. 1904 S. 568, Wolff, SR. § 104, VIII, Delitzsch a. a. O. S. 38 ff., Planck Bem. 2, d zu § 1017). Für das neue Recht s. § 12 Abs. 3 mit Bem. IV zu § 12.

h) Das Erbbaurecht und seine Bestandteile können auch zum Bestandteil eines anderen Grundstücks im Sinne des § 890 gemacht werden. Vgl. Bem. I, 2, e zu § 11 d. VO.

i) Ueber die Frage, ob § 313 auf die Bestellung des Erbbaurechts Anwendung zu finden hat, s. Bem. 1, d zu § 1015.

k) Auf einen durch einen Erbbauberechtigten errichteten Ueberbau über die Grenze des belasteten Grundstücks finden die §§ 912 ff. BGB. Anwendung, vgl. Bem. I, 1, d zu § 12 d. VO.

II. Zu Abs. 2. Im allgemeinen gelten für den Erwerb und den Untergang des Erbbaurechts durch Rechtsgeschäft die Vorschriften über begrenzte Rechte an Grundstücken (z. B. §§ 876 und 901, nicht aber § 928). Durch besondere Vorschrift bestimmt jedoch das BGB. hier:

a) Die für den **Erwerb** des Eigentums an Grundstücken getroffenen besonderen Bestimmungen (§§ 925—927) sollen auf das Erbbaurecht entsprechende Anwendung finden.

α) Es vollzieht sich also z. B. die Uebertragung des Erbbaurechts nach § 925 in der Auflassungsform, vgl. hieher auch Bem. 3 zu § 1015. (Für Bayern s. hieher Art. 81 AG., wonach in Ansehung der in Bayern liegenden Grundstücke die Einigung der Parteien über die Bestellung eines Erbbaurechts außer vor dem Grundbuchamt auch vor einem bayrischen Notar klärt werden kann; für Preußen vgl. nunmehr auch Preuß. Kriegsgesetz vom 13. Mai 1918 [GS. 51], das die Auflassung eines preußischen Grundstücks vor jedem preußischen Amtsgericht oder Notar zuläßt.)

β) Im übrigen ist zu beachten, daß jene Vorschriften nur entsprechende Anwendung finden sollen, d. h. nur insoweit, als nicht die verschiedene Natur beider Rechte der Gleichstellung im Wege steht. (Im einzelnen vgl. hieher die eingehenden Ausführungen bei Fuchs a. a. O. in Bem. 5.)

b) Dem Erbbauberechtigten sollen ferner zum **Schutze** seines Rechtes dieselben Ansprüche wie dem Grundstückseigentümer zustehen. Hieher zählen nicht nur der negatorische (§ 1004), sondern auch der vindikatorische (§§ 985 ff.) Anspruch. Als unmittelbarer Besitzer (vgl. Bem. III, 2 zu § 868) genießt der Erbbauberechtigte selbstverständlich auch Besitzschutz. Hinsichtlich seiner Ansprüche auf Ueberbau- und Notwegsrente s. §§ 916, 917. Vgl. auch Bem. III zu § 11 der VO.

c) Die für den **Verlust** des Eigentums geltenden Vorschriften sind nicht als entsprechend anwendbar erklärt.

α) Infolgedessen ist § 928 nicht anwendbar, für die Aufgabe des Erbbaurechts ist vielmehr § 875 maßgebend (übereinstimmend Planck Bem. 3, b; vgl. auch OLG. Rostock im Zentral-Bl. Bd. 8 S. 299 und RJA. Bd. 8 S. 278).

β) Auch § 927 kommt daher nicht zur Anwendung (übereinstimmend Fuchs S. 275, Turnau-Förster und Biermann zu § 1017, Predari S. 79; dagegen Planck Bem. 3, c und Kohn S. 77 ff.

d) Für das neue Recht s. § 11 d. VO. mit Bem. II und III.

III. Für die rechtsgeschäftliche **Aufhebung** des Erbbaurechts sind im allgemeinen die §§ 875 und 876 einschlägig; vgl. Bem. II, 4 zu § 11 der VO. Ein besonderer Erlöschungsgrund ergibt sich ferner aus § 901; s. ferner Bem. IX, 3 zu § 1 der VO.

IV. Ueber Zwangsvollstreckung in ein Erbbaurecht s. §§ 864, 870 Abs. 1 ZPO. sowie Bem. 2 zu § 24 der VO.

§ 39.

Erwirbt ein Erbbauberechtigter auf Grund eines Vorkaufsrechts oder einer Kaufberechtigung im Sinne des § 2 Nr. 7 das mit dem Erbbaurechte belastete Grundstück oder wird ein bestehendes Erbbaurecht erneuert, so bleiben reichs-, landesgesetzliche und kommunale Gebühren, Stempel- und Umsatzsteuern jeder Art insoweit außer Ansatz, als sie schon bei Begründung des Erbbaurechts entrichtet worden sind.

1. § 39 schafft eine **steuerrechtliche Vergünstigung** hinsichtlich reichs- und landesgesetzlicher und kommunaler Gebühren, Stempel- und Umsatzsteuern zugunsten des Erbbauberechtigten für die Fälle, daß ein Erbbauberechtigter

a) auf Grund eines Vorkaufsrechts (vgl. Bem. II, 7, e zu § 2; im übrigen wird hier ein Unterschied zwischen dinglichem und persönlichem Vorkaufsrechte nicht gemacht) das mit dem Erbbaurechte belastete Grundstück erwirbt oder

b) solcher Erwerb auf Grund einer Kaufberechtigung im Sinne des § 2 Nr. 7 (vgl. Bem. II, 7 zu § 2) eintritt oder daß

c) ein bestehendes Erbbaurecht erneuert wird (streng genommen fällt hierunter nur eine Erneuerung im Sinne der §§ 2 Nr. 6, 31, es wird aber im Hinblick auf den Zweck des Gesetzes auch eine Verlängerung im Sinne des § 27 Abs. 3 gleichzusetzen sein; ebenso Sieskind).

Die VO. will dadurch die Veräußerung des Grundstücks an den Erbbauberechtigten, sowie die Erneuerung des Erbbaurechts erleichtern.

Das Erbbaurecht muß natürlich zur Zeit des Grundstücks durch den Erbbauberechtigten noch bestehen. Für andere Fälle wie z. B. bei der Uebertragung eines Erbbaurechts oder beim Heimfalle des Erbbaurechts gilt diese besondere Vergünstigung nicht.

2. Die Vergünstigung besteht darin, daß die angeführten Gebührnisse insoweit außer Ansatz bleiben, als sie schon bei Begründung des Erbbaurechts entrichtet worden sind. Dies wird dahin zu verstehen sein, daß, soweit derartige Gebührnisse für die genannten Fälle in Ansatz kämen, die bei Begründung des Erbbaurechts entrichteten hieran anzurechnen sind.

Erlaß oder Niederschlagung früher erwachsener Gebühren oder Steuern ist keine frühere Entrichtung, gewährt also keine Befreiung im Sinne des § 39 (vgl. Günther Bem. 10).

3. § 39 wird auch dann anzuwenden sein, wenn es sich um den Erwerb eines Erbbauberechtigten nach bisherigem Rechte handelt; dies ergibt sich aus der allgemeinen Fassung und dem Zwecke des § 39 (ebenso Günther Bem. 1).

4. Die Gebühren der Notare fallen nicht unter die Befreiung nach § 39, da ja auch die bei Begründung des Erbbaurechts erwachsenen nicht dem Reichs- oder Landesfiskus zugeflossen sind.

5. Ueber Stempelfreiheit der Vollmacht im Falle der Bestellung eines Erbbaurechts s. § 31 GBO.

Alphabetisches Register.

Die Zahlen bezeichnen die Seiten.

A.

Abbaurechte, Grundbuchblatt 110, 111; — bisheriges Recht 117.
Abgaben, Vereinbarung über Tragung 27, 30, 113, 114.
Abtretbarkeit der Entschädigung für Erlöschen des EBR. 87, 90.
Aenderung des Inhalts dinglicher Belastung des EBR. 36, 37; — des Inhalts des EBR. 26, 50, 54; — Eintragung 65; — bisheriges Recht 115, 116.
Ansprüche aus dem EBR. 55; — nach bisherigem Recht 119.
Arrestvollziehung in das EBR., Einfluß der Veräußerungs-, Belastungsbeschränkung 39, 41.
Aufgabe des EBR., Beschränkung 8, 14, 13, 23.
Aufgebot zum Ausschluß des Erbbauberechtigten 50, 55.
Aufhebung des EBR. 11, 26, 86; — Form 50, 55; — nach bisherigem Recht 120.
Auflösende Bedingung, Unzulässigkeit 8, 11, 14, 21, 23, 29; — bisheriges Recht 113, 115.
Aufschiebende Bedingung bei Bestellung des EBR. 21, 113, 115.
Ausschluß, kein A. des Erbbauberechtigten durch Aufgebot 50, 55.
Außerkrafttreten von BGB. §§ 1012—1017, GBO. § 7 109.

B.

Bauleihe, städtische 4.
Baumaterial des untergegangenen Bauwerkes 62.
Bauvermerk, Fortbestand bei Heimfall des EBR. 65, 104, 107.
Bauwerk, Begriff, Beispiele 17, 18; — Bestandteil des EBR. 56; — Einfluß des Erlöschens des EBR. auf die Bestandteileigenschaft 56, 61; — Bestandteile des B. 60; — Besitz 16; — Eigentum an dem vom Erbbauberechtigten errichteten 16, 25, 59; — an dem bei Bestellung des EBR. vorhandenen 16, 25, 59; — kein Eigentumsvorbehalt daran 59; — Entschädigung für das B. bei Erlöschen des EBR. 10, 87 (s. auch „Entschädigung"); — Errichtung, Instandhaltung 25, 27, 29, 113, 114; — Vertragsverletzung bei Errichtung 57; — Ueberbau 52, 55, 57; — Feuerversicherung 83; — Lastentragung (Abgaben) 25, 27, 30, 113, 114; — Haftung f. dingliche Lasten des EBR. 59, 119; — Erlöschen der Haftung 61, 119; — Erlöschen der Haftung für Grundstücksbelastungen 56, 59; — Untergang 26, 62, 117; — Wiederaufbau nach Zerstörung 27, 30, 62; — keine Wegnahme bei Erlöschen, Heimfall des EBR. 61, 108; — Verfügungen über das B. allein 57, 58; — Versicherung 27, 30, 83; — Verwendung 27, 29; — Zubehör 30.
Bauwert des Erbbauwerkes 73.
Bedingungen beim EBR. 8, 11, 14, 21, 22, 29, 113; — Eintragung im Grundbuch 22; — Ausschluß bei Uebertragung des EBR. 50.
Beendigung des EBR. 26; — durch Aufhebung 50, 55, 86; — durch Zeitablauf 21, 22, 87; — kein Aufgebot, Verzicht 55; — bisheriges Recht 119.
Befristung des EBR. 21, 113, 115; — Eintragung im Grundbuch 22; — Ausschluß bei Uebertragung des EBR. 50; — B. nach bisherigem Recht 113, 114.
Begriff des EBR. 2, 8, 14, 15, 17.
Begründung des EBR., Form 9, 25, 50, 52; — bisheriges Recht 114.
Bekanntmachung von Eintragungen im Erbbaugrundbuch, auf dem Grundstücksblatt 67.
Belastung des EBR., Zulässigkeit, Beschränkung 10, 11; — Arten 51, 52; — Erfordernis der Zustimmung des Grundstückseigentümers zur B. 36, 37; — Voraussetzung für die Eintragung der B. 39, 66; — Einfluß der B.-Beschränkung auf Verfügungen im Wege der Zwangsvollstreckung usw. 41; — bisheriges Recht 119.
Belastungen, dingliche, des EBR., Haftung des Bauwerks 59; — Erlöschen der Haftung 52, 61, 88; — Einfluß der Zwangsversteigerung des Grundstücks auf B. des EBR. 52, 61; — Haftung der Entschädigungsforderung nach Erlöschen des EBR. 94; — Wiederaufleben nach Erneuerung des EBR., Erlöschen des Rechts an der Entschädigung 98, 101; — Fortbestand bei Heimfall des EBR. 8, 11, 104; — B. des Grundstücks neben dem EBR. 25; — bisheriges Recht 117, 118, 119.
Beleihung des EBR. 8, 11, 68; — keine Zustimmung des Grundeigentümers 70; — B. aus Mündelgeld 68, 70, 72, 76; — durch Hypothekenbanken, Versicherungsunternehmungen 78.

Beleihungswert des EBR. 72, 73.
Benachrichtigung vom Versicherungsfall am Bauwerk 83.
Berechtigte beim EBR. 15, 17.
Bergwerkseigentum 13.
Besitz am Bauwerk 16; — am Baugrund 17.
Bestandteil, EBR. als Grundstücksbestandteil 52.
Bestandteile des Bauwerkes 60, 119; — des EBR. 9, 56, 60; — Bauwerk 60; — Einfluß des Erlöschens des EBR. 56, 61.
Bestellung des EBR., Form 50, 52; — bisheriges Recht 114; — Form des Vertrags über Verpflichtung hiezu 50, 53, 54; — staatsaufsichtliche Genehmigung der B. 54; — vormundschaftsgerichtliche Genehmigung 54.
Beurkundung des Vertrags über Verpflichtung zur Bestellung eines EBR. 50, 54.
Bezugnahme auf die Eintragungsbewilligung 64; — auf das Erbbaugrundbuch 63, 64.
Büdnerrecht, Grundbuchblatt 110, 111, 117.

D.

Dauer des Erbbaurechts 9.
Dienstbarkeiten am EBR. 51; — Erlöschen beim Heimfall des EBR. 107.
Dingliche Rechte s. „Belastungen, Hypothek, Grund-, Rentenschuld".
Dingliche Wirkung von Vereinbarungen über EBR. 9, 10, 11, 27, 28; — über Veräußerungs-, Belastungsbeschränkungen 35, 36, 38; — über die Entschädigung bei Erlöschen des EBR. 87; — über die Vergütung beim Heimfall 102.

E.

Eigentum am Baugrund, Bauwerk 9, 16, 25, 56, 59; — am Grundstück, Erwerb durch den Erbbauberechtigten 35.
Eigentümer-Erbbaurecht 8, 31.
Eigentümer-Hypothek, -Grundschuld, Entstehung bei Heimfall des EBR. 105; — des Erbbauberechtigten, Erlöschen bei Heimfall 105; — Entstehung aus Tilgungshypothek 72.
Eigentümerrentenschuld, Entstehung bei Heimfall des EBR. 105.
Eigentumsvorbehalt am Bauwerk ausgeschlossen 59.
Einigung über Bestellung des EBR. 53; — bisheriges Recht 114.
Eintragung des EBR. 53, 115.
Emphyteusis 13.
Endtermin s. „Befristung".
Enteignung des EBR. 26.
Entschädigung für das Bauwerk nach Erlöschen des EBR. 10, 87; — dingliche Wirkung der Vereinbarung über die E. 87, 89; — Haftung des Grundstücks für die E.-Forderung 92; — Berechtigter 89; — Unabtretbarkeit vor Fälligkeit 87, 90; — Abwendung der E.-Pflicht durch Erneuerung des EBR. 11, 87, 90; — Verzicht 90; — Rechte der Hypothek-, Grundschuld-, Rentenschuld-, Reallastgläubiger an der E.-Forderung 94; — Erlöschen dieser Rechte, Wiedererlangung der früheren Rechte durch Erneuerung des EBR. 98, 101; Höhe der E. bei EBR. für Wohnungsbedürfnis Minderbemittelter 87, 90.
Entstehung des EBR. 25, 114.
Entwickelungsgeschichte des EBR. 4.
Erbbaugrundbuch 51, 62, 64, 115; — Rechtsbeziehungen zum Grundbuchblatt für das Grundstück 66; — notwendige Eintragungen 65; — Eintragung des EBR. 53, — dinglicher Belastungen 69; — Vermerk des Grundstückseigentümers 62, 65; — Bekanntmachung der Eintragungen 67; — öffentlicher Glaube, Vermutung für Richtigkeit 66; — Schließung 67.
Erbbauzins, Begriff 43; — Unwesentlichkeit der Vereinbarung 23, 29, 43, 113; — Behandlung als Reallast 43, 44; — Untrennbarkeit des Anspruchs vom Grundstückseigentum, Unzulässigkeit von Vorausverfügungen 43, 47; — Unpfändbarkeit des Rechts auf den E. 45, 47; — Abtretbarkeit, Pfändbarkeit fälliger Leistungen 47; — Vorausbestimmung nach Zeit und Höhe 10, 43, 45; — Bestimmung durch den Wohnungskommissär 7, 48; — persönliche, dingliche Haftung für den E., Zwangsvollstreckung 44, 47; — Eintragung im Grundbuch, Rang 44; — Einfluß des Heimfalles des EBR. 47; — Heimfall bei Verzug mit dem E. 43, 47; — Erhöhung als Vertragsstrafe 46; — Sicherung durch Vertragsstrafe 47; — Verjährung 47.
Erhaltung des Bauwerks 25, 113.
Erlöschen des EBR., Einfluß auf Bestandteile 56, 61; — auf Miet- und Pachtverträge 96; — kein E. durch Untergang des Bauwerks 62; — kein Recht des Erbbauberechtigten auf Wegnahme des Bauwerks bei E. 61, 108; — s. auch „Beendigung, Bauwerk, Entschädigung, Zeitablauf".
Erneuerung des EBR., Vereinbarungen darüber 27, 34; — Wesen des Vorrechts auf E. 98; — Voraussetzungen der Ausübung 97, 99; — Ausschluß 97, 98, 99; — Beschränkung der Uebertragbarkeit, Vererblichkeit 99; — Vormerkung zur Erhaltung des Vorrechts 100; — Form und Wirkungen der Ausübung 100, 101; — Wiederaufleben dinglicher Rechte am EBR. 98, 101; — steuerrechtliche Vergünstigung 120.
Erbpacht 3, 117.
Erbpachtrecht, Grundbuchblatt 110, 111, 117.
Ersetzung der Zustimmung des Grundstückseigentümers zur Veräußerung, Belastung des EBR. 36, 39, 40.
Ersitzung des EBR. 26, 117; — der Freiheit vom EBR. 26.
Erzeugnisse, Bestandteil des EBR. 60.

F.

Feuerversicherung des Bauwerks 83.

G.

Gebühren, Vergünstigungen für den Erbbauberechtigten 120.
Gegenvormund, Genehmigung zur Anlegung von Mündelgeld auf Erbbaurechtshypotheken 71.
Genehmigung zur Anlegung von Mündelgeld auf Erbbaurechtshypotheken 71; — staatsaufsichtliche, zur Bestellung des EBR. 54; — vormundschaftsgerichtliche 54.
Gesamthypothek auf EBR. 70.
Grundbuchblatt für das EBR. 51, 62, 64, 115; — s. auch „Erbbaugrundbuch"; — für Grundstück, Eintragung der Bestellung, Löschung des EBR. 63; — Bezugnahme auf das Erbbaugrundbuch 63, 64; — Bekanntmachung von Eintragungen 67; — für Erbpacht-, Büdner-, Häuslerrecht, Abbaurechte 110, 111, 117.
Grundbuchordnung, Aenderung der §§ 20, 84, 110: — Außerkrafttreten des § 7 109, 112.
Grunddienstbarkeiten am EBR. 51; — Erlöschen bei Heimfall des EBR. 107.
Grundschuld auf dem EBR. 52, 69, 119; — Erfordernis der Zustimmung des Grundstückseigentümers zur Bestellung, Aenderung des Inhalts 36, 37, 41; — Zust. Voraussetzung der Eintragung 66; — Fortbestand bei Heimfall des EBR. 104, 105; — Uebernahme der persönlichen Schuld durch den Grundstückseigentümer 104, 106; — Anrechnung der Forderung auf die Vergütung 104, 106; — Rechte des Gläubigers an der Entschädigungsforderung nach Erlöschen des EBR. 94; — Wiederaufleben nach Erneuerung des EBR., Erlöschen des Rechts an der Entschädigung 98, 101.
Grundstück, Art der Belastung mit EBR. 18, 113; — Erstreckung des EBR. auf den nicht bebauten Gr.-Teil 14, 19, 114; — dingliche Belastung neben EBR. 25; — Haftung für die Entschädigung bei Erlöschen des EBR. 92; — Bestandteile nach Erlöschen des EBR. 56, 61; — Erlöschen der Haftung des Bauwerks für Lasten des Gr. 56, 59; — Pflicht zum Verkauf an den Erbbauberechtigten 10, 27, 34; — Wirkung des Erwerbes durch den Erbbauberechtigten 35.
Grundstückseigentümer, Beteiligter b. Zwangsversteigerung, -Verwaltung 84; — Benachrichtigung von Eintragungen im Erbbaugrundbuch 67; — von Versicherungsschäden 83; — Zustimmung zur Aufhebung des EBR. 11, 26, 86; — zur Belastung, Aenderung des Inhalts d. Belastung 10, 11, 36, 37.
Grundstücksnatur des EBR. 50, 84, 117.
Grundstücksteil, Belastung mit EBR. 18, 65, 114.

H.

Häuslerrecht, Grundbuchblatt 110, 111, 117.
Heimfall des EBR., Vereinbarungen über die Voraussetzungen 27, 30, 31; — kein H. wegen Uebertretung eines Veräußerungs-, Belastungsverbotes 36, 38; — H. wegen Verzug mit dem Erbbauzins 43, 47; — Untrennbarkeit des H.-Anspruchs vom Grundstück 31, 35; — Verjährung 35; — Wirkung des H. 26, 32; — Fortdauer der Belastungen 11, 104; — Erlöschen gewisser Rechte 107; — Einfluß auf den Erbbauzins 47; — Rechte des Grundstückseigentümers nach H. 32, 33; — Vergütung für das EBR. nach H. 10, 33, 102; — Uebertragung des EBR. an Dritten nach H. 33, 35; — kein Recht des Erbbauberechtigten auf Wegnahme des Bauwerks nach H. 61, 108.
Herausgabeanspruch d. Erbberechtigten 55, 119.
Hypothek auf dem EBR. 52, 69, 119; — Erfordernis der Zustimmung des Grundstückseigentümers zur Bestellung, Aenderung des Inhalts 36, 37, 41; — Zust. Voraussetzung der Eintragung 66; — Mündelsicherheit 11, 68, 70; — H. von Versicherungsanstalten 79; — von Hypothekenbanken u. Versicherungsunternehmungen 11, 78; — Rechte des Gläubigers an der Entschädigungsforderung nach Erlöschen des EBR. 94; — Wiederaufleben nach Erneuerung des EBR., Erlöschen des Rechts an der Entschädigung 98, 101; — Fortbestand bei Heimfall 104, 105; Uebernahme der persönlichen Schuld durch den Grundstückseigentümer 104, 105; — Anrechnung der Forderung auf die Vergütung 104, 106.
Hypothekenbanken, Beleihung des EBR. 11, 78.

J.

Inhalt des EBR. 9; — gesetzlicher 14, 15; — vertragsmäßiger 27, 35, 36, 87, 102; — Aenderung 26, 50, 54, 115; — Eintragung 65.
Inkrafttreten der Erbbau-VO. 5, 109.
Instandhaltung des Bauwerks 25, 113.

K.

Kleinwohnungen, EBR. für Kl. 7.
Kohlenabbaugerechtigkeit 13.
Konkursverwalter, Verfügungen über EBR., Einfluß der Veräußerungs-, Belastungsbeschränkung 39, 41, 43.
Kündigung von Miet-, Pachtverträgen nach Erlöschen des EBR. 96, 97.

L.

Landesrecht 13, 117.
Lasten des Bauwerks, des Grundstücks 25, 27, 30, 113; — s. auch „Belastungen".
Löschung des EBR., Beschränkung der Verpflichtung zur Bewilligung 8, 14, 23; — auf dem Grundbuchblatt des Grundstücks 63; — Schließung des Erbbaugrundbuches 67.

M.

Mehrheit von Erbbauberechtigten 16; — von Erbbaurechten an einem Grundstück 20; — von Grundstücken, Belastung mit EBR. 20.
Miete am Erbbauwerk 30.

Mietverträge des Erbbauberechtigten, Einfluß des Erlöschens des EBR. 10, 96; — des Heimfalles 108; — der freiwilligen Veräußerung des EBR. 96.
Mineralien, den bergrechtlichen Vorschriften nicht unterliegende, Grundbuchblatt für das Gewinnungsrecht 110, 111.
Mündelhypothek auf EBR., Begriff 70; — Voraussetzungen: Tilgungshypothek 68, 71; — Wertgrenze 72; — planmäßige Tilgung 76; — landesgesetzliche Vorschriften 82; — keine Ausdehnung der Vorschriften auf Grundschulden 71.
Mündelsicherheit der Hypotheken auf dem EBR. 11, 68, 70.

N.

Nachbarrecht, Ansprüche des Erbbauberechtigten 51, 55.
Nebenplätze, Erstreckung des EBR. darauf 14, 19, 114.
Negatorische Klage des Erbbauberechtigten 55, 119.
Notweg, Anspruch des Erbbauberechtigten auf N.-Rente 55.
Nießbrauch am EBR. 52; — Erlöschen bei Heimfall des EBR. 107.

O.

Oeffentlicher Glaube des Grundbuchs 66, 116.

P.

Pachtverträge des Erbbauberechtigten, Einfluß des Erlöschens des EBR. 10, 96; — des Heimfalles 108; — der freiwilligen Veräußerung des EBR. 96.
Pfandrecht am EBR. 52.
Pflanzen, Bestandteil des EBR. 60.

R.

Rang des Erbbaurechtes 10, 11, 48; — der Entschädigungsforderung für Erlöschen des EBR. 92, 93; — Rangverhältnisse bei Erneuerung des EBR. 102.
Reallast am EBR. 51; — Erfordernis der Zustimmung des Grundstückseigentümers zur Bestellung am EBR. 36, 37, 41; — Zust. Erfordernis der Eintragung 66; — Einfluß des Heimfalles des EBR. 104, 105, 106; — Rechte des Gläubigers an der Entschädigungforderung nach Erlöschen des EBR. 94; — Wiederaufleben nach Erneuerung des EBR. 98, 101.
Rechtsgültigkeit der ErbbauVO. 5.
Rentengut 3.
Rentenschuld auf dem EBR. 52, 69; — Erfordernis der Zustimmung des Grundstückseigentümers zur Bestellung, Aenderung des Inhalts 36, 37, 41; — Zust. Voraussetzung der Eintragung 66; — Einfluß des Heimfalles des EBR. 104, 105, 106; — Rechte des Gläubigers an der Entschädigungsforderung nach Erlöschen des EBR. 94; — Wiederaufleben nach Erneuerung des EBR. 98, 101.

S.

Samen, Bestandteil des EBR. 60.
Schatz 25.
Schließung des Erbbaugrundbuches 67.
Schuldübernahme bei Heimfall des EBR. 104, 104, 106.
Schutzmittel des Erbbauberechtigten 55, 119.
Sicherheitsleistung mit Erbbaurechtshypotheken 70.
Sicherung des Erbbauberechtigten 10; — des Grundstückseigentümers 10; — der Belastungen des Erbbaurechts 11.
Sicherungshypothek auf dem EBR. 84; — Einfluß der Veräußerungs-, Belastungsbeschränkung 42; — gesetzliche, Fortbestand bei Heimfall des EBR. 104, 107.
Sparkassen, Beleihung von EBR. 70.
Stempelsteuer, Vergünstigungen für den Erbbauberechtigten 120.
Steuerrechtliche Vergünstigung für den Erbbauberechtigten 120.
Stockwerk, keine Beschränkung des EBR. auf St. 14, 22, 114.
Stockwerkseigentum 13.
Strafzinsen 46, 47; — Verjährung 35.
Superficies 4.

T.

Tabularersitzung des EBR. 26, 117.
Teil eines Grundstücks, Belastung mit EBR. 18; — eines Gebäudes, kein EBR. daran 14, 22, 114.
Teilung des EBR. 52.
Tilgungsfondshypothek 72.
Tilgungshypothek 71.
Tilgungsplan für Mündelhypothek 76.

U.

Ueberbau durch den Erbbauberechtigten 52, 57; — Ansprüche desselben wegen Ue. 55.
Uebergangsbestimmungen 14, 112.
Uebertragung des EBR., Form 9, 26, 50, 55; — Ausschluß von Bedingungen, Zeitbestimmungen 50, 55; — Form der Verpflichtung zur Ue. 50, 54; — Pflicht zur Ue. an den Grundstückseigentümer 27, 30, 31; — bisheriges Recht 115, 116, 119.
Ulmer Wiederkauf 2.
Umsatzsteuer, Vergünstigungen für den Erbberechtigten 120.
Unschädlichkeit der Veräußerung, Belastung des EBR. 10.
Untergang des Bauwerks 26, 62, 117.
Unterhaltung des Bauwerks 25, 114.
Unübertragbarkeit des Vorrechts auf Erneuerung des EBR. 99.
Unwirksamkeit des gegen ein Veräußerungs-, Belastungsverbot verstoßenden Vertrags 36, 39.

V.

Veräußerlichkeit des EBR. 10, 14, 20, 113.
Veräußerung des EBR., Ausbedingung d. Zustimmung d. Grundstückseigentümers 35, 37; — Einfluß auf Verfügungen im Weg der Zwangsvollstreckung usw. 41; — auf die Zulässigkeit d. Eintragung im Grundbuch 39, 66.

Vereinbarungen in Bezug auf EBR., dingliche Wirkung 9, 10.
Vererblichkeit des EBR. 14, 20, 113; — des Vorrechts auf Erneuerung des EBR. 99.
Verfügungsbeschränkung, Eintragung im Erbbaugrundbuch 52, 116; — Bekanntmachung der Eintragung 67.
Vergütung beim Heimfall des EBR. 10, 102.
Verjährung von Erbbauzinsen 47; — des Heimfallanspruchs, des Anspruchs auf Vertragsstrafen, Strafzinsen 35.
Verkauf des Grundstücks an den Erbbauberechtigten, Pflicht des Eigentümers 10, 27, 34; — Wirkung der Auflassung an den Erbbauberechtigten 35.
Verlängerung des EBR. 11, 87, 90.
Vermutung für Richtigkeit des Grundbuchs 66.
Verpflichtung zur Bestellung des EBR., Form 50, 53, 54; — zur Uebertragung 54, 115.
Versicherung des Bauwerks 27, 30.
Versicherungsanstalten, Beleihung v. EBR. 79.
Versicherungsgelder, Anlage in EBR.-Hypotheken 70.
Versicherungsunternehmungen, Beleihung des EBR. 11, 78.
Vertragsstrafen des Erbbauberechtigten 27, 28, 33; — zur Sicherung des Erbbauzinsanspruchs 46, 47; — Verjährung 35.
Verweisung auf Erbbaurecht 110.
Verzicht auf Entschädigung für Erlöschen des EBR. 90; — auf das EBR. 26, 55.
Vindikatorische Klage des Erbbauberechtigten 55, 119.
Vollmacht zur Bestellung des EBR., Stempelfreiheit 120.
Vorkaufsrecht am EBR. 33, 51, 98; — Erlöschen bei Heimfall des EBR. 107; — V. am belasteten Grundstück 35.
Vormerkung zur Erhaltung des Vorrechts auf Erneuerung des EBR. 100; — gesetzlicher Ansprüche auf Sicherungshypothek, Fortbestand bei Heimfall des EBR. 104, 107; — von Rechten am EBR. 52, 66, 116; — am Grundstück 66, 116.
Vormundschaftsgericht, Genehmigung der Bestellung des EBR. 54; — zur Anlegung von Mündelgeld auf Erbbaurechtshypothek 71.
Vorrecht auf Erneuerung des EBR. 10, 27, 97; — s. „Erneuerung".

W.

Wert des EBR., Wertberechnung 72, 73.
Widerspruch gegen Richtigkeit des Erbbaugrundbuchs 52, 66, 116; — des Grundstücksblattes 66, 116; — zwischen Erbbaugrundbuch und Grundstücksblatt 66.
Wiederaufbau des zerstörten Bauwerkes 27, 30.
Wirtschaftliche Bedeutung des EBR. 6, 12.
Wohnungen, EBR. für Beschaffung von Klein-W. 7.
Wohnungskommissär, Bestimmung des Erbbauzinses 7, 48.
Wohnungsnot, VO. zur Behebung 7.

Z.

Zeitablauf, Beendigung des EBR. 21, 22, 87, 88; — Einfluß auf Miet-, Pachtverträge 96, 97; — Erlöschen der Haftung des Bauwerks 61; — s. auch „Bauwerk, Entschädigung, Erlöschen".
Zeitbestimmung bei Bestellung des EBR. 21; — Eintragung im Grundbuch 22; — Ausschluß bei Uebertragung des EBR. 50.
Zubehör des EBR. 52; — des Bauwerks 60, 61; — Haftung für dingliche Belastung 69.
Zurückbehaltungsrecht d. Erbbauberechtigten 93.
Zuschreibung des EBR. als Bestandteil eines Grundstücks 52.
Zustimmung des Grundstückseigentümers zur Aufhebung des EBR. 11, 26, 86; — zur Belastung des EBR., zur Aenderung des Inhalts der Belastung 10, 11, 36, 37; — zur Veräußerung des EBR. 35, 36, 37; — Pflicht zur Zust. bei Unschädlichkeit der Belastung, Veräußerung, Ersetzung der Zust. 36, 39; — Voraussetzung der Eintragung der davon abhängigen Rechtsänderung 39, 66; — Form der Zust. 38; — nachträgliche Zust. 38; — dingliche Wirkung der Vereinbarung der Zust. 38.
Zwangsversteigerung des EBR. 84; — Grundstückseigentümer Beteiligter 84; — Zw. des Grundstücks, Einfluß auf das EBR. 52, 61, 85.
Zwangsverwaltung des EBR. 84.
Zwangsvollstreckung in das EBR. 84, 120; — Einfluß der Veräußerungs-, Belastungsbeschränkung 39, 41; — Zw. für den Erbbauzins 44; — in das Grundstück, Einfluß auf das EBR. u. dessen Belastungen 10, 52, 61, 85.

Kolibri 360 GmbH
Ferdinand-Jühlke-Straße 7
99095 Erfurt, Deutschland
produktsicherheit@kolibri360.de